GANGSTA RAP

lyrics focus on thug and gangsta life

Contents

この本の見方

ヒット曲、人気曲または推薦曲
（アメリカ本国のチャート上の記録を参考に、代表的なヒット曲、人気曲名を記しています。チャート上の記録がない場合、またヒット曲があってもより推薦すべき曲がある場合などは、現在の観点から聴いてほしいという曲を記しています）

アーティスト名
（収録アルバムのジャケットの表記に準じています）

Ruthless 1988

Eazy-E

Eazy-er Said Than Dunn

Eazy-Duz-It

『Straight Outta Compton』と同時につくられ、その1ヵ月後に出たイージー・Eの1stアルバム。レン、キューブ、NWAの準メンバーだったザ・DOCが、ハスラー＝ビジネスマンだったイージーの望みに合う多様なリリックを用意。楽しいPファンク曲のカヴァー“We Want Eazy”がヒットした。古い子供向けTVのテーマ曲を引用、それがさらに多くでサンプリングされたタイトル曲も人気だ。ただ今推すのは、後にDJ・クイックもカヴァーした“Eazy-er Said Than Dunn”。ストリートのチンピラそのものな主役のキャラが引き立つ、ファンキーな名曲。

収録アルバム名
（その曲が、当初はどういったかたちで、何年に発表されたものかを明らかにするために、上記の曲が最初に収録されたアルバム名を記しています。ですので、後にオリジナル・アルバムに収録された曲でも、先にサウンドトラック・アルバムなどで発表された曲であれば、そちらのアルバム名を記載しています。当初はシングル盤のみで発表された曲は、収録アルバム名は記していません）

発売年
（オリジナル盤の発売年を記しています。ごくわずかに、制作年と発売年が著しく離れた作品については両方の年を記しています）

レーベル名
（オリジナル盤の発売元となったレーベル名だけを記しています。配給元レーベル名は割愛）

はじめに

ギャングスタ・ラップとはなにか？　この問いに、明確な答えはありません。ギャングスタによるラップ、では正解とは言えず。なぜなら、このジャンルを代表するDr.ドレーもアイス・キューブも2パックもギャングスタではなかったからです。そこでよく用いられるのが、lyrics focus on thug and gangsta lifeという言い方。「サグ（ワルいやつ、といった意）やギャングスタの暮らし、日常についてのリリック」を聴かせるのがギャングスタ・ラップ、という考え方です。特に近年は自らギャングスタ・ラッパーと名乗る若手は減り、線引きは難しくなっていますが、本書もこの考え方に基づいてギャングスタ・ラップか、そうじゃないかを判断し選盤しています。なので例えば、ヴォリューム10の“Pistolgrip Pump”や、マスタ・エース・インコーポレイテッドの“Born To Roll”は、音楽的にはギャングスタ・ラップに多いファンク・ビートの人気曲。ですが、ギャングスタ・ラッパーとは決して言えないふたりは、本書には登場しません。

今回、執筆のためにチャートを見返していてあらためて思ったのは、ギャングスタ・ラップと、そうではないラップ作品の圧倒的なセールス枚数の差についてです。ギャングスタ・ラップは、メジャー・レーベル流通作品であれば、その多くが数十万枚を売り、数百万枚を売ったアルバムもゴロゴロ。比して、日本で人気の高かったアーティストはというと。ア・トライブ・コールド・クエストは全作品が50万枚以上売れているけど、ギャング・スターは『Moment Of Truth』が唯一50万枚売れただけ。ピート・ロックやDITCの面々などはよくて数万枚です。何が言いたいかというと、ヒップホップのワールドスタンダードはギャングスタ・ラップだということ。世界中でより聴かれてきたのは、今の若手ラッパーの多くにとってより身近なのはギャングスタ・ラップ、ということはここで強調しておくべきでしょう。

けれどこの国でギャングスタ・ラップは、ニューヨーク（NY）発のそうじゃない作品に比べ人気がないと、長く言われてきました。でも、本当にそうだったのでしょうか？

言葉がわからない、実のところ何をラップしているのかよくわからないゆえに敬遠されてきた、ということは多々あったでしょう。確かに、ひどいことを言う曲も多いジャンルです。ぼくがかつて、まだ宇田川町にあった頃のタワーレコード渋谷店でアルバイトをしていた時。NWAのアルバムを店内で流したところすぐに、「何を言ってるのか、わかってて流してるのか！」と、海外からのお客さんに詰め寄られたことがありました。ギャングスタ・ラップは、不特定多数の前でかけてはいけない音楽。そのことを、ぼくはその時身をもって思い知りました。

でも、「ところ変われば文化も変わる」わけで、ワードプレイ＝言葉遊びに特に長けた彼らのラップを、ぼくらの基準で一方的に批判したり、蔑んだりするのはダメでしょう。
　そもそも、ギャングが意味するところ、捉え方からして、彼らとぼくらでは違います。ギャングスタを美化する気はまったくありません。ただ、イタリア発祥のマフィアも、言わば日本のヤクザもそうですが、ギャングとはもともとは自警団であり互助会でした。特に厳しい環境の中、自分たちの身は自分たちで守り、助け合わないと生きていけないという中で生まれたもの。ブラック・パンサー党との関係は野田努さんのコラムに詳しいので省きますが、1980年代半ばのロスアンジェルス（LA）におけるクリップス、ブラッズ構成員の平均年齢が16歳ほどと聞けば、映画『ゴッドファーザー』や『スカーフェイス』で観るような“ギャング”とはずいぶん違うものだと、想像できます。
　とは言え、ギャングスタ・ラップを語る際に、ことさらに社会学、文化人類学的な事柄ばかりが語られるのもなんだかなぁと。これは、音楽。先に書いたように、かける場所や、まわりに気をつけないといけないちょっと特殊な音楽ですが、かっこいい！と、単純に音に夢中になるだけでもいいんです。
　ギャングスタ・ラップは人気がないとこの国で思われてきた理由のひとつとして、ヴァイナル＝アナログ盤が入手しにくかったというのは大きかったと感じます。インターネットの普及前、1990年代まではDJが最たる情報の発信源でした。しかし、ヴァイナルが流通している作品自体が少なく、横浜では買えた12インチ・シングルが東京では売っていないことも多々あった状況では、東京のDJ間で話題になることも少なく、メディアに乗るギャングスタ・ラップの情報はごく限られていたのです。なので、西海岸や南部のさまざまな作品について、この国の多くのリスナーは知りようがなかっただけじゃないかと。後になって、横浜や、名古屋〜桑名を中心とした東海圏を始めとした地方の、熱心なファンが集う「シーン」を知るほどに、この国ではギャングスタ・ラップは人気がなかったなどと、言えるはずがないと思えるのです。
　ぼくが編集者だった15年ほどの間に限りますが、音楽誌『bmr』が最も売れていたのは2000年代の前半、西海岸のギャングスタ・ラップ特集を連載で、延々と掲載していた時でした。あの頃、『bmr』を支えてくださっていた熱心なウェッサイ・ファンのみなさんには、今も感謝しています。誌面で紹介した盤が売れるという、音楽誌の編集者冥利に尽きる体験を多く味わうことができたあの頃の楽しさを、この本をつくりながら思い返していました。まずは『bmr』の読者だったみなさんに、そして、これからギャングスタ・ラップの魅力にはまっていくだろう若いみなさんに、この本を贈ります。できるだけ低音を上げて、大きな音で掲載曲を聴きながら、読んで、楽しんでください。

小渕晃

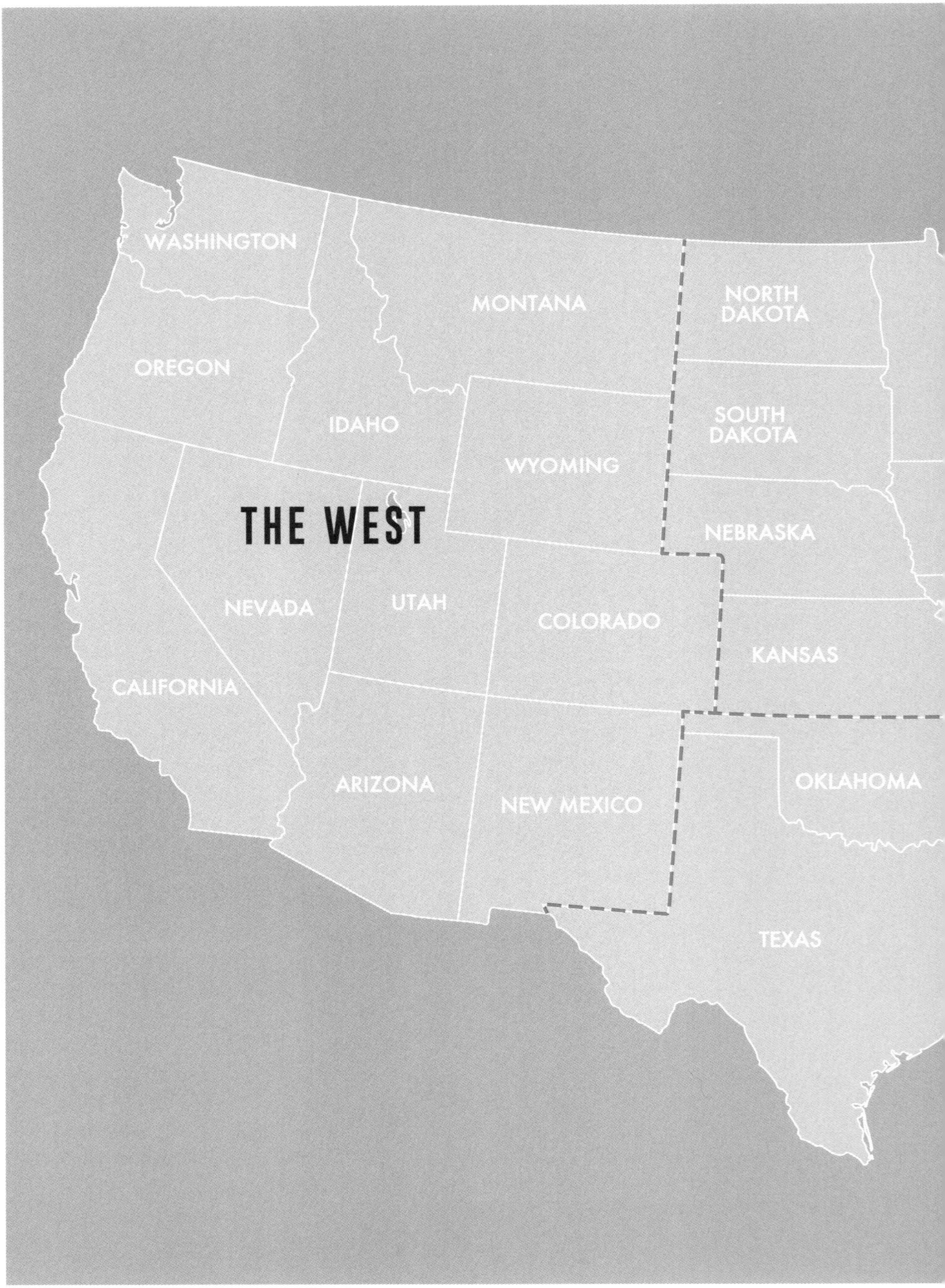
THE WEST
WASHINGTON
MONTANA
NORTH DAKOTA
OREGON
IDAHO
SOUTH DAKOTA
WYOMING
NEBRASKA
NEVADA
UTAH
COLORADO
KANSAS
CALIFORNIA
OKLAHOMA
ARIZONA
NEW MEXICO
TEXAS

MINNESOTA
NEW HAMPSHIRE
VERMONT
MAINE
THE NORTHEAST
WISCONSIN
MASSACHUSETTS
NEW YORK
MICHIGAN
RHODE ISLAND
THE MIDWEST
CONNECTICUT
IOWA
PENNSYLVANIA
NEW JERSEY
OHIO
ILLINOIS
INDIANA
DELAWERE
WEST VIRGINIA
MARYLAND
MISSOURI
VIRGINIA
KENTUCKY
NORTH CAROLINA
TENNESSEE
SOUTH CAROLINA
ARKANSAS
THE SOUTH
GEORGIA
MISSISSIPPI
ALABAMA
LOUISIANA
FLORIDA

Chapter 1

BIRTH OF GANGSTA RAP

ギャングスタ・ラップのはじまり

最初のギャングスタ・ラップはなにか？　この問いにひと言で答えるのはむずかしい。今は、スクーリー・Dの“P.S.K.”が正解のように言われる。けれど、ゲットーにおけるハードな日常を描けば、そこには影でうごめくギャングスタについての言及も含まれてくるわけで。スプーニー・ジー“Spoonin Rap”や、フューリアス・ファイヴ“The Message”といったラップ・レコード初期の古典や、ラスト・ポエッツ、ワッツ・プロフェッツやギル・スコット・ヘロンといった、元祖ラッパーとされるポエトリー・リーディング・アクトのレコードにもギャングスタが登場する曲がある。それほどにアメリカではギャングスタが身近な存在である、ということだろう。そう、彼らにとってギャングスタ・ラップは特別なものではなく、いつもの生活、日常を描いたもの。その点でギャングスタ・ラップと、そうではないラップに違いはない。彼らはただ自らの「リアル」を表現する。

Schoolly-D
P.S.K. What Does It Mean?
Schoolly-D

Schoolly-D 1985

いくつかの街のギャング団が暗躍し、自らのフッドの外に出る際は命がけ、という状況にあった1970～80年代のフィラデルフィア。そんな中で生まれ育ったスクーリー・Dは、特に音楽を愛し、また、アフリカ系コメディアンのゴッドファーザーであるリチャード・プライヤーの、ニガーやマザーファッカーといったカースワードを多用した「リアルな」しゃべくりを好む少年だった。後にヒップホップに出会った彼は22歳の時、自らドラム・マシンTR-909（後にハウス、テクノの定番機材に）でビートを打ち込み、自らのフッドのリアルなありさま、暴力やドラッグ、セックスについてをラップ、録音し始める。そうして、所属したギャング団パーク・サイド・キラズの頭文字をタイトルにした3枚目のシングル“P.S.K.”が、全米のラップ好きの間で話題に。クスリでブッ飛びまくってつくった、体育館のような広いスタジオゆえのエコーが効きまくったビートがヒップホップ史上でも有数のクラシックとなったこの曲は、多くの人にとって「最初のギャングスタ・ラップ曲」として記憶されることになった。

Schoolly-D
Saturday Night
Saturday Night! The Album

Schoolly-D 1986

スクーリー・Dが特にすごいのは、自らビートをつくりプロデュース、ラップして、加えてレーベルをつくり自主リリースを行ってと、なんでも自身でやったところ。そのラップと同じくらい、彼がやってみせたヒップホップでハッスル（稼ぐ）するための生き方はその後の全てのラッパーに影響を与えたと言える。さらには、豊富なリスニング体験からくる音楽センスの良さ、ヒップホップ的な、常識にとらわれないビートづくりのうまさも突出していた。1stミニ・アルバムは“P.S.K.”を始めラフ＆タフな打ち込みの魅力に溢れていたけれど、この2ndはサンプリングも交えてより進化したヒップホップ・ビートのおもしろさを伝える。ジャクソン5“I Want You Back”など定番ネタを、ゴーゴーも取り入れたビートにぶち込む“We Get Ill”など、体が勝手に動く楽しさ。TR-808ではなく909を用いたのがミソで、タイトル曲などで聴けるカウベルなど、後にハウス、テクノ・ファンを虜にする唯一無二なサウンドは中毒性がすごい。このブッ飛べるビートがあってこその、ギャングスタ・ラップ人気の始まりだった。

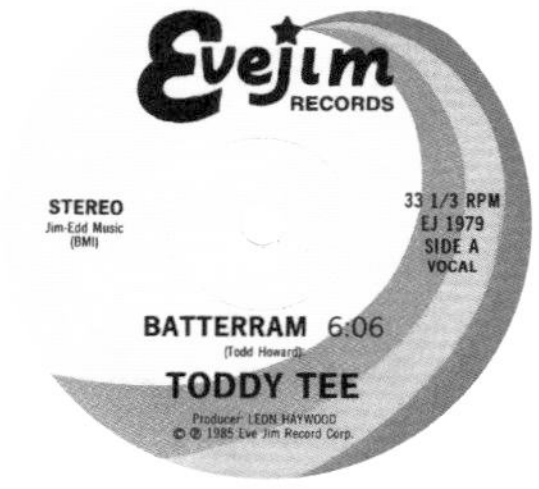

Evejim 1985

Toddy Tee

Batterram

LAで生まれた最初のギャングスタ・ラップ・レコードのひとつ。コンプトンのOG、トディ・ティーが、フューリアス・ファイヴによる初の社会派ラップのヒット“The Message”のLA版を意図して制作。LAPD（LA警察）がクラックハウス（麻薬取引の場）に突入する際に用いる「バターラム」についてラップした曲なのは、その装甲車が生む騒音が80年代のコンプトンではおなじみのものだったから。同年の“L.A. Is A Jungle”や、翌年の麻薬についてラップした“Just Say No”も、LAのギャングスタ・ラップの始まりを告げた重要曲のひとつだ。

Techno Hop 1986

Ice T

6 In The Mornin'

B-side of Dog'n The Wax

スクーリー・D“P.S.K.”にヒントを得てアイス・Tがつくった、LAにギャングスタ・ラップを広めた超重要曲。東海岸のニュージャージーから12歳の時にLAに移住してきた彼には、観察者としての視点と、アイスバーグ・スリム（アイスの名はこの作家から）の『Pimp』といったストリート小説などに学んだストーリーテリングの技があった。「朝6時に警察が来た。俺はバスルームの窓から逃げて…」と始まるラップにLA中のキッズが耳を奪われ、ギャングスタ・ラップ人気に火がついた。翌年の1stアルバム『Rhyme Pays』収録版は別ビート。

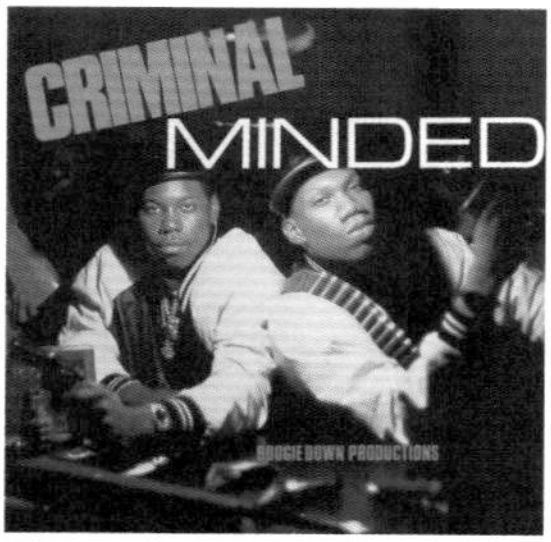

B-Boy 1987

Boogie Down Productions

My 9mm Goes Bang

Criminal Minded

前年の1996年に、ブギ・ダウン・プロダクションズ名義での3枚目のシングルとして発表された“My 9mm Goes Bang”は、KRS・ワンが女性を巡るトラブルから、9mm拳銃で相手を撃ち殺したことで起こるストーリーをラップしたもの。ブロンクスのストリートでホームレスをしていたこともあるKRSにはリアルで、身近な話であり、この曲はNYで最初のギャングスタ・ラップともされる。この後、相棒のDJ、スコット・ラ・ロックを銃により失ったKRSは、翌年にはストップ・ザ・ヴァイオレンスを提唱、社会派コンシャス・ラッパーの代表になる。

Cold Chillin' 1997

D.J. Polo & Kool G. Rapp

Rikers Island

LAのギャングスタ・ラップに対し、NYのそれはマフィオソ・ラップと呼ばれるようになる。ギャングスタ〜マフィア・ライフについてのストーリーテリングを聴かせるものであり、後にナズやモブ・ディープ、ジェイ・Z、ビギー、レイクォン、50セントらに受け継がれるが、そのパイオニアのひとりがクール・G・ラップだ。友人は誰もが麻薬売買をやっていた、という環境で育った彼は、地元クイーンズの北に浮かぶ刑務所島＝ライカーズ・アイランドについてのあれこれを、この2ndシングルでラップ。すぐにNY中のキッズが一目置く存在になった。

ACK 10
Backyard Boogie
EAST
Whittier Blvd
twinz eastside lb
ADVISORY
EXPLICIT LYRICS
RAY LUV
Produced By Khayree
THINGS'LL NEVER CHANGE
Left, Right
Above The Law
EXPLICIT LYRICS
PARENTAL ADVISORY
FREAKY TALES:
THE SAGA CONTINUES
PART II
DR. DRE
THE CHRONIC
Nuthin' But A G Thang
WARREN G
THIS DJ
12" MAXI-SINGLE
THE D.O.C.
IT'S FUNKY ENOUGH
KING OF KINGS
AND
LORDS
LORDS
MAC DRE
summertime
in the
LBC
12" SINGLE
LUNIZ
I GOT 5 ON IT
ICE CUBE
it was a good day
WESTSIDE
CONNECTION
PARENTAL
ADVISORY
EXPLICIT CONTENT
Bow Down
South Central Cartel
GANG STORIES
2PAC
WC AND THE MAAD CIRCLE
WEST
UP!
NIPSEY HUSSLE
FEAT RODDY RICCH
& HIT-BOY
RACKS IN THE MIDDLE

Chapter 2
WESTSIDE
アメリカ西海岸のギャングスタ・ラップ

かつては“Wild Wild West”と呼ばれた最後の開拓地、アメリカ西海岸。自分の身は自分で守る、という気風が特に強いこの地では、自警団が多く生まれ、発展した。アメリカを代表するユース・ギャング、ブラッズとクリップスも自警団、また互助会としての性格がもともとは強い。それぞれ赤と青をシンボル・カラーとし、その色を身に着ける出で立ちからカラー・ギャングと呼ばれる彼ら。本当に多くがシングル・マザーに、貧しくもたくましく育てられた10代が、ハードなゲットーでサヴァイヴするために集まり助け合う。そして時には犯罪に手を染め、ハッスルする＝カネを稼ぐ。彼らにはラップにする題材が多くあった。加えて、ハリウッドを抱えるLAが映画の街であることも大きい。一流のストーリーテリング、エンタテインメントに接して育った彼らの中から、突出した語り手が多く生まれても不思議じゃない。LAがギャングスタ・ラップのメッカとなったのは、必然だった。

Part 1
1987 - 1992

ギャングスタ・ラップの台頭

アイス・Tらが広めたギャングスタ・ラップは、LAではNWAの成功により爆発的に盛り上がる。NWAを生んだコンプトンを始め、LAの南に位置するゲットー地区からは次々にさまざまな才能がデビューした。一方、LAからおよそ550km北に位置するベイエリアでは、帝王トゥー・ショートを育んだオークランドや、ヴァレオ、サクラメント、サンフランシスコといった街からやはり多くの才能が登場。LAとはまた違うスタイルで盛り上がる。

Ruthless 1987

Eazy E
The Boyz-N-The Hood

コンプトンのドラッグ・ディーラー、イージー・Eは、「これからはラップが金になる」と踏んで、保釈金を肩代わりすることでDr.ドレーを取り込み、ビートをつくらせる。彼が連れてきた大学出のアイス・キューブは、見聞きしてきたフッドのギャングスタ・ライフを大げさに、うまい言葉遊びでリリックスにする。イージーのラップはコミカルな声ながら、淡々としていて感情を表に出さないのが本物のギャングらしく、それまでとは違うラッパー像を生み出す。このデビュー曲一発で、その後ギャングスタ・ラップの象徴となる3人はブレイクした。

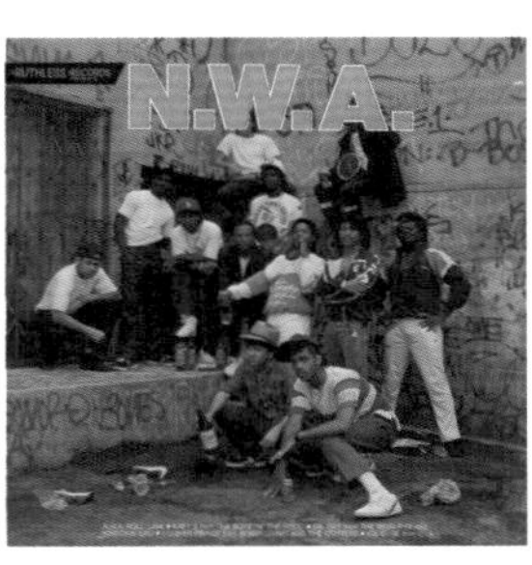

Ruthless 1987

N.W.A
Dopeman
N.W.A

"The Boyz-N-The Hood"を成功させた3人が中心となり結成されたNWA。その初作は3曲入りシングル（同ジャケットのコンピが後に出た）で、"Dope Man"のオリジナルVer.がとにかく強力。後にGファンクねたとしても大流行するオハイオ・プレイヤーズ"Funky Worm"のうねるシンセに乗ってアイス・キューブが、続いてイージーが登場。ヤクを巡るフッドのひどい状況についてスピットする。女性を手荒に扱うリリックは今ならはばかられるもので、子供っぽく感じるけれど、それゆえキッズに受けた。イージーが吠える"8 Ball"も強力。

N.W.A

Fuck The Police

Straight Outta Compton

Ruthless 1988

NWAの歴史的な1stアルバム。キューブ、MC・レン、イージーのマイク・リレーに耳が釘付けになる冒頭タイトル曲。アフリカ系への人種差別に言及した曲ながら「警察なんてクソくらえ」というサビが世界中でウケにウケた、NWAの代名詞である“Fuck Tha Police”。ドレーのサンプリング・ワークが特に光る“Gangsta Gangsta”。それに、ドレーのオールドスクールなパーティ・ラップが楽しめる“Express Yourself”と、キューブの女の子をネタにした言葉遊びが冴える“I Ain't Tha 1”。この5曲がクラシックとして名高いけれど、MC・レンのファンキーなソロ曲“If It Ain't Ruff”などもいい。ドレーとキューブが丸ごと組んだアルバムはこれが唯一、スキはない。抽象的なアートであるNYのそれに比べ、ハリウッドの街LAのラップは物語性の高いエンタテインメントで、ゆえに本作は全米で、後には世界中でヒット。ここからギャングスタ・ラップがシーンの主流になっていく。ヒップホップの45年あまりの歴史を振り返れば、これが最重要アルバムと言っても過言ではない。

Ruthless 1988

Eazy-E

Eazy-er Said Than Dunn

Eazy-Duz-It

『Straight Outta Compton』と同時につくられ、その1ヵ月後に出たイージー・Eの1stアルバム。レン、キューブ、NWAの準メンバーだったザ・DOCが、ハスラー＝ビジネスマンだったイージーの望みに合う多様なリリックを用意。楽しいPファンク曲のカヴァー“We Want Eazy”がヒットした。古い子供向けTVのテーマ曲を引用、それがさらに多くでサンプリングされたタイトル曲も人気だ。ただ今推すのは、後にDJ・クイックもカヴァーした“Eazy-er Said Than Dunn”。ストリートのチンピラそのものな主役のキャラが引き立つ、ファンキーな名曲。

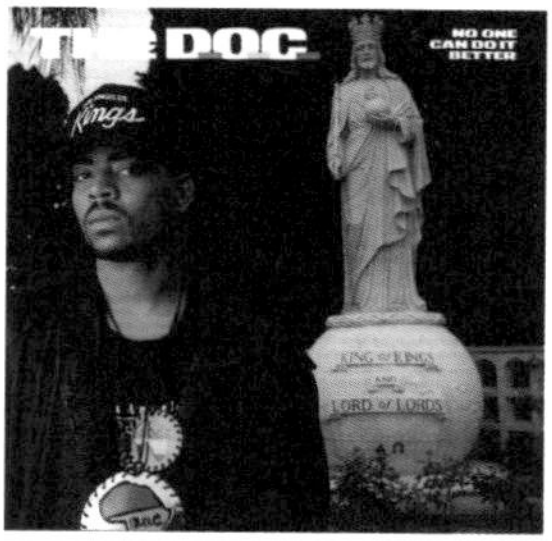

Ruthless 1989

The D.O.C.

It's Funky Enough

No One Can Do It Better

地元テキサスはダラスでフィラ・フレッシュ・クルーを組みEP1枚を残すも、相棒のDJに紹介されたドレーを頼りLAに移住。ゴーストライターとしてNWAを支え、スヌープのラップの師匠となり、後にはエリカ・バドゥの子供の父親にもなったドラマ多き才人だ。ドレーが全曲のビート・メイクを担ったこの1stソロ・アルバムは、言葉が溢れ出す天性のラッパーだったDOCを引き立てる、硬派なサンプリング・ビートの数々も統一感のある名作。“It's Funky Enough”は彼の代表曲だ。この後、交通事故で声を失い、満足にラップできなかったのが惜しい。

N.W.A
100 Miles And Runnin'
100 Miles And Runnin'

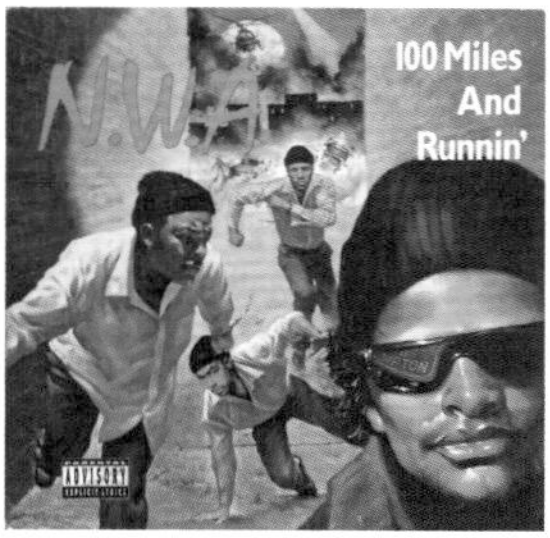

Ruthless 1990

アイス・キューブ脱退後の初作となった4曲＋1のEP。DOCのアルバムのラスト"The Grand Finale"は実質NWAの曲で、その続きのような、疾走感溢れるタイトル曲が秀逸。キューブをラップでディスるドレーだが、聴く者を煽るドラマ仕立てのビート・メイクは一気に進化。立体化なサウンプリング・ビートのいい音っぷりは、早くもヒップホップ界屈指だ。後のGファンクに繋がるヨコ乗り曲"Just Don't Bite It"、『Efil4zaggin』にエディット版が再収録される"Real Niggaz"も、まさにギャング映画と同様の高揚感に興奮する秀曲。

N.W.A
Alwayz Into Somethin'
Efil4zaggin

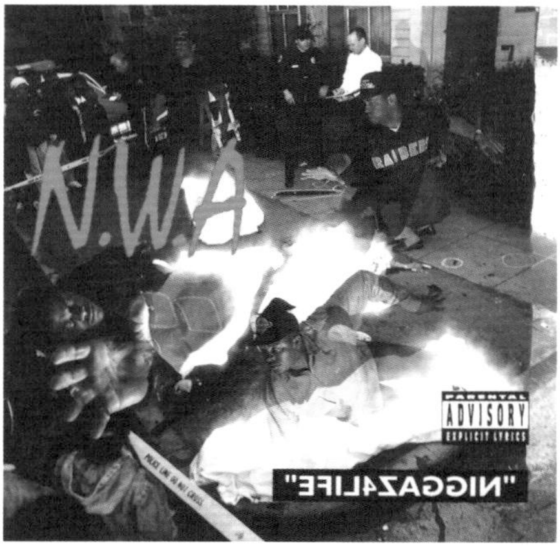

Ruthless 1991

NWAの2ndにしてラスト・アルバム。LPだとA面に当たる、最高にスリリングな"Real Niggaz Don't Die"から"One Less Bitch"までの流れはパーフェクト。トータルにプロデュースできる演出家ドレーの才能が最初に爆発したのがここだろう。各曲はインタールードに繋がれノンストップで進行、ギャング映画の様々な場面が次々に描かれるようで夢中にさせられる。中でも、『The Chronic』サウンドを先取りした"Alwayz Into Somethin'"は超名曲。"Niggaz 4 Life"のパーラメント"Sir Nose D'Voidoffunk"を早まわしサンプリングしたビートも定番化した。NWAらしい疾走ソングの完成形となる"Appetite For Destruction"も完璧だ。対して、同じPファンクねたでも"Automobile"などイージーのおもしろおかしい曲で繋いだB面は明らかに息切れしていて、アイス・キューブの居ないNWAの限界が露呈。ドレーはこの後DOCを引き連れてルースレスを去る。それでも本作が全米1位を記録したことで、シーンはいよいよギャングスタ・ラップが主流になっていく。

MC Ren
Final Frontier
Kizz My Black Azz

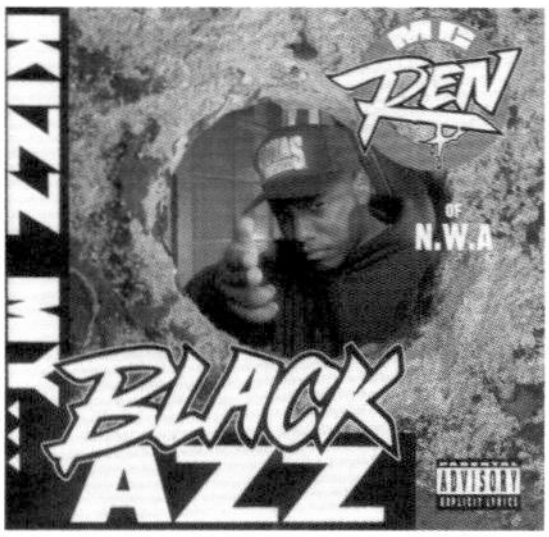

Ruthless 1992

NWA終作の翌年に出たMC・レンのソロ初作で、5曲＋1からなるEP。プロデュースはLAのパイオニアDJのひとり、ボブキャットに依頼。オールドスクーラーで、LL・クール・J『I'm Bad』などの制作にも関わってきた彼。用意した「ノー・コースト」なドラム・ブレイク主体のサウンドは、ハードコアな本格派であるレンのラップと相性良く、NWA作品とは違う味わいを引き出した。ブギ・ダウン・プロダクションズ"The Bridge Is Over"ネタの"Final Frontier"がヒット。ネイション・オブ・イスラムに改宗した以降の作品はかなり内省的なつくりだ。

Ruthless 1990

Above The Law

Murder Rap

Livin'Like Hustlers

コールド187um akaビッグ・ハッチは、ソウル・シンガーのウィーリー・ハッチを伯父に持つサラブレッド。ラップし、ビート・メイクも自ら担う彼が率いたアバヴ・ザ・ロウの、これは1stアルバム。Dr.ドレーが助力したハリウッド映画的な、これぞギャングスタ・ミュージックなヒット曲"Murder Rap"が完成度はピカイチだが、ハッチが相棒のレイ・ロウとつくったビートも全て高品質。サンプリングをベースに生のベース、ギターを加えるやり方はドレーも後に取り入れた。ゆえにハッチは「Gファンクのオリジネイターは俺だ」と主張している。

Ruthless 1991

Above The Law

4 Tha Funk Of It

Vocally Pimpin'

新曲4曲＋リミックスなど5曲を収録したEP。NWAの『Efil4zaggin』でも聴けた高音シンセや、Pファンクねたの多用で、Gよりもストレートなファンク／ソウル世界を深めた。ジョージ・クリントン"Atomic Dog"のドラムスがウネり、ファンカデリック"One Nation Under A Groove"のフレーズが繰り返し歌われる"4 Tha Funk Of It"はシビれる超重量級ファンク。70年代ソウル調のレイドバックした"Playin' Your Game"や、スリリングな"Dose Of The Mega Flex"、ハッチのいとこであるコケインが登場する"Wicked"もいい。

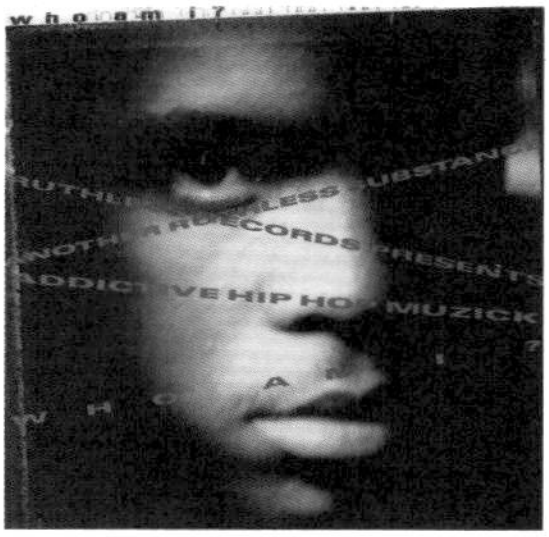

Ruthless 1991

Who Am I?

Nickel Slick Nigga

Addictive Hip Hop Muzick

コケインもまた、モータウンのソングライターだったジェリー・ロングを父に持つ音楽エリート。この1stアルバムは配給元のエピックが、麻薬のコカインに似た名前を拒否したため、私は誰でしょう？という変名でリリースされた。アバヴ・ザ・ロウと組みつくった、マーヴィン・ゲイ曲のサンプリングで始まる本作。シングル"Nickel Slick Nigga"を始め定番サンプリングねたを用いたソウルフル／ファンキーな曲が並ぶ中、レゲエDJ調のフロウで迫る"Dope Sound Boy"などがアクセントに。ラップのウマさは後に再評価された。

Capitol 1990

CPO

This Beat Is Funky

To Hell And Black

コンプトンでMC・レンとつるんでいたDJ・トレインが、MCのCPO・ボス・ホグらと組んだグループの唯一のアルバム。総監督を務めるレンがラップ、ビート・メイクで全面的に参加。彼の1st EPにも通じる硬派なファンキー・ビート上での、主役のこれもコワモテな語り口にシビれるつくりだ。NY発ながら全米でウケたジミー・スパイサー"Money (Dollar Bill Y'all)"ネタの"This Beat Is Funky"や、ハードボイルドにせまる"Ballad Of A Menace"が人気。レンとのタイトすぎるマイク・リレーにシビれる"Gangsta Melody"などもいい。

Warner Bros. 1988

Ice-T

Colors

OST: Colors

ギャングスタ・ラップの台頭と時を同じくしてつくられた、LAにおけるカラー・ギャングの抗争を、警察の動きも交えて描いた映画『カラーズ』。クリップスとブラッズを題材にしたメジャー配給の映画では最初のものとなった重要作で主題歌を任されたのは、LAギャングスタ・ラップのパイオニアとして一目置かれる存在となったアイス・Tだった。不穏なシンセ・ベースが緊張感を煽るビート上でのギャングスタ語りは、聴くものの耳を捉えて離さないさすがのウマさだ。チャートで70位を記録し、アイス・Tの数少ない全米ヒットのひとつに。

Sire 1988

Ice-T

High Rollers

Power

2ndアルバムは、NYはブロンクス出身で、バトルDJ大会での優勝経験もあるアフリカ・イスラムを制作パートナーとしたのは1stと同じでも、LAならではのエレクトロ・ファンクへとビートは進化。同時期に流行ったアシッド・ハウスの主要器材TB-303を多用し、そのシンセ・ベースがこの頃のアイス・Tサウンド最大の武器に。ブラックスプロイテーション映画に精通していた彼はネタ選びもうまく、エドウィン・スター “Easin' In” 使いの “High Rollers” などはビートとラップの相性も最高だ。カーティス曲使いの “I'm Your Pusher” も人気だった。

Sire 1989

Ice-T

You Played Yourself

The Iceberg

パブリック・エネミーの台頭〜コンシャス・ラップ・ブームも受け、社会派としてのリリックもグッと増えた3rdアルバム。ジェイムズ・ブラウン “The Boss” ネタの “You Played Yourself” などは、変わらぬサンプリング・センスの良さ、ボキャブラリーも豊富な語り口のウマさを聴かせる。一方で、当時のニュー・ジャック・スウィング・ブームを見据えた “Lethal Weapon” など、速いビートにファスト・フロウで乗る曲も増えた。その路線のヒットが映画『ニュー・ジャック・シティ』のテーマ曲となった1991年の “New Jack Hustler” だった。

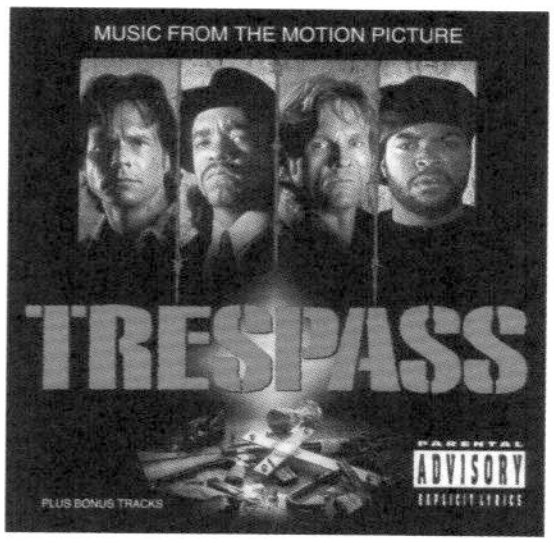

Sire 1992

Ice T & Ice Cube

Trspass

OST: Trespass

アイス・Tとアイス・キューブが揃ってギャング役で出演したアクション映画『トレスパス』。そのテーマ曲も、LAの2大アイスの競演曲で話題を呼んだ。サー・ジンクスによるバンギンすぎる、重〜いファンク・ビート上で、ふたりが代わるがわるマイクを握る重量級の一発。アイス・Tもさすがの存在感だけど、当時は無敵だったキューブのラップの破壊力はすさまじく、また新しい時代のファンク・ビートと相性がいいのはどちらかも明らかだ。OG、アイス・Tはこの後、ハード・ロックなサウンドのボディカウントを始めたりと独自の道へ進む。

Ice Cube
Once Upon A Time In The Projects
AmeriKKKa's Most Wanted

Priority 1990

ギャラが安すぎるとNWAを脱退、Dr.ドレーと組もうとするも阻止されたため、パブリック・エネミーの制作陣＝ボム・スクワッドと、旧友のサー・ジンクスを起用しつくった1stソロ・アルバム。“Fuck you, Ice Cube”のフックでおなじみのライヴの定番“The Nigga Ya Love To Hate”に始まり、“Endangered Species”などすごい熱量のタテ乗り曲が続く。そんな中、地元で最もウケたのは、女には気をつけろとおもしろおかしくラップする“Once Upon A Time In The Projects”。同じくウェッサイなファンクの“Who's The Mack?”も今も人気だ。

Ice Cube
Jackin' For Beats
Kill At Will

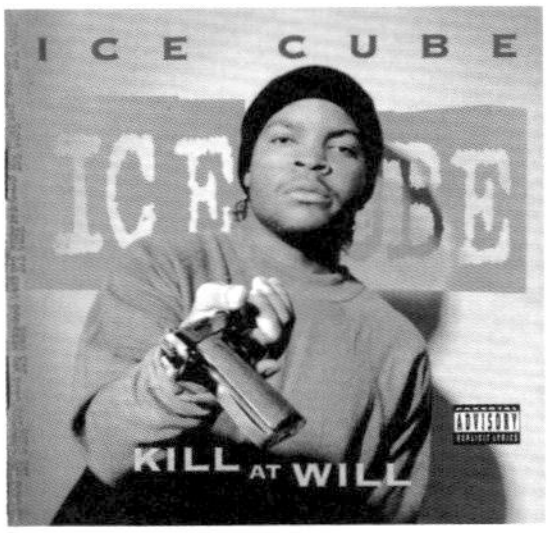

Priority 1990

ジェイムズ・ブラウン“Give It Up Or Turn It a Loose (Live)”に乗って燃えまくる“The Product”、そして、EPMDやLL・クール・J、パブリック・エネミーらの多数のヒット曲のビートを繋ぎ、その上でフロウしまくる“Jackin' For Beats”で、最強のMCであるオレをアピール(この曲によりビート・ジャッキンはヒップホップで永遠の定番に)。ゲトー・ボーイズを意識したような“Dead Homiez”ではシリアスな語りもキメて見せる。1stアルバムに続けてリリースされた新曲3つ＋4のEPだけど、キューブを語る上で外せない重要作。

Ice Cube
Steady Mobbin'
Death Certificate

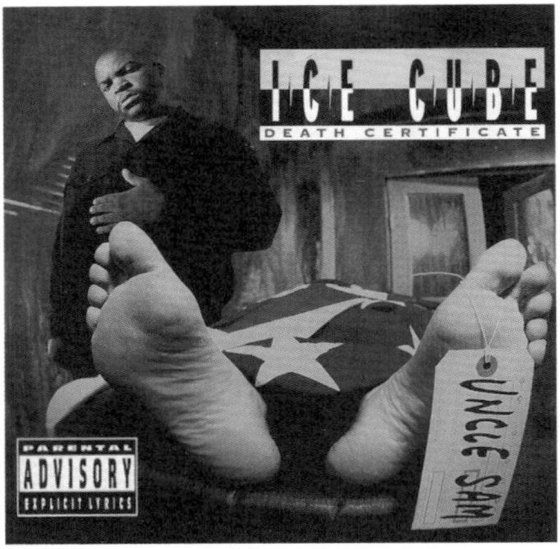

Priority 1991

パブリック・エネミーに学んだトータル・アルバムのつくり方を実践。ストーリーテラーとして魅了するDeath Side、怒れるブラックマンとして過激な問題発言を連発するLife Sideの両方が高いレヴェルにある2ndアルバムだ。自身とサー・ジンクスに加え、DJ・プー、ボブキャット、ラシャド・コーズが組んだブギーメンがプロデュースしたLAファンク・ビートに乗るキューブは無敵状態。“Steady Mobbin'”や“My Summer Vacation”ではフッドの仲間を楽しませ、地元LAでは今も定番だ。一方、フッドにおける韓国系商店の問題に言及した“Black Korea”や、そして、史上最狂のディス・ソングのひとつでNWAの旧友たちを口撃した“No Vaseline”などは全米で非難を浴び、キューブの悪名をさらに高めた。当時の流行りだったコンシャス・ラップ・ブームの中で生まれたテンションの特に高い、刺激的な、意味のあるリリックの数々はロック・ファンにもウケが良く、様々な「史上最高の音楽アルバム・ランキング」に最もランクインするキューブ作品となっている。

Orpheus 1990

Compton's Most Wanted

Late Night Hype

It's A Compton Thang

MC・エイトが、ザ・チルを始めとした地元の仲間と組んだコンプトンズ・モスト・ウォンテッドの1stアルバム。メンバーでDJ機材店のオーナーだったDJ・スリップと、LAシーン初期の重要レーベル、テクノ・ホップを営んでいたアンノウン・DJが共同プロデュース。エイトの声を張り上げない、クールなストーリーテリングが、ソウルフルかつジャジーなビートと相まって、ハードボイルドなギャングスタ・ラップの新たなスタイルを生み出した。人気曲"Late Night Hype"を始め秀曲がずらり並ぶ、今も人気を上げ続けている名盤だ。

Compton's Most Wanted

Growin' Up In The Hood

Straight Checkn 'Em

Orpheus 1991

1stの好評を受けメジャー配給となった2ndアルバム。期待を募らせる最高の"Intro"に続いて、マウンテン"Long Red"のドラムスが映える"Growin' Up In The Hood"、珍しく速いビートに乗るエイトにシビれるタイトル曲、ルー・ドナルドソン"Pot Belly"ネタのジャジーでスリリングなビートも最高な、エイトのフッド語りの真骨頂が聴ける"Driveby Miss Daisy"と名曲が続く。LAシーンの名物となるDJ・クイック（彼はブラッズで、エイトはクリップス）とのディス合戦、その口火を切った"Def Wish"や、J.G.ワトソン"Superman Lover"ネタの"Compton's Lynchin'"に、ア・トライブ・コールド・クエスト"Can I Kick It?"のリメイクである"Can I Kill It?"と最後まで聴きどころ満載。機材の扱いにも長けたスリップ、アンノウンがつくるサンプリング・ビートは当時のLAで1、2を争う高品質なものだ。本作はNWAの諸作と並んで古びることのない、Gファンク以前のLAギャングスタ・ラップを代表する傑作と言って間違いない。聴かないのはもったいない。

Pump 1991

South Central Cartel

U Gotta Deal Wit Dis (Gangsta Luv)

South Central Madness

ソウル・レジェンド、シャイ・ライツのメンバーを父に持つハヴォックが、サウスセントラルの仲間であるプロディジー、シンガーのLVらと組んだグループの1stアルバム。ザップ"Be Alright"ネタでデルフォニクス"La-La Means I Love You"も歌われる"U Gotta Deal Wit Dis"は、2パック"Keep Ya Head Up"でリメイクされた、ギャングスタ・ラップの古典中の古典。やはりザップ曲をネタにした"Ya Getz Clowned"やタイトル曲のようなバンギンなLAファンク曲も、ハードボイルドな70年代ソウル調の"Think'n Bout My Brotha"などもいい。

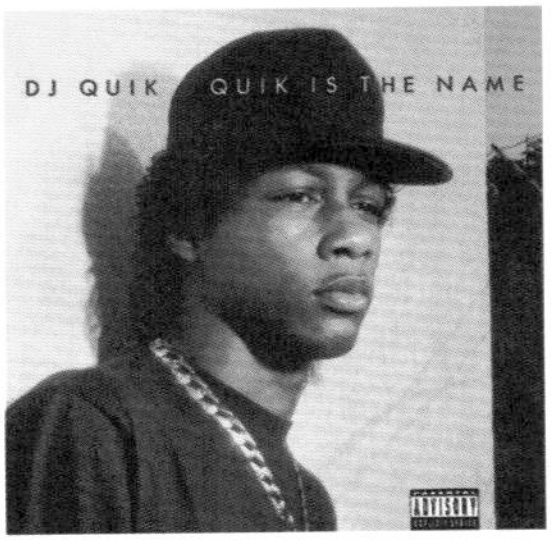

Profile 1991

DJ Quik

Tonite

Quik Is The Name

母親が持つ多くのレコードを聴いて育ち、12歳の時には複数の楽器をプレイしていたDJ・クイック。ミックステープで名をあげると、地元のルースレスからも誘われたが、プロファイルと契約。21歳の時にこの1stアルバムをリリースした。“Born And Raised In Compton”と、代表曲となったクリーア“Tonight”ネタの“Tonite”が人気を呼び、いきなりのミリオン・セールスを記録。DOCのアルバムでも活躍したギタリスト、スタン“ザ·ギター·マン”と17日間でつくったというが、クイックならではの軽やかなファンクは最初からフッドでウケた。

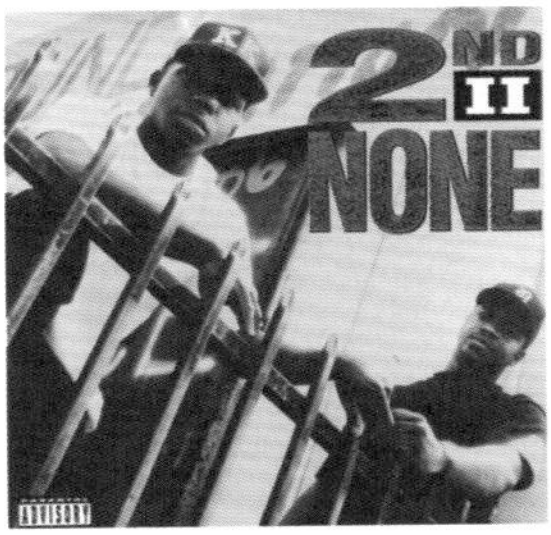

Profile 1991

2nd II None

Let The Rhythm Take You

2nd II None

売れっことなったクイックは、地元コンプトンの仲間を次々にデビューさせる。KKといとこのギャングスタ·Dが組むセカンド·トゥー·ナンの1stアルバムは、クイックがプロデューサーとして全曲を手がけた初の作品。欠かせない制作パートナーになるギター、ベースのロブ・ベーコンと全編で組み、クイック流の軽快なファンクを量産した。ドナルド・バード“Places & Spaces”ネタの“Let The Rhythm Take You”や、KC & ザ・サンシャイン・バンドの同名曲ネタ“Ain't Nothin' Wrong”など、LAの夏に溶け込むようなパーティ・チューンが極上だ。

Skanless 1991

Hi-C Featuring Tony A

I'm Not Your Puppet

Skanless

クイックの子供時代からの友人であるハイ・Cの1stアルバム。後に俳優としても活躍した彼は、飄々としたおもしろおかしいキャラクターの持ち主。相棒のDJで、収録曲の多くをプロデュースしたトニー・Aがメキシコ系ということもあって、チカーノ・ラップに多いオールディーズ（チカーノが特に好む1950～80年代の曲）ねたの曲がシングル・カットされた。その“I'm Not Your Puppet”と“Sitting In The Park”はどちらも有名ネタ使いのキャッチーな秀曲でヒット。ファンキーな曲も楽しい、クイック・ファミリーらしさに溢れる1枚だ。

Select Street 1991

AMG

Bitch Betta Have My Money

Bitch Betta Have My Money

ギャングスタというより、おもしろおかしいエロねたを得意としたプレイヤーのAMG。この時期のクイック作品のExプロデューサーだったコートニー・ブランチ&トレイシー・ケンドリックの手助けを受けながら、ほぼ全曲をセルフ·プロデュースした1stアルバム。特にリリックがウケたタイトル曲が全米大ヒット。元はNY生まれの彼はビッグ・ダディ・ケイン好きのようで、彼のヒット曲と同ねたの“Jiggable Pie”もヒットした。いくつかの曲ではマイアミ・ベース調のビートも用いて、まだ多種多様だった時代のシーンを盛り上げた。

Capitol 1988

King Tee

Act A Fool

Act A Fool

コンプトン出身で、1987年にはテクノ・ホップなどからシングルをリリース。ノトーリアス・BIGにも影響を与えたとされるキング・ティーは、LAのハードなスタイルを誇るMCのパイオニアのひとり。DJ・プーが多くをプロデュースしたこの1stアルバムは、エレクトロからサンプリングへの移行期ならではのドープなビートと、押しの強い主役のラップの組み合わせが独特な味わいを持つ人気作。ファンキーなタイトル曲や“Bass”など、LAクラシックが満載だ。以降もギャングスタ・ラップにどっぷりとはならず、独自の硬派路線を貫き通した。

Priority 1991

WC And The Maad Circle

Ain't A Damn Thang Changed

Ain't A Damn Thang Changed

DJ・アラディンと組んだロウ・プロファイルとして出した89年の初作を経て、後にソロでブレイクするクーリオらとマッド・サークルを結成。アイス・キューブ監督の下で出した1stアルバムだ。メンバーである弟のDJ・クレイジー・トゥーンズと、サー・ジンクスがつくる、横揺れのファンク・ビートの数々が心地いい1枚。Cウォーク・アンセムのタイトル曲や、テンポも絶妙な“Ghetto Serenade”など名曲が並ぶ。流行を追わない、100%地元LA向けなWCのラップとビートは古くならない。Gファンク以前のLAファンク・ラップの完成形のひとつ、傑作。

Big Beat 1992

OFTB

Slangin' Dope

Straight Up Watts

これもGファンク以前のLAファンク・ラップの人気作。コンプトンの北、ワッツの3MCズの1stアルバムだ。グループお抱えのティー・KOと、ブライアン・Gがプロデュースするが、ロバート・ベーコンがギター、ベースで全編に参加。ブラッズ繋がりでDJ・クイックに紹介されたのだろうが、ロバートが演奏することで、どれもレヴェルの高いファンキー・ビートになっている。クイック曲に似たファンキーな“Slangin' Dope”や、バンギンな“Criminal At Large”など好曲揃い。後に移籍したデス・ロウでは出番が少なく、残念な状況に。

Warner Bros. 1990

The West Coast Rap All-Stars

We're All In The Same Gang

We're All In The Same Gang

NY勢によるストップ・ザ・ヴァイオレンス・ムーヴメントに呼応した、一度きりのスペシャル・ユニットによるアンチ暴力ソング。Dr.ドレーによるいいテンポのファンキー・ビート上で、キング・ティーに始まりアバヴ・ザ・ロウ、NWA、アイス・Tらギャングスタ・ラッパーズと、デジタル・アンダーグランドやデフ・ジェフ、MC・ハマーら当時の人気者がマイク・リレー。アイス・キューブもトゥー・ショートもいなくては、オールスターとはとても言えないメンツでも、ポジティヴな空気に包まれていたこの時期ならではの特別な曲だ。

Pump 1990

A Lighter Shade Of Brown

On A Sunday Afternoon

Brown & Proud

ヤング・ラスカルズ“Groovin'”ネタの“On A Sunday Afternoon”が全米39位となるヒット。後に続くオールディーズ・スタイルの、そしてLAにおけるメキシコ系＝チカーノ・ラップの先駆者となった、ア・ライター・シェイド・オブ・ブラウンの1stアルバム。“El Varrio”などでのハードなフッド語りよりも、“T.J.Nights”といったナンパなパーティ・チューンが得意な2MCズで、LAチカーノが大好きなウォーの同名曲を用いた“Spill The Wine”などもいい。4年後の『Layin' In The Cut』からは“Hey DJ”を大ヒットさせた。

Virgin 1992

Kid Frost

No Sunshine

East Side Story

アイス・Tらと活動を始め1984年にはレコード・デビューしていた、チカーノ・ラップの大ボス、フロスト。ギャングスタ・ラップ色を強めたのは90年、1stアルバム中の“La Raza”などからだ。よりチカーノ・テイストを強めたこの2ndは、まだ一般的なファンキー・ビートも少なくない。けれどタイトル曲などにおける語り口はフロストならではの魅力に溢れている。そして、“No Sunshine”“Thin Line”“Smiling Faces”と続くオールディーズ・ソウル曲ネタの3曲がシビれる仕上がり。ラテンなメロウ・ビートの“Mi Vida Loca”なども極上だ。

Skanless 1992

Proper Dos

Mexican Power

Mexican Power

プロパー・ドスは、MCのフランク・Vとビート・メイカー、アーニー・ゴンザレスのふたり組。フロストらの成功にならって、チカーノ受けを意識した曲を連発し人気を得た。ワン・ウェイ“Cutie Pie”ネタのタイトル曲や、エル・チカーノ“Viva Tirado”ネタの“One Summer Night”といったファンキー・チューンは、押しの強い主役のラップと相まってとにかくパワフルでバンギン。特にギャングスタに愛される曲でもあるウィリアム・ディヴォーン“Be Thankful for What You Got”ネタの“Hard Times”など、メロウな語り曲も効いている。

Profile 1992

N2Deep

Back To The Hotel

Back To The Hotel

ヴァレオが地元で、ベイエリア・チカーノ・シーンのパイオニアとなったN2ディープは、ジェイ・ティーとTLの2MCズ。元はメンバーだったジョニー・Zがつくるファンキー・ビートと、軽妙でナンパなラップの組み合わせで人気沸騰した。バンギンな“Back To The Hotel”、軽妙な“Toss Up”、そしてレイドバックした“The Weekend”と3曲がヒットしたこの1stアルバムは50万枚超を売る。E-40が参加した、トム・ブラウン“Funkin' For Jamaica”ネタの地元賛歌“V-Town”や、テンポのいい“Comin' Legit”など他の曲も楽しめる。

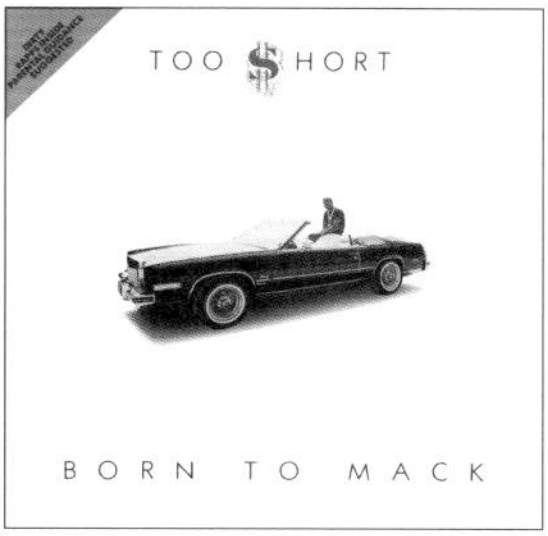

Dangerous Music 1987

Too Short
Freaky Tales
Born To Mack

LAはサウスセントラル生まれで、移住したオークランドのハイスクールではドラマーとして活躍したトゥー・ショート。1985年には仲間とつくったテープを売り始め、ベイエリア・シーンのパイオニアとなる。リリース直後にジャイヴから出し直し盤が出た、メジャー初作となった本作からは、初期の代表曲“Freaky Tales”がヒット。9分半に渡り延々と、さまざまな女の子たちとのイケナイ話を繰り広げるこの曲で、プレイボーイ・ショートは全米きってのピンプになる。“Playboy Short II”は7分間語り続けてと、最初から絶倫ぶりを発揮していた。

Dangerous Music 1988

Too Short
Life Is... Too Short
Life Is... Too Short

200万枚セールスを記録し、彼の最大のヒット作となったメジャー2nd。ドラムスを叩きキーボードを弾き、プログラミングも行ってと、自らビート・メイクも担うトゥー・ショート。太く厚いシンセ・ベースが特徴的なヨコ揺れのファンク・ビートに、ピンプ、ハスラー、ドラッグ・ディーラー語りを乗せる彼のスタイルは、モブ・ミュージックと呼ばれるベイエリアの定番スタイルになる。ハスラーとしての人生哲学を聞かせたタイトル曲や、ファンキーなビートに腰が揺れる“Don't Fight The Feelin'”を始め、独自のビートとラップに引き込まれる。

Dangerous Music 1990

Too Short
Short But Funky
$hort Dog's In The House

Pファンク・テイストの強い“It's Your Life”など収録曲はもちろん、ジャケット・デザインまでもがスヌープ『Doggystyle』に特に影響を与えたとされるメジャー3rd。ダニー・ハザウェイの同名曲ネタのブルージーな“The Ghetto”や、スカイ“High”ネタのファンキーな“Short But Funky”と、シングル曲を始めサンプリング使いの曲が増え、さらにはメロウでメロディアスな“Punk Bitch”なども加わり一般的に聴きやすい仕上がりに。アイス・キューブとモブ・ビート上でマイクを交わす“Ain't Nothin' But A Word To Me”もかっこいい。

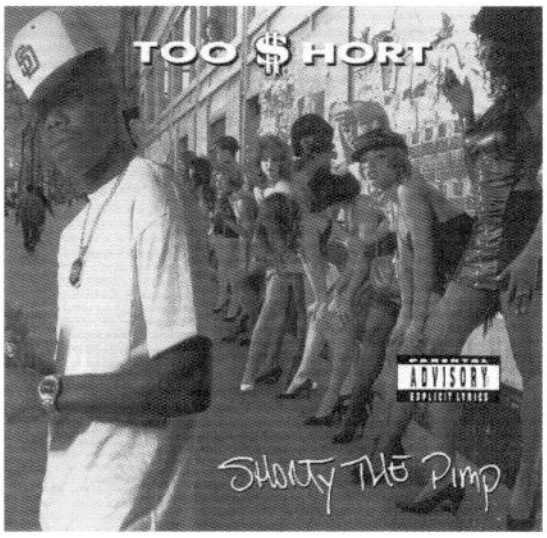

Dangerous Music 1992

Too Short
So You Want To Be A Gangster
Shorty The Pimp

ベイエリアのNo.1プロデューサー、アント・バンクスと初合体したメジャー4th。冒頭の“In The Trunk”からグッとリッチになったサウンドが聴け、一段階レヴェルアップした感が強い。ブリっとしたベースが引っ張る“I Want To Be Free”など、1992年においては最高のファンク曲のひとつだ。トニ・トニ・トニのドゥエインがフックを歌う、オールディーズ調の“Hoochie”もぜいたくな仕上がり。『Juice』のサントラにも収録された“So You Want To Be A Gangster”は典型的なモブ・ミュージックで、やはりこれが真骨頂ではある。

Triad 1991

Spice 1

In My Neighborhood

Let It Be Known

sex, pistols, indo, cash, entertainmentの頭文字を並べてスパイス・ワン。アント・バンクスと組んで88年から録りためていた7曲を収めたこのEPが初作。ジョージ・デューク“Reach For It”ネタのファンキー・ビート（WCが“West Up!”でリメイク）がキャッチーな名曲“In My Neighborhood”や、スリリングな語り口の187＝殺人についての物語“187 Proof”が地元でヒット。重低音ベースの効いたジャズ・ファンク・ビートもかっこいいタイトル曲や、ドラマティックス“Whatcha See Is Whatcha Get”ネタのシャレた“City Streets”も、秀曲揃い。

Triad 1992

Spice 1

Welcome To The Ghetto

Spice 1

トゥー・ショートに気に入られ彼のデンジャラス・クルー入り、1st EPの5曲に9曲を足してジャイヴ配給で出した1stアルバムだ。SOS・バンド“No One's Gonna Love You”ネタのメロウ・ビートが効いた全米ヒット“Welcome To The Ghetto”や、ファンキーな“East Bay Gangster (Reggae)”、ファンカデリック“One Nation Under A Groove”ネタの“Peace To My Nine”に、パーラメント“Mothership Connection”ネタの“Young Nigga”など、これぞモブ・ミュージックな人気曲が詰まった本作を、スパイス・ワンのベスト作とする人は多い。

FBI Recordings 1990

M.C. Pooh

The Hit

Life Of A Criminal

オークランドのMC・プー aka プー・マンは、トゥー・ショートに負けず劣らずキャラの立ったプレイヤー。甘茶ラップ好きに有名な“Teardrops”他4曲収録のEPに続いて、この1stアルバムをリリースした。アント・バンクスのプロデュースもさすがで、90年代初頭の代表的なモブ・ミュージック集となっている。ザップ曲ネタのバンギンなファンク“The Hit”や、ヘッドハンターズの定番“God Made Me Funky”ネタの“Explicit Lyrics”、軽妙なフッド語りのタイトル曲や“Oakland”など、ファンキーな好曲がずらり並ぶ。

Sick Wod' It 1991

The Click

Club Hoppin

E-40 And The Click

トゥー・ショートと並ぶベイエリアの巨人、E-40（と兄弟たち）の、地元でのブレイク作となった4曲＋2収録EP。「ミスター華麗」なるタイトルの1曲目“Mr.Flamboyant”から、造語の数々も楽しい、巻き舌も冴えまくりで、レヴェルの違うウマさのラップが聴ける。ブリック“Dazz”ネタの弾けるパーティ・チューン“Club Hoppin”、パーラメント“Agony Of Defeet”ネタの“Shut It Down”と続くファンク・ビートへの乗り方も、この頃からすでに格が違った。E-40はこの時すでに24歳、完成されたラップで出てきたからこそ成功も早かった。

RCA 1990

Bigg Ocean Mobb IV-1-5

Gangster Driven

Wrangler Tuff

1980年代末からR&Bの裏方として名を上げ、1990年にはアン・ヴォーグ曲も手がけたカイリー。その初ヒップホップ仕事&初全曲プロデュース作として歴史に名を残す、オークランドのグループ唯一のアルバム。シングル曲"Gangster Driven"を始めエレクトロなサウンドが色濃く残るモブ・ミュージックは、90年当時は流行りが過ぎた後だったけれど、いま聴けばドープのひと言。ダニー・ハザウェイ"The Ghetto"ネタの"Ghetto Radio"など、サンプリング使用曲もやはりベースは太く、ベイエリア流のゲットー・ファンクで魅了する。

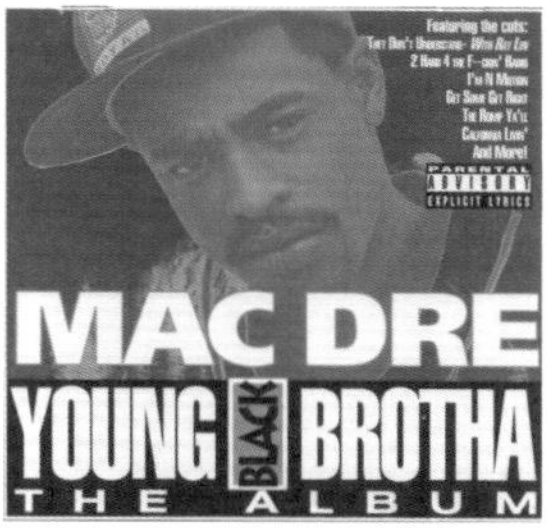

Strictly Business 1993

Mac Dre

Young Black Brotha

Young Black Brotha The Album

後にレーベル、ヤング・ブラック・ブラザを立ち上げ、一時代を築くカイリーが、それ以前に設立したストリクトリー・ビジネス。そこのスターが、同郷ヴァレオのおもしろおかしいラップの天才、マック・ドレーだった。しかし彼は強盗罪で5年間のムショ入り。この初のアルバムは、1989～92年に出した4枚のEPと未発表曲をまとめたものだ。それでも、ハードボイルドでドラマティックな名曲"Young Black Brotha"を始め、シャレたサウンドでクールにキメる"All Damn Day"や、バンギンなファンク"California Livin'"など20曲あまり、すごい聴き応え。

Big League 1990

415

Groupie Ass Bitch

41Fivin

地元オークランドの市外局番をグループ名にした415。後にソロで名を上げるリッチー・リッチもいた4人組だ。メンバーで、売れっこプロデューサーとなるDJ・ダリルらがつくった、サンプリングも駆使したファンキー・ビートは高品質。ハードボイルドな"415"、コモドアーズ"Brick House"ネタのシングル曲"Groupie Ass Bitch"、EW&F"Sunshine"ネタのポップな"Side Show"などが人気を呼んだ。ムショ入りしたリッチー抜きでつくられた翌年の2ndアルバム『Groupie Ass Bitch』もファンキーな好盤だ。

Interscope 1991

2Pac

If My Homie Calls

2Pacalypse Now

17歳で移住したベイエリアで多くの出会いを得た2パック。自身もその一員となったデジタル・アンダーグラウンドの面々と組んでつくったのが、この1stアルバムだ。フッドにおける友情を描いた"If My Homie Calls"や、12歳で妊娠した少女の悲しい物語をラップした"Brenda's Got A Baby"が話題に。こうした曲における視点や表現は、ケンドリック・ラマー『Good Kid M.a.a.d City』を始め多くの作品で受け継がれている。言葉遊びが主題のヒップホップにおいて、リスナーにも極めてわかりやすい言葉使いも最初から際立っていた。

Part 2
1992 - 1998

Gファンクのブーム

地域の伝統そのままにファンクを愛し、サンプリングねたにしてきた西海岸のギャングスタ・ラップ。ただファンクねたは、NYや他地域でも愛用され、ビートは全米で大差のない時代が続いてきた。それが、ネタは変わらずファンクでも、ダンス・フロアからクルマへと舞台を変えたGファンクの登場により、LA〜西海岸のギャングスタ・ラップはかつてないセールス面での成功を実現。アメリカのヒップホップの完全なる主流となる。

Dr. Dre

Nuthin' But A "G" Thang

The Chronic

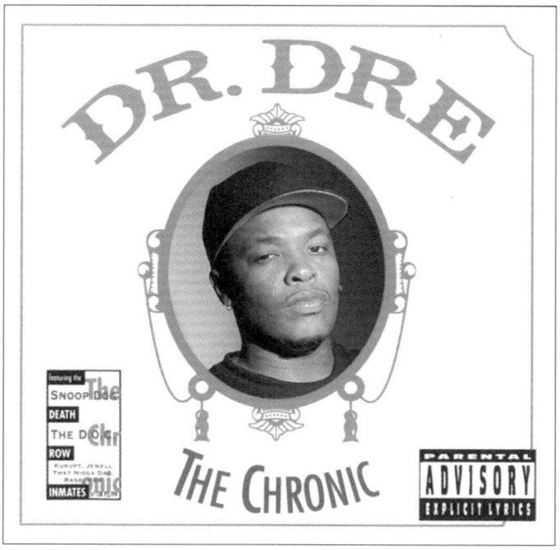

Death Row 1992

NWAを脱退、デス・ロウを設立し、その第一弾として出したドレー自らの1stアルバム。前年のNWA"Alwayz Into Somethin'"他で聴かせていた、タテのりからヨコのりへ、ダンスよりクルマ向けに、というヒップホップ・ビートの革命と言える変化を誰よりも意識的に推進。影のキーマンとなったコリン・ウルフに何百何千とベース・ラインを弾かせ、贅沢にそのわずか一部をループ〜サンプリングねたと合わせてカー・ステレオに合うビートを自在に生み出す。そうして、義兄弟ウォーレン・Gに紹介されたスヌープ、ネイト・ドッグの、後ノリのレイドバックしたビートに合うラップ、ヴォーカルをフィーチャー。Gファンクと呼ばれるようになる、都市部だけでなく全米でウケる新時代のヒップホップを見事に狙ってつくってみせた。全米2位となった"Nuthin' But A "G" Thang"に、"Fuck Wit Dre Day""Let Me Ride"とシングル・ヒットも連発。すぐさま300万枚を売った本作は「売れる型」を提示することになり、それを皆が追うことで、西海岸ギャングスタ・ラップの黄金時代が到来した。

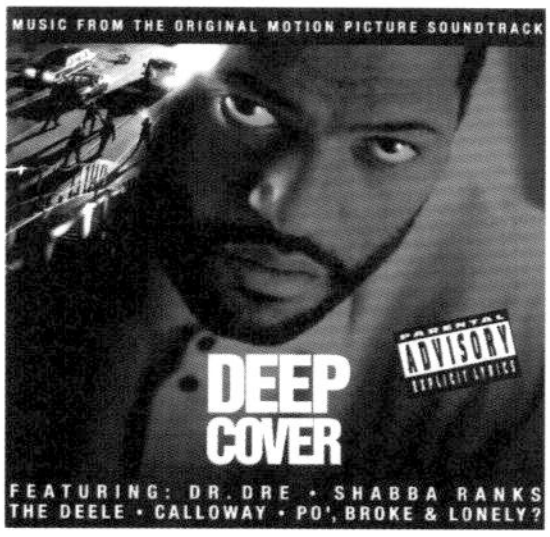

Solar 1992

Dr. Dre Introducing Snoop Doggy Dogg

Deep Cover

OST: Deep Cover

『The Chronic』の8ヵ月前に出た、NWA脱退後のドレーの初曲で、スヌープの記念すべきデビュー曲。スライ&ザ・ファミリー・ストーン“Sing A Simple Song”の定番ドラムスに合わせた、コリン・ウルフによる印象的なベースが疾走感を煽る、この上なくスリリングなビートがまずは極上。そこに乗る当時20歳のスヌープの抑えた声、フロウは冷徹なギャングスタそのものと受け取られ、スゴい新人が現れたと話題騒然に。まだタテのりのビートはGファンクとは異なり、まずはコアなヒップホップ・ファン向けとしたのはドレーの戦略か。

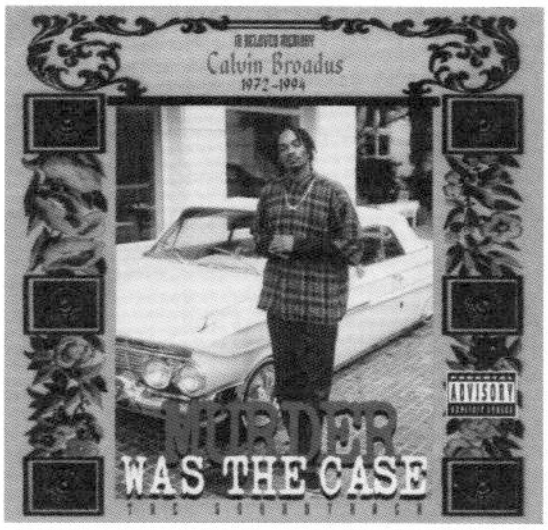

Death Row 1994

Dr. Dre & Ice Cube

Natural Born Killaz

OST: Murder Was The Case

ドレーとキューブの、NWAの1stアルバム以来、6年ぶりのリユニオン曲は､幻と終わったタッグ･アルバム『Heltah Skeltah』に入るはずだったもの。それが、ギャングスタ・ラップが過激化していく中で（ヘヴィメタルにも通じる）ホラー、オカルト要素の取り入れがますます流行り、そうして生まれたスヌープ主演ホラー映画『Murder Was The Case』のサントラ収録曲として世に出た。Gファンクの次を模索していたドレーによる、子供向けと思えるほどわかりやすいホラー・サウンドだけど、このふたりが共演して話題にならないはずがなかった。

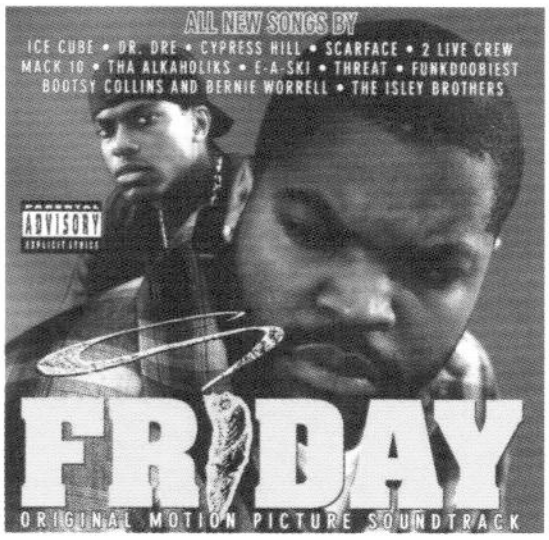

Priority 1995

Dr. Dre

Keep Their Heads Ringin'

OST: Friday

俳優アイス・キューブの代表作となった大ヒット映画『Friday』のサントラに収録された、ドレーがひとりでラップするパーティ・チューン。“Natural Born Killaz”と同じ共同プロデューサー、サム・スニードとつくった、これもホラーな（？）シンセが耳につくもの。ただ、い～い感じで盛り上がれるテンポの良さ、ノリやすいビート、女性Vo.によるキャッチーな歌フックはさすがにウマいつくり。映画本編と連動させた豪華MVの効果もあり、世界中でヒット。全米チャートでは10位にまで上がり､ドレー自身の曲としては3つ目のトップ10ヒットとなった。

Aftermath 1996

Dr. Dre

Been There, Done That

Dr. Dre presents... The Aftermath

1995年12月、2パックとの“California Love”で初の全米チャート1位に輝くも、その3ヵ月後の96年3月、共同経営者だったシュグ・ナイトの不正を主な理由にドレーはデス・ロウを去る。そして同年9月に2パックは逝去。その2ヵ月後に出たのが、ドレーの新レーベル、アフターマスのお披露目盤となった本作だった。ドレーのソロ曲“Been There, Done That”は､「あれもこれもやり尽くした」とラップするドレーのギャングスタ・ラップ卒業宣言で、アフターマス（余波）では当初、次なるステージを示そうとしたが…。

Snoop Doggy Dogg

Gin And Juice

Doggystyle

Death Row 1993

『The Chronic』のおよそ1年後、1993年11月に出たスヌープの1stアルバム。その3ヵ月前に、彼のボディガードが敵対するギャングを射殺。スヌープも共犯者として逮捕され、裁判が進行（96年、無罪に）する中でのリリースとあり、「殺人犯によるギャングスタ・ラップ」だと日本でもかつてなく、音楽以外の面で話題になった。それゆえ、現在までにアメリカだけで700万枚、全世界で1100万枚をセールス。ヒップホップで最も売れたアルバムのひとつなのだけど、それも納得。いま聴いても唸るほどのかっこよさが詰まった1枚だ。スリック・リックからの影響大な、ウルトラ・スムーズと評されたソフトな語り口は革命的に新しく、この後、今に至るまでラップ界のスタンダードに。そして何より本作は、ダズとウォーレン・Gがつくったビートをドレーがブラッシュアップ、リリックスはクラプトも交えた全員で競うように書いたものと、多くの才能が総力戦で生み出したという事実。ヒップホップでは、こうしたアルバムは数えるほどしかない。他とはレヴェルが違いすぎる名盤中の名盤。

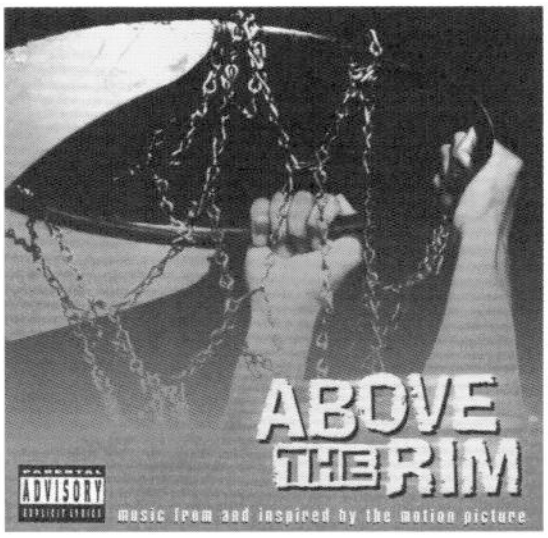

Death Row 1994

Tha Dogg Pound Gangstas

Big Pimpin'

OST: Above The Rim

2パックも出演、バスケットボールを通して描いた青春映画のサントラは、デス・ロウ発で注目曲揃いだった。ドッグ・パウンドは元々、ダズとクラプトのふたり組ではなく、ロングビーチの仲間多数の総称であり、この“Big Pimpin'”にはスヌープやネイト・ドッグ、その名もビッグ・ピンピンも参加している。メロウなテイストづくりもウマいダズによる、テンポ感も絶妙なスムーズ・ブギー・ビートに乗り、楽しいマイク・リレーが繰り広げられる名曲。『Doggystyle』中の“Ain't No Fun”と合わせ、日本のクラブでも人気だったパーティ・チューンだ。

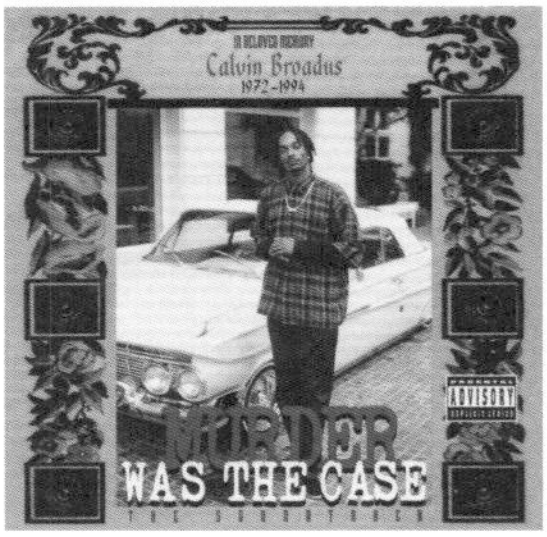

Death Row 1994

Snoop Doggy Dogg & Tray Deee

21 Jumpstreet

OST: Murder Was The Case

スヌープ主演、彼の同名曲を基にした短編ホラー（？）映画のサントラは、これもデス・ロウ発でダズ制作の好曲4つが目玉だった。スヌープが、後にイーストサイダーズを組む旧友トレイ・ディーと聴かせた“21 Jumpstreet”は、“Big Pimpin'”と同じく“Ain't No Fun”と合わせて聴きたくなるようなメロウ・ファンク・ブギーの傑作。速すぎず遅すぎずのテンポ感が独特かつ絶妙で、ダズにしか出せない味わいのスムーズなパーティ・チューンというのがいくつもあり、LAギャングスタ・ラップのファンにはそのどれもが人気が高い。

Death Row 1994

Warren G & Nate Dogg

Regulate

OST: Above The Rim

全米は2位、ヨーロッパの9ヵ国でも10位以内にチャートイン。1994年の春夏、欧米のTV、ラジオではこの曲が1日中かかっていた。先行したドレー、スヌープに勝る、どころかMC・ハマーを除けばこの曲が当時、ヒップホップ最大の世界的ヒット曲に。マイケル・マクドナルド（ドゥービー・ブラザーズ）による1982年の大ヒットで全米4位、R&Bチャートでも7位となった"I Keep Forgettin'"そのまま使いのビート。その上でふたりが代わるがわる、かけ合いをキメる構成も完璧なこの曲が、世界的には「Gファンクの代表曲」だ。

Warren G

This DJ

Regulate... G Funk Era

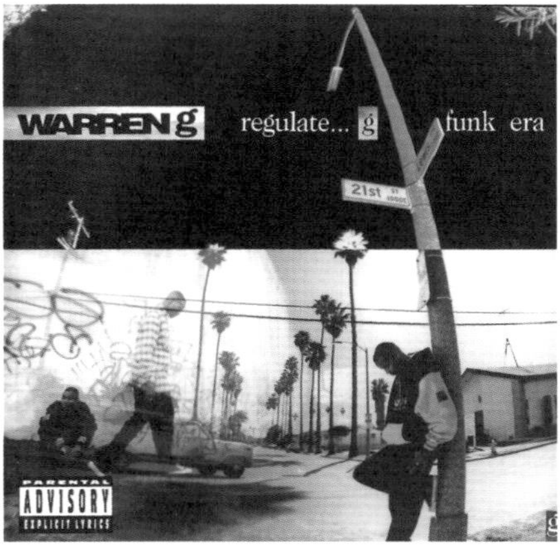

Violator 1994

"Regulate"のヒットに続けて出たウォーレン・Gの1stアルバム。親違いの兄Dr.ドレーと同じレーベルは嫌いデフ・ジャム傘下から、スヌープも呼ばずに独自の人脈だけで、やりたい音楽をやり切った。ゆえに本作は統一性、完成度において『Doggystyle』に勝るとも劣らない。2ndヒット"This DJ"こそエムトゥーメイ"Juicy Fruit"とミッドナイト・スター"Curious"のサンプル主体だけど、ジュニア"Mama Used To Say"ネタの3rdヒット"Do You See"も、多くの曲では生楽器を多様。ドラムスのカール"ブッチ"やベースのトニー・グリーンら大物も参加し、ウォーレンが愛する1980年前後のソウルやAORと、ヒップホップの融合を可能にした。ウォーレンが言うように、ロングビーチの仲間たちと育んだこのスタイルがオリジナルGファンク。本国以外では『The Chronic』以上に売れた本作がGファンク〜ギャングスタ・ラップを世界の隅々にまで広めた。同年に出たナズ『Illmatic』は聴いたことがないけど、これは大好きというラップ・リスナーの方が世界では圧倒的に多いのだ。

G-Funk Music 1995

Twinz

Eastside LB

Conversation

ロングビーチ出身でフォーサムの前身パーフェクションにも参加していた、双子の兄弟トゥインズの唯一のアルバムであり、ウォーレン・Gのレーベル第1弾だ。1曲を除き全てウォーレンがプロデュース、女声コーラスを多用したつくりで、メロウなオリジナルGファンクを存分に味わえる。デニース・ウィリアムズ"Free"ネタの"Eastside LB"、メロウ・ブギーの"Round & Round"とシングル2曲がともにヒット。ボー・ロックが歌う"Journey Wit Me"や、ルーファスの同名人気曲をリメイクした"Hollywood"など好曲満載の人気盤。

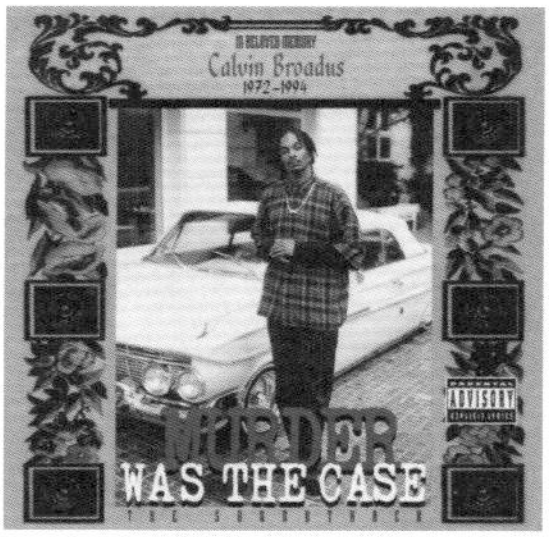

Death Row 1994

Tha Dogg Pound

What Would U Do?

OST: Murder Was The Case

まだスヌープもラップ、ThaなしのDogg Poundとして発表した、1993年の『Poetic Justice』サントラ中の“Niggas Don't Give A Fuck”。対してTha Dogg Poundの初曲となったこれは、スヌープはフックだけで、ダズとクラプトが全てのヴァースでキメる。ルースレス軍団ディス曲だけど、声質やキャラが違うゆえに最高の相性をみせるふたりのかけ合いがとにかく魅力的。もとはソロだったふたりにコンビ結成を勧めたドレーの見る目はさすがだ。これ以上なくバンギンなビートもドレーの手助けあってこその完成度の高さ。

Tha Dogg Pound

Let's Play House

Dogg Food

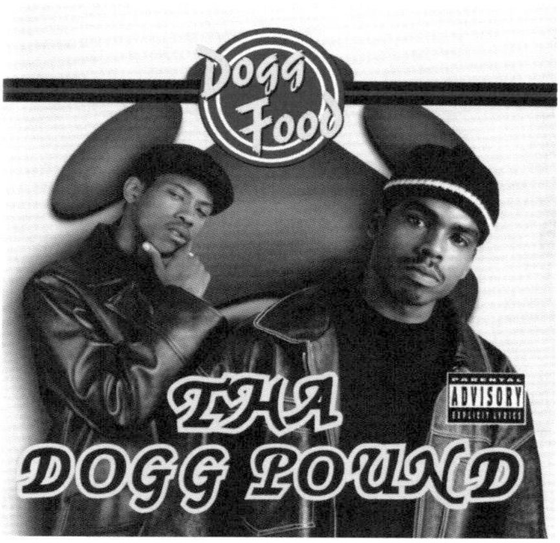

Death Row 1995

明確にダズとクラプトのふたり組として出したドッグ・パウンドの1stアルバムで、デス・ロウ初の全米1位アルバム。ただ、いとこであるダズとスヌープの絆は強く、スヌープは要所で顔を出す。2パックとビギーのもめごとで火がついた「東西抗争」を受けた“New York, New York”はクラプトとスヌープの曲だ。最もヒットしたのはネイトの歌声がしみる“Let's Play House”。これもダズ制作曲ならではのユルいテンポが絶妙なパーティ・チューンで、DJに大人気だった。続く“I Don't Like To Dream About Getting Paid”もネイトが歌うメロウな人気曲。バンギンなファンクも冒頭の“Dogg Pound Gangstaz”から“Respect”、レイディ・オブ・レイジとクールに盛り上げる“Do What I Feel”などと粒ぞろい。多作なダズはつくりっぱなしの人なので、ドレーがミックス他で最後の仕上げを担った本作はやはり他のダズ制作盤とは完成度が違う。『The Chronic』『Doggystyle』と本作は、ドレーとダズのケミストリーがあったからこその傑作なのに、これ以降ふたりが組むことはなかった。

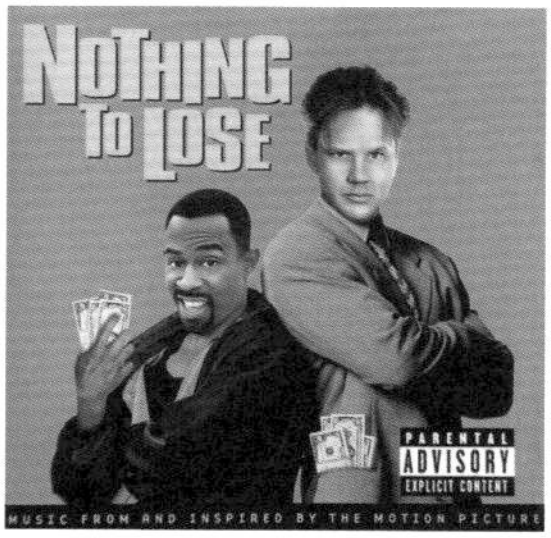

Tommy Boy 1997

Daz & Soopafly

Put The Monkey In It

OST: Nothing To Lose

やはりロングビーチ育ちのスーパフライは、教会で磨いたキーボード弾きとしての腕を買われデス・ロウ入り。プレイヤーそしてビート・メイカーとして名を上げると、1996年には“I Don't Hang”でラッパーとしてもデビューした。ダズと組んだこのサントラ収録曲はラッパーとしての第2弾。ダズのトレードマークとも言えるジョージ・クリントン“Atomic Dog”ドラムスに、スーパフライが弾くメロウなキーボードが軽やかに絡むパーティ・チューンで、剛と柔と対照的なふたりのラップの相性もよく、日本でもDJ人気が高かった。

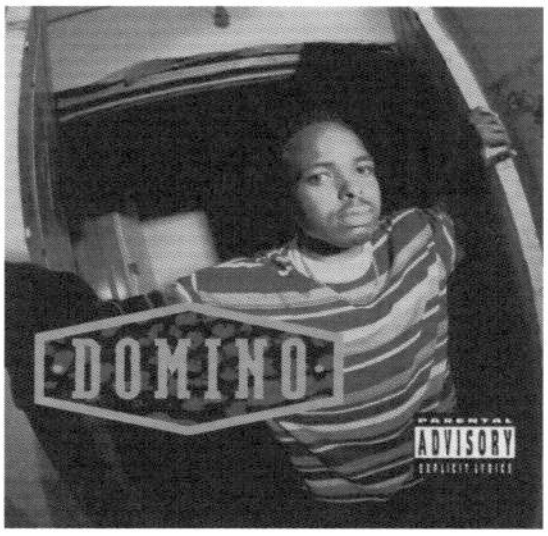

Outburst 1993

Domino

Ghetto Jam

Domino

セントルイス生まれ、ロングビーチ育ちのドミノ。フォーサムの前身パーフェクションで活動～ケンカ別れした後に、クリップスの一員としてブラッズ＆クリップスの『Bangin' On Wax』に参加。そこで出会ったヴェテランDJ、バトルキャットの全面プロデュースで出した1stアルバム。ともにロングビーチ・シーンをよく知るふたりが、『The Chronic』を研究し生んだメロウ＆スムーズなGファンクは、ウォーレン・Gのソロ作に先駆けて一般層にも大ヒット。全米7位の“Ghetto Jam”、ハナ歌ラップも楽しい“Raincoat”などいい曲が目白押しだ。

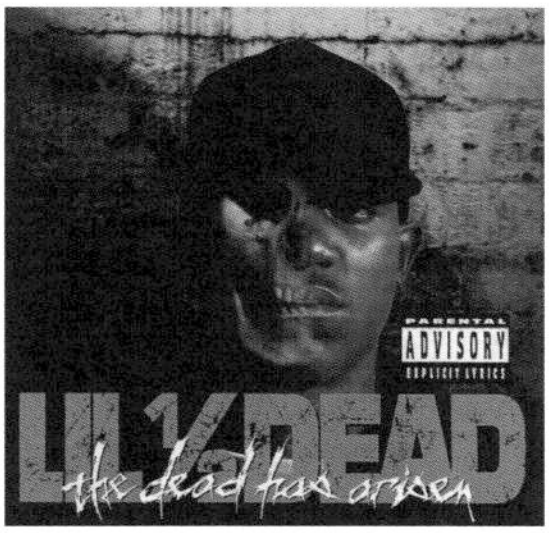

Total Trak 1994

Lil 1/2 Dead

12 Pacofdoja

The Dead Has Arisen

スヌープやダズらのいとこで、もともとはドッグ・パウンド・ファミリーの一員だったリル・ハーフ・デッド。デス・ロウ入りせず、DJ・クイック一派の後見人となっていたコートニー・ブランチ＆トレイシー・ケンドリックと組み、彼らのレーベル（プライオリティ配給）から出したこれが1stアルバム。ギター＆ベースのロブ・ベーコンを始めクイック一派の作品と同様の体制で、楽器演奏によるリッチなサウンドの、独自のGファンクを聴かせる。ヒットした“12 Pacofdoja”を始めメロウな好曲揃いで、ロングビーチ・シーンのファンはマスト。

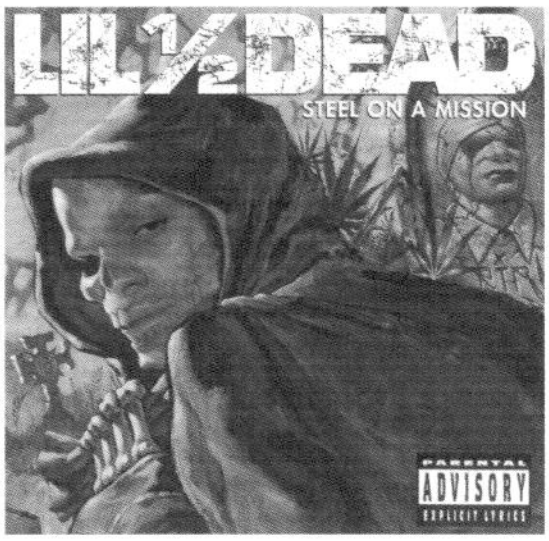

Total Trak 1996

Lil 1/2 Dead

Southern Girl

Steel On A Mission

前作の好評を受けほぼ同じ体制でつくられた2ndアルバム。1曲目“Steel On A Mission '96”のシンセが鳴ったとたん、心地いいGファンク・サウンドに引き込まれる。このメロウな音世界はやはりロングビーチ一派の作品でしか聴けないもの。メイズの同名人気曲をリメイクしヒットした“Southern Girl”もメロウな絶品だ。R&B界の大物となるウォーリン・キャンベルの初期仕事となった“Givin' It Up”も、ダズやウォーレン・GのGファンクをよく研究したつくりでかっこいい。“Still Rollin'”“Cavvy Sounds”と続いていく後半はドライヴに最適。

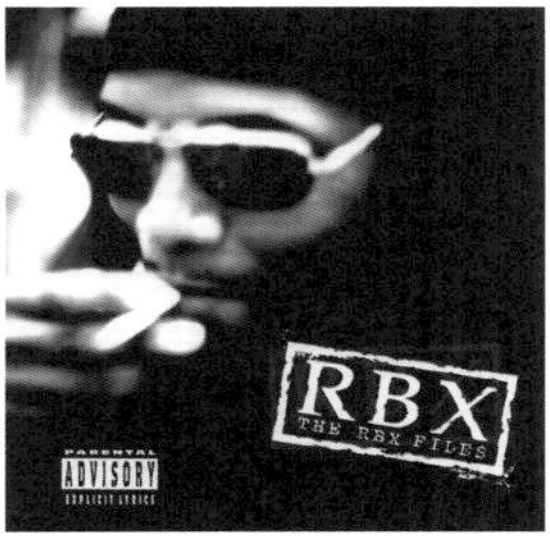

Premeditated 1995

RBX

A.W.O.L.

The RBX Files

スヌープ、ダズ、ネイトとはいとこ同士のRBX（リアリティ・ボーン・アンノウン）は、大学卒のストリートの賢者。『The Chronic』では6曲でラップし活躍するも、金銭面始めでたらめなデス・ロウから独立。やはりデス・ロウから逃げたグレッグ・ロイヤルと組んだのがこの1stアルバムだ。ドレーをディスった“A.W.O.L”などのファンクもいいが、ロイ・エアーズ曲ネタの“Our Time Is Now”などジャジーなサンプリング・ビート上でのコンシャスな語りもならではの魅力。後にドレーと和解、アフターマスにも参加し、いとこたちとの共演も再開した。

Warner Bros. 1995

LBC Crew

Beware Of My Crew

OST: A Thin Line Between Love & Hate

リル・C・スタイル、テクニーク、バッド・アズが組んだユニット、ロング・ビーチ・シティ・クルーのデビュー曲。初のスヌープ監督プロジェクトであり、つくりも豪華。ザップの人気曲“Heartbreaker”をそのまま用いたビート上で、ロジャー本人がトークボックスをキメる。そんな究極のファンク・トラック上で繰り広げられる、ゲストのトレイ・ディーから始まるマイク・リレーにこそシビれる名曲だ。特にバッド・アズのスムーズ&ラフなフロウのかっこよさはたまらない。シングル盤収録の、やはりザップそのままなビートのDJ・プーによるリミックスもいい。

Death Row 2011

LBC Crew

I'll Smoke To That

Haven't You Heard

1996年前後にレコーディングされるも未発表になっていた曲をまとめた、LBC・クルー唯一のアルバム。とは言え、スヌープが半数近くの曲に登場、LT・ハットン、スーパフライ、DJ・プーが主にビート・メイクをになう布陣も同様で、スヌープ『Doggfather』のセッションとごちゃ混ぜでつくられた曲も多そうだ（“Blueberry”は両方に収録）。それでも、バンギンなビート上でのキレのいいマイク・リレーが楽しめる“I'll Smoke To That”を始め聴きものは少なくない。女声コーラスを加えたメロウでハードボイルドな“Gangsta”もいい。

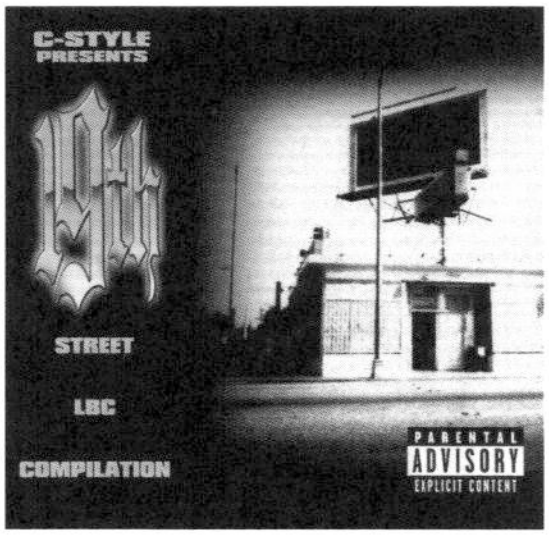

19th Street 1998

Tray Dee, Lil' C-Style & Bad Azz

Flossin'

C-Style Presents 19th Street LBC Compilation

LBC・クルーの3人もデス・ロウを逃げ出すと、リル・C・スタイルはメジャー傘下にレーベルを設立。その第1弾となった本作は1995年から録りためていた曲を集めたもので、両方に入っている“Flossin'”など『Haven't You Heard』と同じようにつくられた曲も多い。ただクルキット・アイらより地元の仲間多数が本作には参加。アイス・T“Colors”をダズも招いてリメイクした“Bustaz”や、メロウな絶品Gファンク“Success Before I Die”など曲も粒ぞろいだ。パーティ・チューンの“Bounce To This”などもいい。

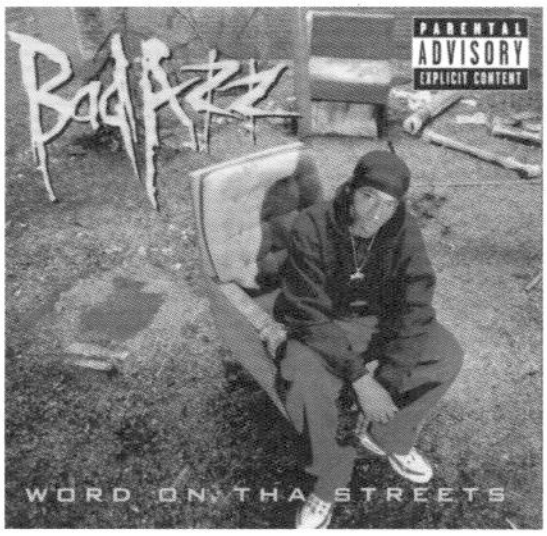

19th Street 1998

Bad Azz

We Be Puttin' It Down!

Word On Tha Streets

LBC・クルーは成功せずソロとなったバッド・アズが、旧友C・スタイルのレーベルから出した1stアルバム。DJ・プー制作でスヌープ客演のザップなファンク“We Be Puttin It Down!”と、アント・バンクスによるベイエリア流モブ・ビートに乗る“Ghetto Star”が小ヒット。2パック曲に客演した縁でアウトロウズが参加した“This Life Of Mine”や、コムラッズのギャングスタが制作&客演の軽さが心地いいファンク“Addicted To Crime”と、ロングビーチ・スタイルにこだわらない好曲が並ぶ。主役のキレてるラップはいつでも文句なし。

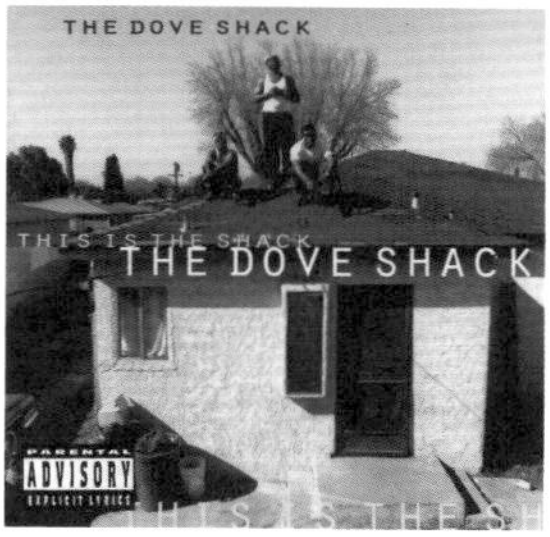

G-Funk Music 1995

The Dove Shack

Summertime In LBC

This Is The Shack

シンガーのボー・ロックと2MCズが組む、ロングビーチ出身のダヴ・シャック。ウォーレン・Gの1stにも収録されたタイトル曲でブレイクし、そのボスのレーベルからこの1stアルバムを出した。ただしウォーレン制作曲は他になく、ヒューストンのクレイジー・Cやラン・DMCのジャム・マスター・ジェイら多様な面々が、3人に合わせてGなビートを提供。デバージ“I Like It”をモチーフにしたような冒頭の“Smoke Out”から楽しめる。ただダントツの人気No.1はボー・ロックとゲスト女性Vo.が主役の“Summertime In LBC”。これぞサマー・アンセム！

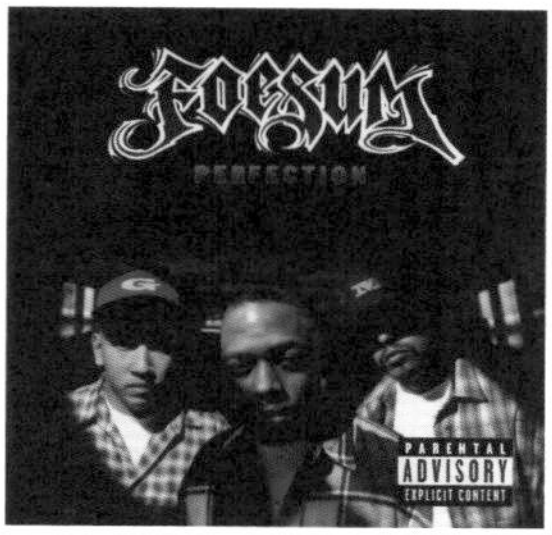

Penalty 1996

Foesum

Lil' Somethin' Somethin'

Perfection

1986年にDJチーム、パーフェクションとして始まったロングビーチ・シーンのパイオニアで、彼らもオリジナルGファンクの発明者ながら、1992年に制作したアルバムはオクラ入り。大物ラジオDJ、トニー・Gの助力を得てようやく出した1stアルバムがこれだ。ボズ・スキャッグズ“Low Down”を思わせるシングル曲“Lil' Somethin' Somethin'”や、ボー・ロックが歌う“In The Wind”と“Runnin' Game”、アイズリー・ブラザーズ曲ネタの“Listen To The Sound”など、心地よすぎるクルージング・チューンがずらり。大人気の名盤。

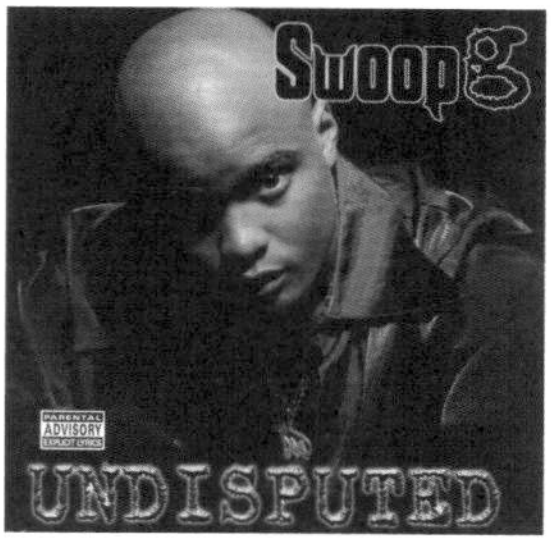

Handle Bar 1997

Swoop G

Simpin' Into Pimpin'

Undisputed

ロングビーチ出身で、ヤング・スウープとして『Murder Was The Case』のサントラに参加。その1994年から96年頃までデス・ロウに所属するも飼い殺しにされ、ベイエリア勢の助けを借りてようやくこの1stアルバムを出した。パトリース・ラッシェン曲ネタの“Simpin' Into Pimpin'”や、モブ・ビートの“Gangsta In California”などボスコ制作曲は満点。NWA曲をリメイクした“I Am The 1”などワン・ドロップ・スコット制作曲もいい。メロウなGファンク“Soldier's Prayer”も人気で、数曲を入れ替え&録り直した改訂盤（99年）も出た。

Breakaway 1998

Nate Dogg

Never Leave Me Alone

G-Funk Classics Vol. 1 & 2

1996年秋に出た、R・フラック&D・ハザウェイ“Where Is The Love”モティーフの“Never Leave Me Alone”。そのヒットに続き97年、Vol.1のデス・ロウ盤CDがカナダ、欧州で発売されるもアメリカはなし。そうして、ネイトのデス・ロウ脱退に伴いヒューストンのレーベルから、ようやくリリースとなった1stアルバム。ソウルIIソウル“Fairplay”のビート上で“Ain't No Fun”を歌い直す“Because I Got A Girl”はクラブでもヒット。2パックとの“Me & My Homies”や、スヌープ&ウォーレンとの“Friends”など、聴き逃せない良曲あり。

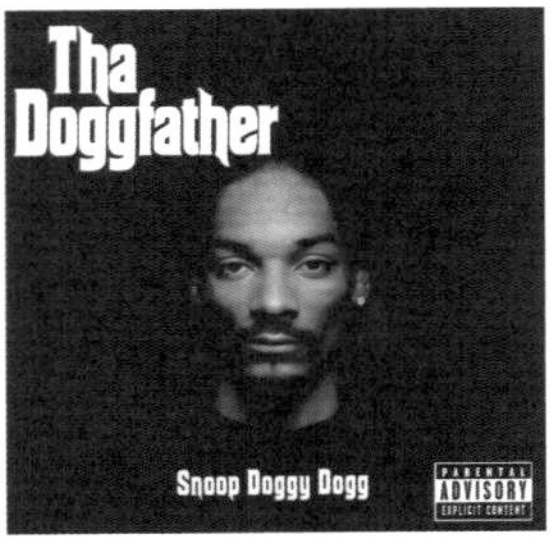

Death Row 1996

Snoop Doggy Dogg

Groupie

Tha Doggfather

殺人関与の裁判が無罪で終わった1996年2月に制作を始めるも、デス・ロウを脱退したドレー抜きでつくるしかなかった2ndアルバム。当時は酷評もされたが、DJ・プー、ダズ、スーパフライ、LT・ハットンらがビートを担った本作は全米1位に輝いた。“Doggfather”や“Up Jump Tha Boogie”“Snoop Bounce”と続くユルいスヌープ流ファンク曲のかっこよさは別格。“Ain't No Fun”のパート2である“Groupie”などキラリと光る曲も。当時ドギースタイル・レコーズ入りしていたレジェンド、チャーリー・ウィルソンの歌も随所で聴ける。

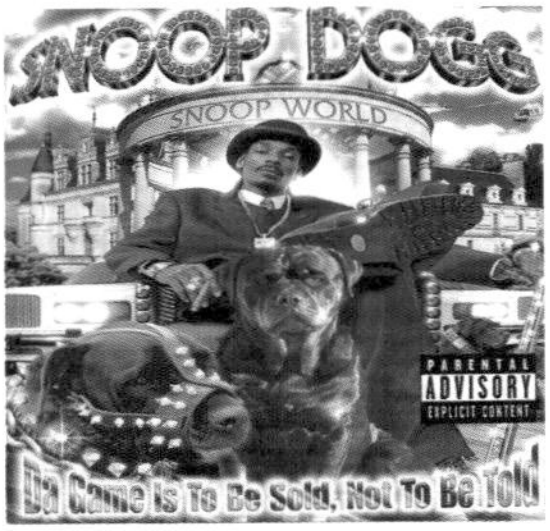

No Limit 1998

Snoop Dogg

Still A G Thang

Da Game Is To Be Sold, Not To Be Told

シュグ・ナイトから逃れるにはより強大なボス＝マスター・Pが必要だったのか、当時は飛ぶ鳥を落とす勢いだったノー・リミットに移籍し出した3rdアルバム。スムーズ・フロウを堪能できる“Still A G Thang”や、スーパフライ＆ダズ制作のバンギンな“Hoes, Money & Clout”、ザップ“Computer Love”が隠し味の“Show Me Love”など、西海岸の仲間と組んだ曲はさすがの味わい。ルース・エンズの同名曲ネタの“Slow Down”や、NWA曲をリメイクした“DP Gangsta”など、ノー・リミットお抱えプロデューサーによる好曲もあり。

Antra 1998

Kurupt

We Can Freak It

Kuruption!

ネイトに続きデス・ロウを抜けたクラプトは、自身のアントラ・レコーズからCD2枚組の1stソロ・アルバムを発表。16歳までフィラデルフィアで育った彼は、ディスク1をウェストコースト、2をイーストコースト盤とし、多様な制作陣、ゲストと東西抗争を乗り越えるようなつくりとした。バトルキャット作の“We Can Freak It”や、ドレーと再合体した“Ask Yourself A Question”などは、ウェッサイ・ファンクの新時代版を聴かせた重要曲。“Ho's A Housewife”はドレーによるリメイク版が『2001』に収録された。ダズ作の“C-Walk”もいい。

Death Row 1998

Daz Dillinger

In California

Retaliation, Revenge And Get Back

皆が去ったデス・ロウにひとり残ったダズ。97年の初ソロ曲“Way Too Major”に続いて出した1stソロ・アルバムだ。マーヴィン・ゲイ『In Our Lifetime』をパクったジャケット、復讐などというタイトルは意味深だけど、ダズならではのファンクとメロウ曲が詰まった好盤。レイディ・Vことヴァル・ヤングのウェッサイな歌と相性が良く、重いけどイケイケな人気のパーティ・チューン“In California”と、泣きのメロディが映える“Only For U”は特に名曲。WCとキメる“Ridin High”や、MC・エイトとの“The Ultimate Come Up”なども聴きどころ。

Ruthless 1993

Eazy E

Real Muthaphuckkin G's

It's On (Dr. Dre) 187um Killa

シュグ・ナイトに脅迫されドレーを手放すことになり、前年のEP『5150 Home 4 Tha Sick』は不十分な結果に終わったイージー・E。それでも、ドレー～デス・ロウ・ディスを前面に出したこの2nd EPは200万枚を売る。『The Chronic』サウンドをパクッた"Real Muthaphuckkin G's"や"It's On"、コールド187umがさすがのビートを提供した"Any Last Werdz"が小ヒット。この1年半後にエイズの合併症により急逝。未発表曲を集めた2ndアルバム『Str8 Off Tha Streetz Of Muthaphukkin Compton』が追悼リリースされた。

Ruthless 1993

MC Ren

Mayday On The Front Line

Shock Of The Hour

他のNWAメンバー同様に待遇への不満からイージー・Eとは仲違い。するとネイション・オブ・イスラムに入信～制作中だった『Life Sentence』をつくり直して出した1stソロ・アルバムだ。ブギ・ダウン・プロダクションズの『Criminal Minded』に最も影響を受けたと言うレンならではのゲットー語りに、人種差別と批判もされた、イスラム教思想に基づいた曲が加えられた。旧友DJ・トレインの兄弟トゥーティと、レーベルお抱えのDr. ジャムらが用意したビートはとにかく重いが、主役のラップと相まってハードボイルドな世界を生み出している。

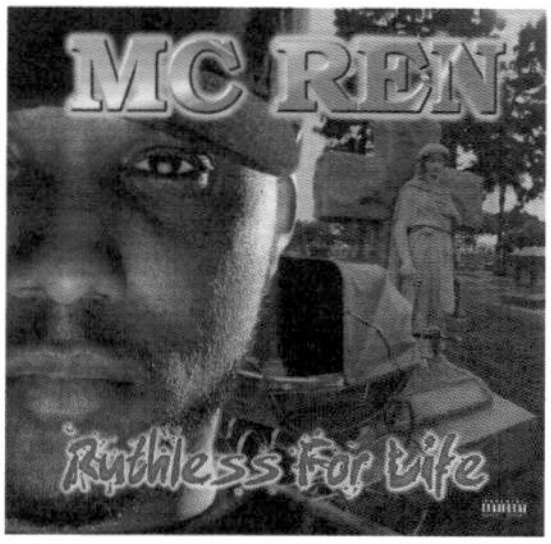

Ruthless 1998

MC Ren

Ruthless For Life

Ruthless For Life

イージー・EとDJ・トレインの相次ぐ死の後に出た、1996年の2nd『The Villain In Black』はコールド187umによるビートもこれ以上なくダークで、沈んだ1枚に。しかしこの3rdアルバムは一転、アイス・キューブやスヌープ、そして死の前に和解したイージー・Eとも共演、コンプトンの街に捧げる「前向きなギャングスタ・ラップ」集に。LT・ハットゥンやアント・バンクスによるバンギンなビート上でキメまくるレンはやはり格が違う。ヒューストンのT・ミックスによるメロウ曲は新機軸で、"Voyage To Compton"など聴きもの。レンのベスト作だ。

Street Life 1996

Yella

4 Tha E

One Mo Nigga Ta Go - Dedicated To The Memory Of Eazy-E

NWAのメンバーで唯一、最後までイージー・Eの味方だったDJ・イェラ。ずっとドレーの影に隠れていた才能が花開いたのは、1994年にプロデュースしたボーン・サグズン・ハーモニー"For Tha Love Of $"がヒットした時だったか。そこで聴かせた色気のあるメロウな曲つくりが、本作発表後はポルノ・フィルム制作者となるオトナなピンプ、イェラの18番。亡き友に捧げた本作も、NWA時代からの付き合いとなる楽器奏者マイク"クレイジー・ネック"シムズと組み、全編メロウに仕上げた。女性ヴォーカルの多用がエモーショナルな味わいを増す。

Ruthless 1992

Above The Law

Call It What U Want

Black Mafia Life

彼ら最大のヒットとなった2ndアルバム。スヌープ"Who Am I"をつくり直したビートの"Never Missin' A Beat"で、暗に「Gファンクのオリジネイターはオレたち」と主張して始まる本作。ファンク一直線なつくりで、今も人気を上げ続けている。2パック参加の"Call It What U Want"、ホール&オーツ"I Can't Go For That"他ネタの"V.S.O.P."とシングル曲がともにヒット。ジョージ・クリントン"Atomic Dog"にソウルIIソウル曲を合わせた"Why Must I Feel Like That?"なども、サンプリング時代のファンク最良作のひとつだ。

Ruthless 1994

Above The Law

Black Superman

Uncle Sam's Curse

リリース後にルースレスを脱退～十分に宣伝・販売されず、近年はレア盤扱いされる3rdアルバム。彼らの代表曲となったヒット・シングル"Black Superman"は、Gなシンセとロボ声がキャッチー。クール&ザ・ギャング"Summer Madness"ネタの"Gangsta Madness"も泣きのGファンクだ。もうひとつのシングル・ヒット"Kalifornia"は、トニ・トニ・トニ"It Never Rains (In Southern California)"をモチーフにしたLA賛歌。まさにPファンクな"The 'G' In Me"などでもサンプリングによるファンクの次を聴かせ始めていた。

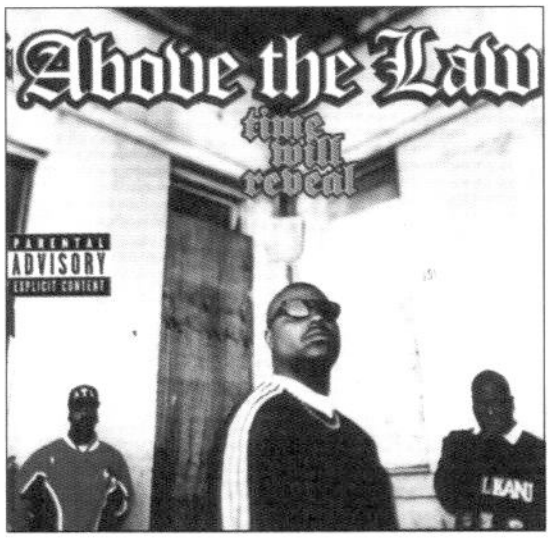

Tommy Boy 1996

Above The Law

100 spokes

Time Will Reveal

4thアルバムは移籍先のトミー・ボーイから。とはいえ全曲をコールド187umが、ギター&ベースのマイク・シムズと組みプロデュースというのは変わらない。ただしこの時期、メジャー配給作品はサンプリング・クリアランスが必須となり、わかりやすいフレーズ・サンプリングはゼロに。小ヒットしたシングル"100 Spokes"を始め、淡々と鳴らされるドラムスにGなシンセやギターが絡む曲がずらりと並び、さらに味わいは重い。サントラ提供曲のリミックスであるフロスト参加の"City Of Angeles (Remix)"もヘヴィ級。98年の『Legends』も基本は同様だ。

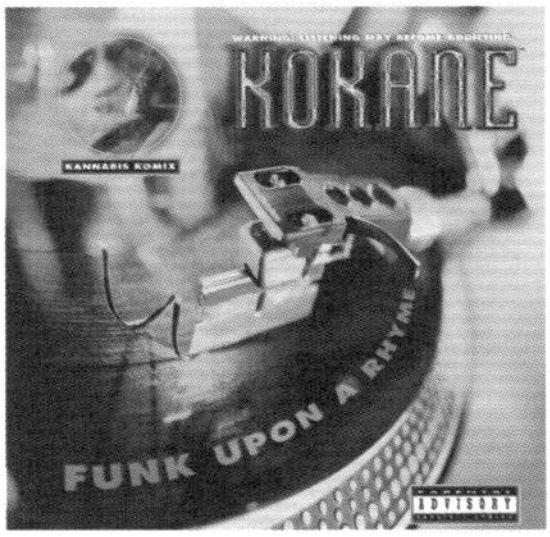

Ruthless 1994

Kokane

Slow Burnin' 22.5° Fahrenheit

Funk Upon A Rhyme

Who Am I?名義での1stに続く2ndアルバム。いとこのコールド187umが全曲をプロデュース、生楽器も多用したファンク・ビート上で、ジョージ・クリントン直系のヴォーカルを聴かせる、最もPファンクなヒップホップ・アルバムのひとつだ。ニュー・ファンカティアなる、アバヴ・ザ・ロウ作品にも登場するコーラス隊も大活躍。シングルの"Slow Burnin'..."や、"Don't Bite The Phunk"ではデス・ロウ軍団ディスも。なお、1996年のシングル・オンリー曲"4 Ryders Only"は、リック・ジェイムズ"Mary Jane"ネタが受けてDJ人気が特に高い。

Ice Cube

It Was A Good Day

The Predator

Priority 1992

ロドニー・キング事件に端を発したLA暴動。前作中の“Black Korea”も影響を与えたとされるアフリカ系住民の怒りの爆発。その半年後に発表された3rdアルバムは世界中で注目を集め、キューブ最大のヒット作に。サンプリングを駆使したファンク・ビート上で、フッドの、人種間の問題を糾弾したラップもさらに評価され、ギャングスタ・ラップの最高傑作のひとつともされる。代表曲である、アイズリー・ブラザーズ“Footsteps In The Dark”ネタの“It Was A Good Day”は、「犯罪など何もない、今日はいい日」とオチ付きで聞かせる語り口のウマさが光る名曲。当時はNY勢からのリスペクトも厚く、ダス・EFXが参加した“Check Yo Self”はリミックスが大ヒットした。テンポが速くタテのりの“Wicked”はダンス・ブームが続いていたこの時期ならではの曲だけど、シングル曲以外も退屈な曲などひとつもない。DJ・プーとサー・ジンクスらに加えて、サイプレス・ヒルのDJ・マグスを制作陣に加えたのが勝因で、Gファンク以前のLAファンク・ラップの完成形と言える好曲が揃っている。

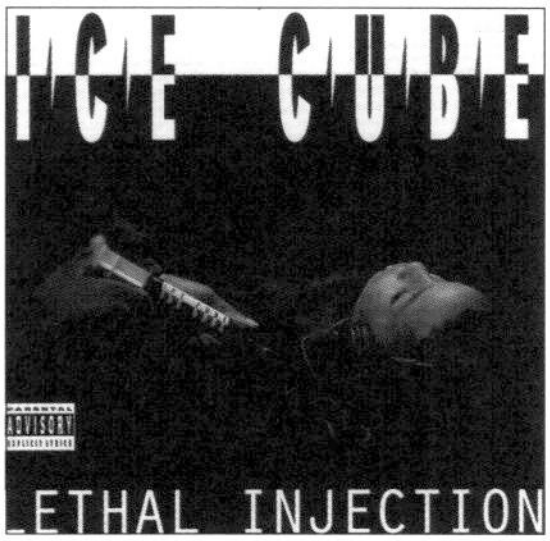

Priority 1993

Ice Cube

You Know How We Do It

Lethal Injection

1992年を境にヒップホップにおける政治の季節、コンシャス・ブームは急速に終わりを告げ、サイプレス・ヒル、そしてドレー『The Chronic』が火をつけたマリファナ礼賛〜享楽主義がシーンの主流に。それまでの主役だったキューブは難しい立場に置かれ、前作から一転、何をラップするかが命題になっていく。今も人気の“You Know How We Do It”はGファンクにならったメロウ・ビート上での言葉遊びで、ヒットした“Bop Gun”はジョージ・クリントン本人参加のPファンクそのままなパーティ・チューンだ。それでも怒れるブラックマンのファンクは好調で、今も聴くべき曲は多い。

Priority 1994

Ice Cube

What Can I Do? (Remix)

Bootlegs & B-Sides

Gファンク・ブームに乗りきれずニュー・アルバムをつくれずに、代わりに出したリミックス＋新曲集だけど、サウンドだけとれば楽しい1枚。マック10が加わった“What Can I Do? (Remix)”はザップ調で、後ノリの重いビートは後のウェッサイ・ファンクを先駆けていた。ステイプル・シンガーズ“Let's Do It Again”ネタに生まれ変わった“It Was A Good Day (Remix)”も最高。“Check Yo Self (Remix)”はメリーメル“The Message”ネタでヒットした。これらヒット曲をノンストップ・ミックスした“D'Voidofpopniggafiedmegamix”も楽しい。

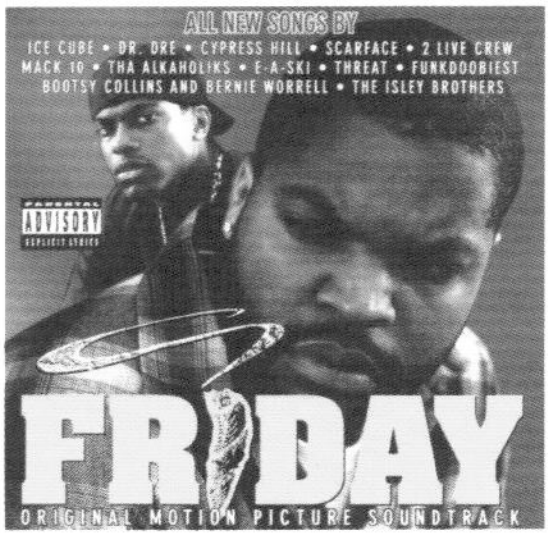

Priority 1995

Ice Cube

Friday

OST: Friday

ラッパーとしての活動にひと区切りをつけたキューブは、DJ・プーとともに脚本を手がけた映画『Friday』に主演。俳優デビュー作『Boyz N The Hood』がストリート・ギャングを描いたシリアスな物語だったのに比べ、地元の日常を描いたコメディだったことが時代の変化を表していた。結果的には3本の続編がつくられたこの映画は大成功。その主題歌となった新曲は、パブリック・エネミー“Show 'Em Whatcha Got”でおなじみのホーンも印象的なバンギンなファンクで、特に地元では熱狂的に受け入れられ、ローライダー・アンセムになった。

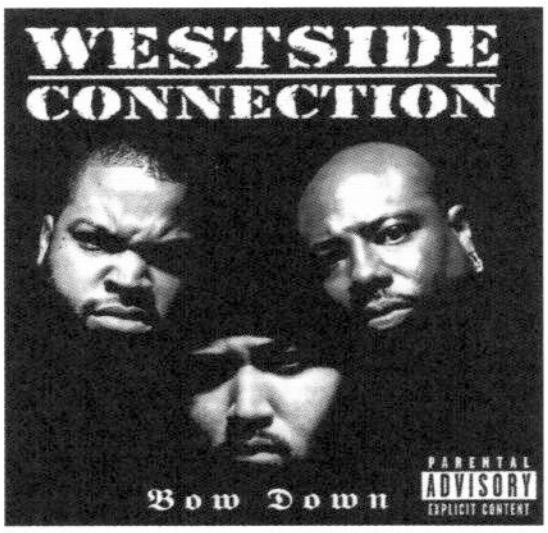

Priority 1996

Westside Connection

Bow Down

Bow Down

1995年のマック10、WCの曲での合体がウケたのを見て、キューブがふたりと組んだユニットの1stアルバム。西海岸勢への評価、リスペクトの低さに腹を立てていたキューブたちは、加熱していた東西抗争の波にも乗ってビーフの相手だったコモンやサイプレス・ヒル、NYの評論家連中を口撃。ブッダがつくるバンギンなファンク・ビートが怒りのラップにハマったタイトル曲や“The Gangsta, The Killa And The Dope Dealer”がヒット。スタイリスティックスの人気曲をリメイクした“Gangstas Make The World Go Round”も名曲だ。

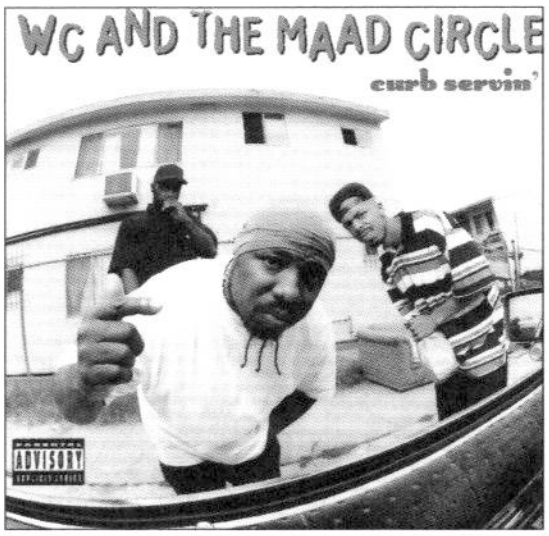

Payday 1995

WC And The Maad Circle

West Up!

Curb Servin'

WCの通算3作目は、クレイジー・トゥーンズによる、サンプリングを駆使したファンク・ビートがファンにはたまらない傑作。キューブ&マック10との最高の地元賛歌“West Up!”と、チョコレート・ミルク“Girl Callin'”ネタのソウルフルな“The One”(Barr 9 Remixはドレー“Let Me Ride”のリメイク)がヒット。クーリオとのかけ合いも楽しい“In A Twist”や、定番ネタ2つでキャッチーに仕上げたタイトル曲と、いい曲がずらり並ぶ。本作の、Cウォークに合うテンポ感やノリは、2000年代に流行るウェッサイ・ファンクに先駆けていた。

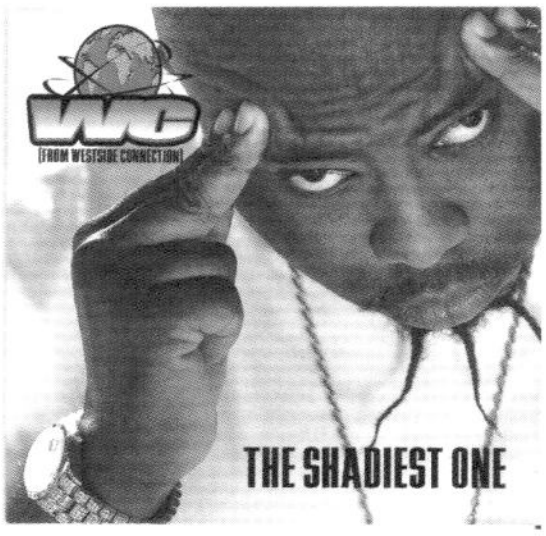

Payday 1998

WC

Just Clownin'

The Shadiest One

独立したクーリオの成功に刺激されたか体制を一新、ソロになって出した通算4作目。5曲で起用したバトルキャットが用意した、バンギンでかなり後ノリな、ザップのそれを進化させたようなファンク・ビートはこの直後にLAの主流となるもの。ヒットした“Just Clownin'”を始め“Hog”や“Fuckin Wit Uh House Party”などタイムレスな名曲が並ぶ。ファンクは、ダズやアント・バンクスが手がけた曲なども文句なし。ソウルの大物ロン・バンクスが歌うメロウな“Better Days”もヒットして、100万枚を売りWC最大のヒット・アルバムになった。

Priority 1995

Mack 10

Foe Life

Mack 10

コンプトンの北西イングルウッド出身、ブラッズのOGで、マシンガンの名をMCネームに持つマック10の1stアルバム。兄貴分アイス・キューブ参加のバンギンな“Foe Life”と、リック・ジェイムズ“Mary Jane”ネタのメロウな“On Them Thangs”（Westside Remixはザップ“Dance Floor”ネタの強烈なファンク！）がヒット。ビーフの相手コモンをキューブ、WCと口撃した“Westside Slaughterhouse”も話題を呼び50万枚を売るヒット作に。パトリース・ラッシェン“Remind Me”ネタの“Here Comes The G”など他も好曲揃い。

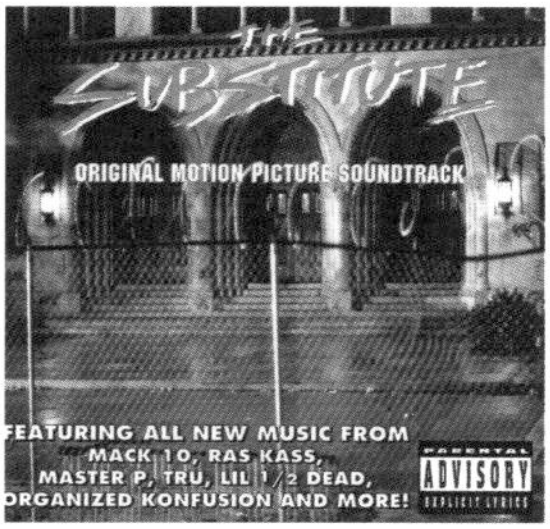

Priority 1996

Mack 10 Feat. Ice Cube

Hoo-Bangin'

OST: The Substitute

キューブ以上に音楽ビジネスに積極的なマック10は、1998年に自身のレーベルを立ち上げるが、その名称フー・バンギンのもとになった同名曲。キューブがプロデュースした、ザップなバンギン・ドラムスに印象的なシンセのループを効かせたファンク・ビートは中毒性が高く、LAでヒット。この後に出たウェストサイド・コネクションのアルバム『Bow Down』には、ビートはそのままに、キューブ、マック10の舎弟K・ディー、オールフラムジ・アイ、コムラッズも加わって熱いマイク・リレーを聴かせる“Hoo-Bangin'（WSCG Style）”が収録された。

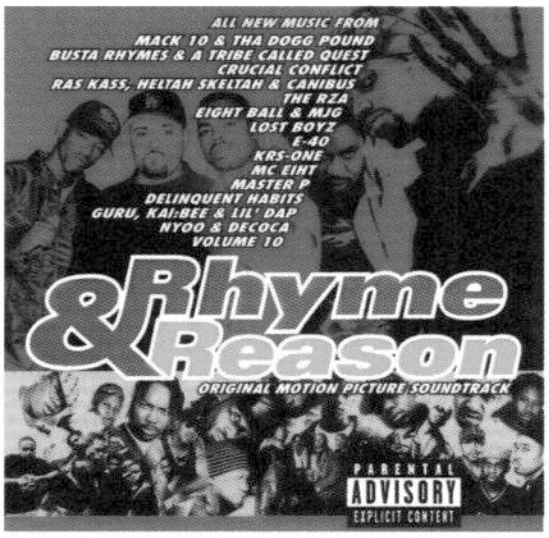

Priority 1996

Mack 10 & Tha Dogg Pound

Nothin' But The Cavi Hit

OST: Rhyme & Reason

サントラ収録曲にも聴き逃せない曲の多いマック10。“Backyard Boogie”と並ぶ自身最高のチャート・ヒット、全米38位を記録したのが、ダズ、クラプトとマイクをまわす“Nothin' But The Cavi Hit”。ヒップホップの新旧スターにインタヴューなどしたドキュメンタリー映画のサントラ収録曲だ。ダズによるユルくてメロウなパーティ・ビートは聴き飽きないつくりがウマく、DJにも人気が高かった。マック10のサントラ収録曲では、2パック主演の犯罪サスペンス映画『Gang Related』のサントラ収録曲“Get Yo Bang On”もいい。

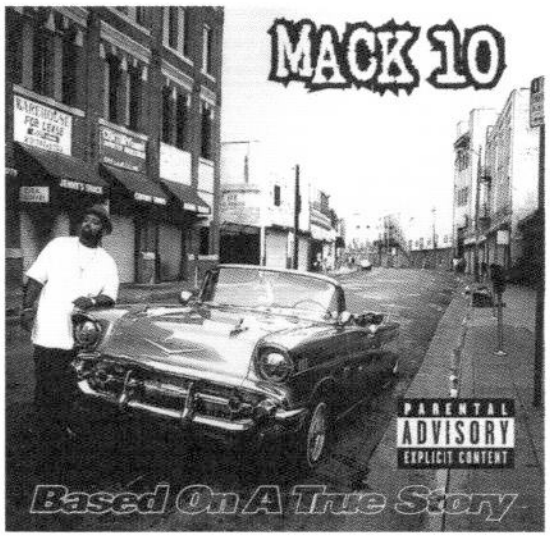

Priority 1997

Mack 10

Backyard Boogie

Based On A True Story

全米14位を記録、マック10最大のヒット・アルバムとなった2nd。ハネ感の心地いいビートがウケてBウォーク（Cウォークと元は同じ、スキップ・ウォーク）のアンセムとなった“Backyard Boogie”。キューブ&スヌープとクールに盛り上がる地元賛歌の“Only In California”とシングルはどちらもヒット。E-40参加の“Can't Stop”などはアント・バンクスを起用、ベイエリア受けも狙い、NWA“Dopeman”のカヴァーまで披露。ウケる曲の連発でも、どれも出来がいいから文句なし。タイトなファンク・ビートが詰まったタイムレスな傑作だ。

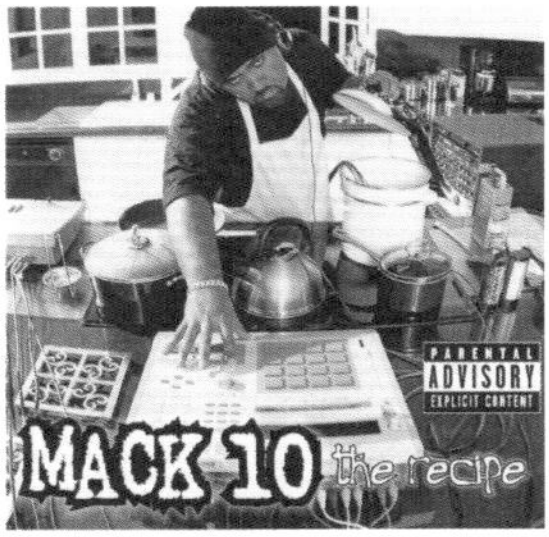

Hoo-Bangin' 1998

Mack 10

Get Yo Ride On

The Recipe

自身のレーベル第1弾となった3rdアルバム。キューブ監督下を離れたマック10は全米展開を計り、多数のゲストと共演。マスター・P、ジャーメイン・デュプリ、オール・ダーティ・バスタード、ファット・ジョーらと多彩なパーティ・ファンクを聴かせ、G・リヴァートとのメロウな“Money's Just A Touch Away”をヒットさせた。ウェッサイなファンクも好曲揃い。イージー·E＆MC·エイト参加のバンギンな“Get Yo Ride On”や、定番ターナ・ガードナー“Heartbeat”ネタのパーティ・ビートでスヌープと盛り上がる“LBC And The ING”などがいい。

Street Knowledge 1993

Kam

Still Got Love 4 'Um

Neva Again

いとこであるアイス·キューブのレーベルから出たカムの1stアルバム。キューブ軍団のダ・レンチ・モブやヨー・ヨーはあくまでコンシャスなスタイルを貫いたが、カムは清濁併せ呑んだ、キューブ同様のラップを圧倒的な声の良さで聴かせ人気を得た。LA暴動後の「休戦」を説いた“Peace Treaty”、甘茶ソウル定番モーメンツの“Sexy Mama”に乗せてフッドの人間愛を謳った“Still Got Love 4 'Um”がシングル・ヒット。Pファンク曲などネタ使いしまくった骨太なファンク好盤だ。Gファンクに寄せた95年の2nd『Made In America』もいい。

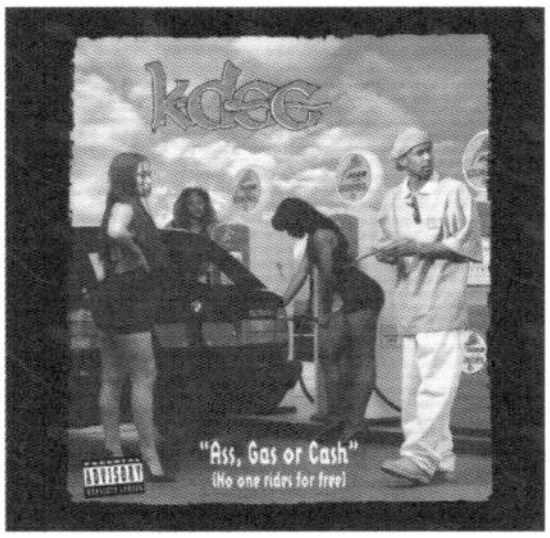

Lench Mob 1994

K-Dee

Gigolos Get Lonely Too

Ass, Gas Or Cash (No One Rides For Free)

アイス・キューブ、サー・ジンクスとCIAを組み、87年にEP『My Posse』を出していたK·ディー。キューブ軍団では異色のピンプ・キャラで魅了する彼の唯一のアルバムだ。ザ・タイムの人気曲“Gigolos Get Lonely Too”をモリス・デイ本人とカヴァーした同名曲や、デニース・ウィリアムズ“Free”ネタの甘〜い“The Freshest MC In The World”などユルユルな好曲が並ぶ。ブーツィ・コリンズ参加の“Thought I Saw A Pussy Cat”や、ファンカデリックのメロウな“Into You”ネタの同名曲など、Pファンク愛も炸裂している愛すべき1枚。

Lench Mob 1995

Kausion

What You Wanna Do?

South Central Los Skanless

コンシャスな時代の終わりとともに短命に終わったキューブ軍団＝レンチ・モブ。最後にキューブが送り出したのは、ギャングスタどっぷりなサウスセントラルの3人組コウションの1stアルバムだった。バンギンな“What You Wanna Do?”を始め主にキューブがプロデュースしたLAファンク曲が並ぶ中、ブッダが手がけた“Land Of The Skanless”や“Supersperm”といったGファンク・マナーの曲も混ざる。3人のチンピラ感強いかけ合いは他にはない味わいがあり、スリリングにせまる“Bounce, Rock, Skate”なども聴きものだ。

Da Bomb 1993

Threat

Shuta Fuck Up

Sickinnahead

レンチ・モブ周辺で活躍した、サウスセントラル出身のスレットは、さまざまなゴーストライター仕事も担ったソングライトを得意としたMC。DJ・プーのお気に入りで、彼のレーベルから唯一のアルバムを出した。ほとんどをプーが、4曲をボブキャットが手がけた本作。シングル2曲、ザップ“More Bounce”ネタの“Let The Dogs Loose”と、パーラメント“Dr. Funkenstein”ネタの“Shuta Fuck Up”など、Pファンク〜ザップを始めソウル／ファンク曲をサンプリングしまくったファンキー・ビートが満載で、楽しめる1枚だ。

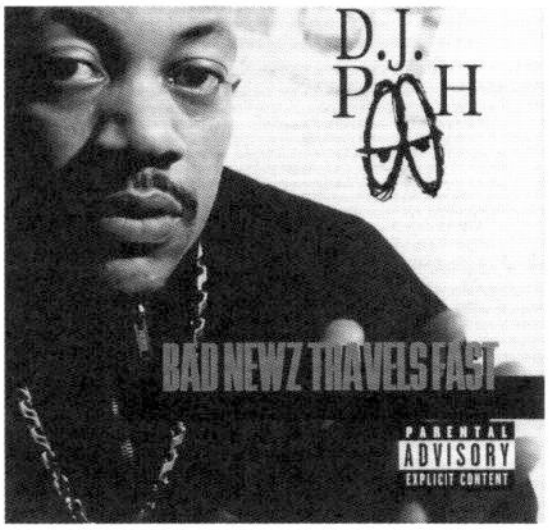

Big Beat 1997

DJ Pooh

Whoop! Whoop!

Bad Newz Travels Fast

映画『Friday』をキューブと生み出した多才なDJ・プー。キング・ティーへのビート提供で名を上げた彼は、アイス・キューブにも重宝されるようになり一躍大物に。スレット、ミスタ・グリムをメインMCに、他にも多数のゲストを招いたこの唯一のリーダー・アルバムは、オールドスクールなネタに精通したプーの多様なファンクが楽しめる好盤。マルコム・マクラレン“Hobo Scratch”ネタのエレクトロ・ファンク“Whoop! Whoop!”や、ブリブリな“Bump Yo Speakers”などパーティ曲から、ロジャーも歌うソウル“No Idea”まで、ファンキーに楽しめる。

Street Life 1997

The Comrads

Homeboyz

The Comrads

コンプトンの北、リンウッド出身の2MCズで、マック10軍団から最初にブレイクしたコムラッズの1stアルバム。メンバーのギャングスタ自身が手がけた“Homeboyz”は、後ノリでユルいテンポが心地いいウェッサイ・ファンクで、1997年夏のLAアンセムに。この曲を始め、マック10の2ndアルバム同様のバンギンなファンクが持ち味で、もうひとつのシングル曲“Die Hard”や、キューブ、WCらも参加した“Westside Connect OGs”も聴きもの。NWA“Niggaz 4 Life”をリメイクした“Bitch Made Niggas”など、アクセントになる曲もいい。

Hoo-Bangin' 1998

Allfrumtha I

County Jail

Allfrumtha I

ボスであるマック10と同じイングルウッド出身のふたり組、オールフラムジ・アイの1stアルバム。デイム・ファンクの初仕事であるイントロに続く、WCらとマイクをまわす“Hoo-Ride 'N'”から強力。コムラッズ同様に、メンバーのビンキー・マックが手がけるバンギンなウェッサイ・ファンクが持ち味で、シングルの“County Jail”を始め思わず体が揺れる好曲揃い。これもシングルの“Fill My Cup”や、マック10との“Get Your Bang On”に“Make You Dance”、キューブまで登場する“Dopest On Tha Planet”と、男臭さ満点の好盤。

Interscope 1993

2Pac

Keep Ya Head Up

Strictly 4 My N.I.G.G.A.Z.

2パックの2ndアルバムは、親友“ストレッチ”ウォーカーのライヴ・スクワッドや、ビッグ·Dといったベイエリアの仲間に加え、ボブキャットやNYのビート・メイカーも招いて1992年に録音された。しかし、速いビートの曲の多くはGファンクの登場により時代遅れに。新たに加えたのが“I Get Around”や“Keep Ya Head Up”だった。デジタル・アンダーグラウンドとのパーティ・ソングである前者と、サウス・セントラル・カーテル“U Gotta Deal Wit Dis”を女性への応援歌にリメイクした後者は全米で大ヒット。2パックは誰もが知る存在になった。

Out Da Gutta 1994

Thug Life

Pour Out A Little Liquor

Volume 1

2パックが腹違いの兄モプリームや、ビッグ・サイクらと組んだユニット、サグ・ライフの唯一のアルバム。ギャングスタすぎる曲は販売元のインタースコープが嫌い、多くの曲がカット〜つくり直しに。2パックの思うような仕上がりではなかったが、それでも好曲揃いだ。アイズリーズ“For The Love Of You”ネタの“Bury Me A G”や、“Pour Out A Little Liquor”などメロウ曲は極上。Pファンクな“Shit Don't Stop”や、カーティス“Just Want to Be With You”ネタの爽快な“Stay True”、ネイトが歌う“How Long...”などもいい。

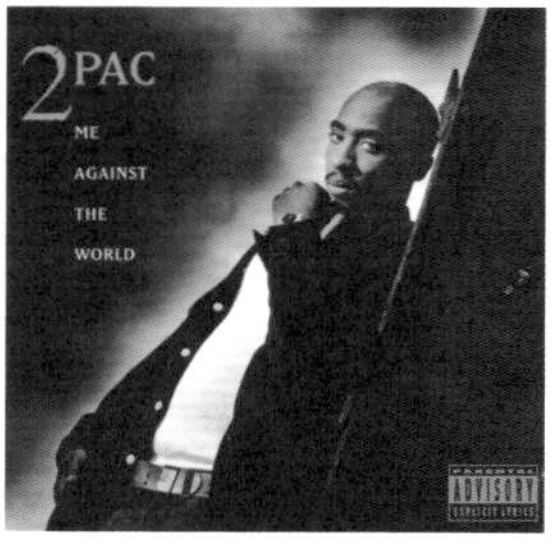

Out Da Gutta 1995

2Pac

Dear Mama

Me Against The World

ラッパー、俳優として成功するに連れ、警察沙汰が絶えず、ムショ暮らしも味わった2パック。前年の襲撃事件を報じるニュース音声で始まる3rdアルバムは「俺対世界」を、自身の強さも弱さもそのままにラップ。ありのままの言葉が人々の心を打ち、彼のベスト・アルバムと高く評価される。前作とは正反対にビートにも統一感があり、Gファンク時代のメロウなつくりが素晴らしい。母アフェニに捧げた女性賛歌で大ヒットした“Dear Mama”を始め、“If I Die 2Nite”、“So Many Tears”、“Tamptations”、“Old School”と重要曲、人気曲が目白押し。

Death Raw 1995

2Pac

California Love

性的暴行罪で服役した2パックに手を差し伸べたのはシュグ・ナイトだった。デス・ロウ入りした2パックは保釈後レコーディングに没頭。1995年10月から翌年9月までにアルバム7枚分をラップした。そうして最初にリリースされたのが“California Love”。西海岸でも人気だったEPMD“Knick Knack Patty Wack”と同ネタのビートで、ロジャー（ザップ）“So Ruff, So Tuff”をリメイクしたロニー・ハドソンのヒット“Westcoast Poplock”を、ネタ元のロジャー自身がトークボックスで歌う、ドレーが狙ってつくったLA賛歌で、大ヒットした。

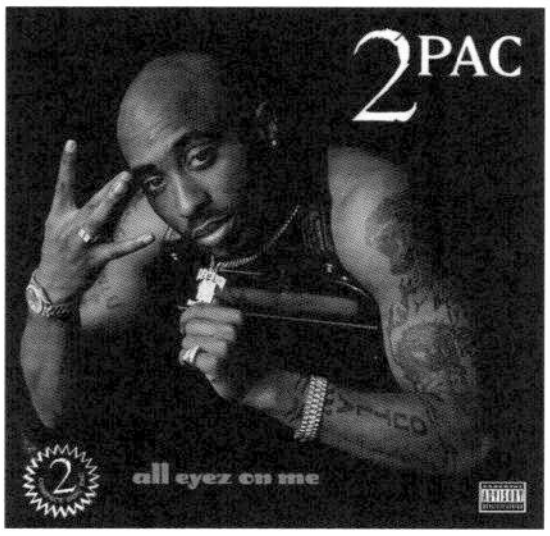

Death Raw 1996

2Pac

2 Of Amerikaz Most Wanted

All Eyez On Me

米国だけで1000万枚以上売れている4thアルバム。CDだと2枚組、ダズとジョニー・Jが主にビートを提供した27曲に前作のような統一感はなく、ギャングスタを前面に出したラップには後戻りしてしまった感もあった。それでも良曲は多い。キャミオ“Candy”ネタでネイト・ドッグが歌う“All Bout U”や、K-Ci & ジョジョが歌うパーティ・チューン“How Do You Want It”、スヌープとキメるバンギンなファンク“2 Of Amerikaz Most Wanted”、そして、2パックのテーマ・ソングのような“Life Goes On”など、聴き逃せない。

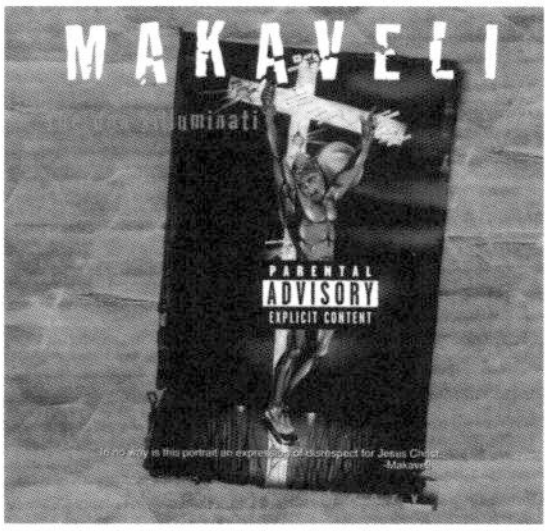

Death Raw 1996

Makaveli

To Live & Die In L.A.

The Don Killuminati: The 7 Day Theory

1996年9月7日、何者かに撃たれ25歳で逝った2パック。その死の2ヵ月後に出たアルバムは、95年の収監中にその著書『君主論』を読み、傾倒していた中世イタリアの思想家マキャヴェリの名で発表された。ビッグ・Dら旧知のビート・メイカーを主に、ゲストも最小限でつくった内省的な曲の多い本作は『Me Against The World』の続きとも言える。メロウなビート上でヴァル・ヤングと「生きるも死ぬもLA」と謳った“To Live & Die In L.A.”はLAのアンセムに。ジェイ・Zにリメイクされた“Me And My Girlfriend”も人気が高い。

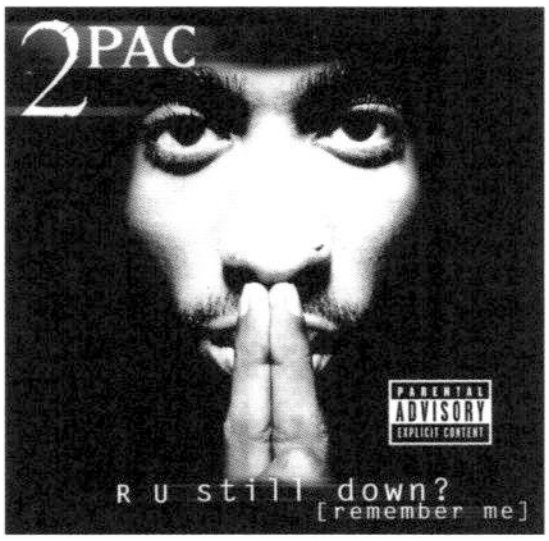

Amaru 1997

2Pac

Do For Love

R U Still Down? (Remember Me)

2パックの死後、未発表曲を収めたアルバムは6枚（ベストやリミックス盤は除く）出たが、その初作となったCD2枚組。2nd～3rdアルバム期のお蔵入り音源集で、母アフェニのレーベル、アマル発だ。ボビー・コールドウェルの人気曲“What You Won't Do For Love”ネタのメロウな“Do For Love”と、こちらもメロウ&メロディアスな“I Wonder If Heaven Got A Ghetto”がシングル・ヒット。ドナルド・バード“Wind Parade”ネタの“Definition Of A Thug Nigga”など、特にメロウな良曲が多く聴ける好編集盤だ。

Death Raw 1998

2Pac

Changes

Greatest Hits

25曲入り、2パック唯一のオールタイム・ベスト盤で、“California Love”のオリジナル・ヴァージョンが初めてアルバムに収められた（『All Eyez On Me』にはリミックス・ヴァージョンのみ収録）。未発表曲が4つあり、ポジティヴなリリックの“Changes”が世界中で大ヒット。ブルース・ホーンズビーの人気曲“The Way It Is”ネタのメロウなビートは、E-40の同ネタ使いのヒット曲“Things'll Never Change”を参考にしたものだろう。MC・ハマー用だったという、女性Vo.入りのメロウな“Unconditional Love”も聴きものだ。

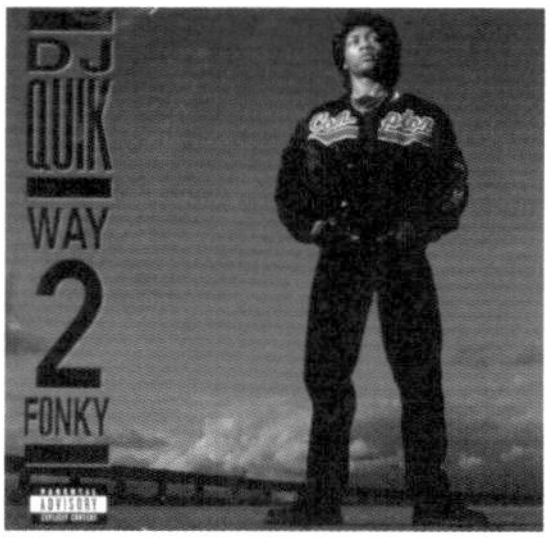

Profile 1992

DJ Quik
Jus Lyke Compton

Way 2 Fonky

デビュー・アルバムのヒットを受け、やはり自身とロブ・ベーコンのふたりで全てのビートを手がけた2ndアルバム。成功してツアーに出たら、アメリカのどこもコンプトンのようなゲットーがあったという"Jus Lyke Compton"と、ユルくファンキーにビーフの相手ティム・ドッグを口撃したタイトル曲がシングル・ヒット。前作収録曲の続編"Mo' Pussy"や、ファミリー多数と盛り上がる"Niggaz Still Trippin"などイケイケなファンクや、レゲエの"Me Wanna Rip Ya Girl"、名物インスト・シリーズ"Quik'z Groove II"なども楽しい。

DJ Quik
Dollaz + Sense

Safe + Sound

Profile 1995

前作発表後に『The Chronic』が出てシーンが一変。つくり貯めていた曲を捨て、ネクストレヴェルを目指した3rdアルバム。自身とロブ・ベーコンに加えG・ワンと、R&B界の腕利きウォーリン・キャンベルやケネス・クラウチによる楽器演奏を、サンプリングと組み合わせ。ネオ・ソウルを先駆けるようなサウンドで飛躍的な音楽的成長を聴かせ、ヒップホップ世代最高の音楽マスターと一目置かれる存在になった。以降、トニ・トニ・トニを始めR&B仕事も増える。なお、ここからしばし、シュグ・ナイトがマネジメントを担ったこともあり、ドレー去りし後のデス・ロウ作品の多くでもノンクレジットでビート・メイク、エンジニア仕事を手がけた。とにかく全てが高品質で、シングル・ヒットしたクイック流Gファンク"Dollaz + Sense"や、ジャーメイン・ジャクソン"You Like Me Don't You"ネタの大人気サマー・アンセム"Summer Breeze"、こちらもスムーズで絶品の"Somethin' 4 Tha Mood"など名曲だらけ。LAギャングスタ・ラップの、生音使いヒップホップのこの時点での最高傑作のひとつだ。

Profile 1998

DJ Quik
Hand In Hand

Rhythm-Al-Ism

R&Bを含む多くのプロデュース仕事を経て出した4thアルバム。「あの頃はR&Bプリティ・ボーイで、音楽に興味が集中していた」と本人が言うように、スムーズなテイストにさらに傾いたつくり。憧れのエル・デバージが参加した、"Hand In Hand"やスヌープ&ネイトも加えた"Medley For A "V""、同じくポッセ・カットの"Get 2Getha Again"など印象的な4曲が、全体のメロウなトーンを決定づけた。オトナなクイック好きには嬉しいつくりで、"So Many Wayz"や"Down, Down, Down"とメロウ・グルーヴの好曲が続く。

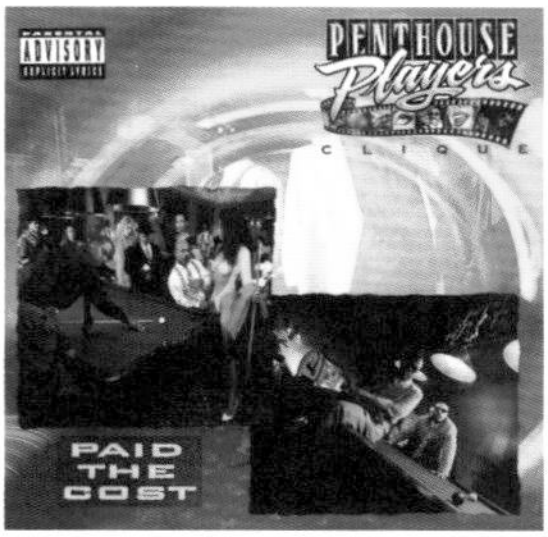

Ruthless 1992

Penthouse Players Clique

Explanation Of A Playa

Paid The Cost

DJ・クイック・ファミリーのプレイヤ・ハムと、トゥイード・キャディラックが組んだペントハウス・プレイヤーズ・クリック唯一のアルバム。ほぼ全曲をクイックが手がけ、レアグルーヴ～70年代ソウル／ファンクの定番ネタを使いまくったファンキー・ビートを用意。クール＆ザ・ギャング“N.T.”ネタの“Explanation Of A Playa”、クイックもラップする“P.S. Phuk U 2”、発売元ルースレスのボス、イージー・Eも参加したGファンクな“Trust No Bitch”など、軽快なパーティ・ファンクが並ぶ。エモーションズ“So I Can Love You”ネタの甘茶な“Smooth”もいい。

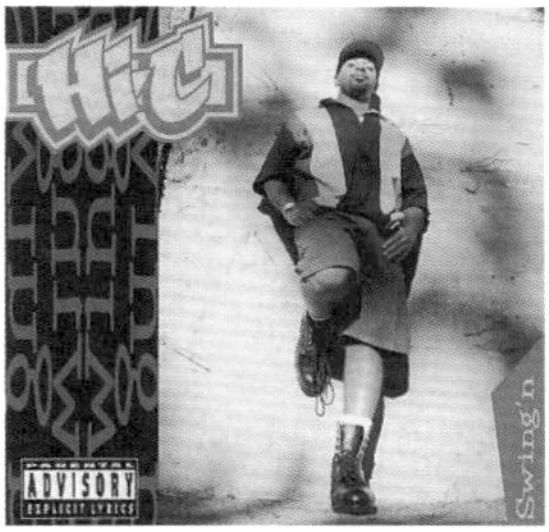

Skanless 1993

Hi-C

Got It Like That

Swing'n

ハイ・Cの2ndアルバムは、クイック制作曲はなくなり、自身と相棒であるDJ、トニー・Aがほぼ全てをプロデュース。フッドの悪ガキ・キャラを全開にしたパーティ・ファンクを聴かせる。G・クリントン“Atomic Dog”ドラムスがアルバム全体のトーンも決定づける1曲目“Fuck A 40oz”から、続くクール＆ザ・ギャング“Hollywood Swingin'”ネタのタイトル曲、ザップ“More Bounce...”ネタの“Wannabe”と大ネタ曲連発。ドレーのGファンクそのままの“Got It Like That”がシングル・ヒット。オールディーズねたの“Getcha Grind On”もいい。

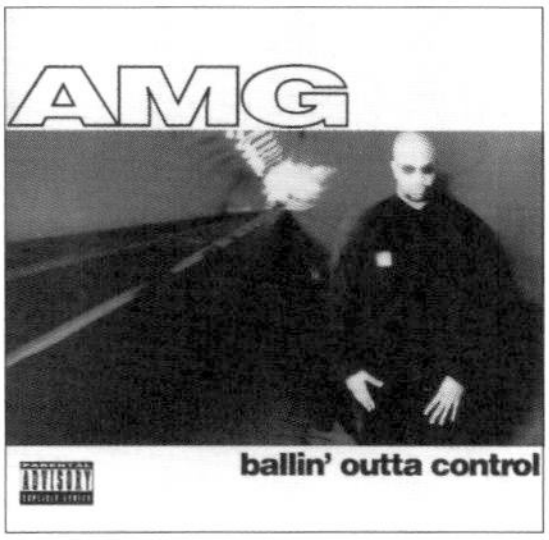

Select 1995

AMG

Around The World

Ballin' Outta Control

前作の成功により創作の自由を得たAMGが、ピンプ～エロ・キャラをさらに活かすべくセルフ・プロデュースした2ndアルバム。ダイアナ＆マイケル映画『オズの魔法使い』の劇中曲を使ったメロウ＆スムーズな“Around The World”や、エムトゥーメイ“Juicy Fruit”ネタの甘い“Leather And Wood”、テディ・ペンダーグラス“Close The Door”ネタのとろける“Sucka for Luv”と、定番ネタ使いまくりでレイディーズ・キラーな世界を構築。大ヒット“Bitch Betta Have My Money”の続編的な尻振りダンス・アンセム“Butt Booty Naked”も楽しい。

Island Black 1997

Suga Free

If U Stay Ready

Street Gospel

100％ピンプ・キャラ、シュガ・フリーの1stアルバム。オークランド、後にポモナを拠点とし、同地出身のコケインにも似たファンキーなヴォーカルをクイックに見初められファミリー入り。全曲をクイックが手がけた本作は、『Rhythm-Al-Ism』に繋がるメロウ＆スムーズでファンキーな好盤だ。定番ドラム・ブレイクを極上のメロウ・グルーヴに調理したシングル・ヒット“If U Stay Ready”や、ルース・エンズ“Nights Of Pleasure”ネタの甘くとろける“Doe Doe And A Skunk”、絶品のメロウ・ブギー“Don't No Suckaz Live Here”と好曲連発の大充実作。

Orpheus 1992

Compton's Most Wanted

Hood Took Me Under

Music To Driveby

CMWの3rdアルバムが出たのは『The Chronic』の3ヵ月前。「ドライヴバイ(・シューティング)の音楽」なるタイトルどおりクルマでのクルージングに合うBPM80～90で多くの曲を統一。このテンポが後に主流となる、ヒップホップ界全体に大きな影響を与えた重要ヒット作だ。サンプリング・ドラムスの音は今聴くと前時代的ながら、MC・エイトの塩辛いラップによく合うソウルフルなビートづくりは前作に引き続き極上。ヒットした“Hood Took Me Under”や、宿敵DJ・クイック・ディス曲“Def Wish II”、スカーフェイス参加の“N 2 Deep”など名曲多し。

Jive 1993

MC Eiht

Streiht Up Menace

OST: Menace II Society

『Music To Driveby』のヒットでLAギャングスタを代表するラッパーのひとりとなったMC・エイトは、当時数多くつくられたフッド・ムーヴィ(主にストリート・ギャングにまつわる話を描いた映画)の極めつけとされる『Menace II Society』に出演。さらには、主人公の心情をラップした、この映画の主題歌と言える“Streiht Up Menace”を担当した。60年代のソウル・バラードを思わせるテンポ、サウンドは、エイトの一語一句を噛みしめるようなラップとよく合い、チャート上の記録以上に皆の記憶に残るヒット曲に。今もエイトの代表曲だ。

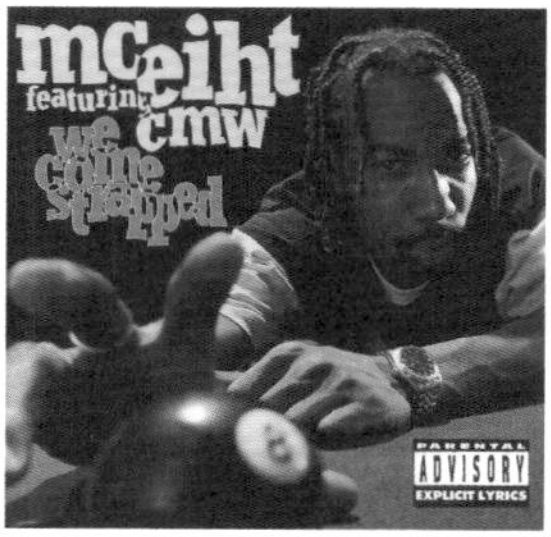

Epic Street 1994

MC Eiht featuring CMW

All For The Money

We Come Strapped

グループ以上にソロで名が売れたため、エイト feat. CMW名義でリリースされた4th。エイトとDJ・スリップのふたりだけでほぼ全曲をつくったものだが、全米5位を記録し最も売れたアルバムになった。シカゴ・ソウル名曲タイロン・デイヴィス“In The Mood”ネタで、“Streiht Up Menace”に並ぶエイトの代表曲となった“All For The Money”がシングル・ヒット。Gなシンセを前面に出した曲が増え、バンギンな“Niggaz Make The Hood Go Round”やタイトル曲、スパイス1＆レッドマンとの“Nuthin' But The Gangsta”なども聴きものだ。

Epic Street 1996

MC Eiht featuring CMW

Thuggin It Up

Death Threatz

5thアルバムは、同年に合体作も出したサウス・セントラル・カーテルのプロディジーが、ロブ・ベーコンと組み4曲をプロデュース。“California Love”のリズムを先駆けていた“Run 4 Your Life”や、さらにファンキーな“Def Wish IV”などアクセントとなる曲を提供した。ベイエリアのブラックジャックが手がけたクルージング・チューン“Endoness”もいい。Gなシンセもメロウなシングル“Thuggin It Up”や“You Can't See Me”、名曲の続編“Late Nite Hype Part 2”など、DJ・スリップ制作曲も好調をキープ。

G.W.K 1994

South Central Cartel

Gang Stories

N Gatz We Truss

全米32位とSCC最大のヒット作となった2ndアルバム。プロディジーを始めメンバーが手がけた全18曲は、ハードボイルドなヒット・シングル“Gang Stories”に限らずどれも好曲。2パック、エイト、スパイス・ワン、アイス・Tとマイクをまわす“Gangsta Team”に“Servin' 'Em Heat”、“Had To Be Loc'd”などザップ曲ネタのバンギンなファンクから、レイクサイド“Something About That Woman”ネタの軽快なブギー“It's A S.C.C. Thang”（翌年再録版あり）、LVが歌うメロウ・ソウル調の“U Couldn't Deal Wit Dis”と粒揃い。

RAL 1997

South Central Cartel

All Day Everyday

All Day Everyday

軍団作多数を経て3年ぶりに出た3rdアルバム。メロウなクルージング向けのタイトル曲を始めテンポを落とした、オトナのGチューンがグッと増えた。ブリブリと進む“I'm A Rider”、Pファンクな“4 Yo Ear”もいい。けれど、ルーサー“Never Too Much”ネタの“Champagne Wishes”やマーヴィン・ゲイ“Let's Get It On”ネタの“It Don't Stop”、コーラスもソウルフルな“G's Game”、そして必殺のザップ“Computer Love”使いで聴かせる名曲の続編“Gangsta Luv Pt.2”など、ギャングスタ・ソウルの好曲に酔いたい1枚だ。

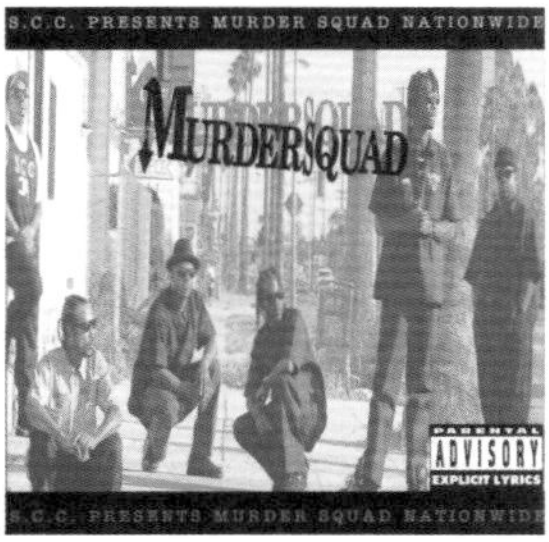

G.W.K 1995

S.C.C. Presents Murder Squad

It's An SCC Thang

Nationwide

SCCがファミリー・メンバーに加えて、スパイス・ワンや187ファックらベイエリア勢もフィーチャーしてリリースしたオール西海岸アルバム。ブラザーズ・ジョンソン“Strawberry Letter 23”ネタでシャイ・ライツが参加した再録版“It's An SCC Thang”に始まり、LVがEW&F“Devotion”を歌うメロウな“Ghetto Got Me Shadey”、アント・バンクス作のPファンクな大ポッセ・カット“Pass Da Dank”、クールにキメる“187 Squad”と続く豪華なつくり。ザップ“Be Alright”を再び用いたメロウ好曲“Who's Da Star”が聴けるのも嬉しい。

G.W.K 1997

Havoc & Prodeje

Eastsider

Truez Neva Stop

SCCのふたりが組むデュオ・ユニットで、1993年の『Livin' In A Crime Wave』、翌年の『Kickin' Game』に続く3rdアルバム。SCCのメイン・プロデューサーであるプロディジーが同様にほとんどのビート・メイクを手がけるので、前2作と同じく基本はSCC作品と同じ。同年の『All Day Everyday』同様にタイトでメロウなGファンク集となった。SOS・バンド“Weekend Girl”ネタでメロウを極めた“Eastsider”や、デバージ“Stay With Me”ネタの“Hataz”、ターナ・ガードナー“Heartbeat”ネタのパーティ・ファンク“Da Clipp”と好曲が並ぶ。

G.W.K 1996

Young Murder Squad

How We Livin'

How We Livin'

SCCがバックアップしていた、グループ名どおり10代と思われる若いラッパー3人が組んだヤング・マーダー・スクワッドの1stアルバム。シングル・ヒットした"How We Livin'"は、SCC作品ではおなじみの女性シンガー、Portiaが歌う、メロウに盛り上がる名曲。これを手がけたプロディジーは絶好調で、男性シンガーをフィーチャーしたメロメロの"To Tha G"や、軽快な"Gettin' Paid"、クール&ザ・ギャング曲ネタで盛り上がる"Whatcha Wanna Do"も全ていい。他にも、とろける"Bg'z Ta Og'z"など特にメロウ好きは外せない人気盤だ。

G.W.K. 1996

Sh'Killa

1-800 Got Yo M'n

Gangstrez From Da Bay

タイトルどおりベイエリア出身ながら、SCCのバックアップで登場したシキーラの唯一のアルバム。この当時の女性MCらしい、太くしゃがれた声の強いラップに合わせ、主にプロディジーがSCC本隊と変わらないファンキーなGビートを用意。ユルいテンポのクルージング・チューン"1-800 Got Yo M'n"や"Female Rydaz"、70sソウル曲ネタでスパイス・ワンとかけ合う"East Bay Gangstrez"などがいい。ピーチズ&ハーブの大ヒット"Reunited"ネタのメロウ・ソウル"Now U Wanna Come Back"も絶品。ディスコねたの2曲も楽しい。

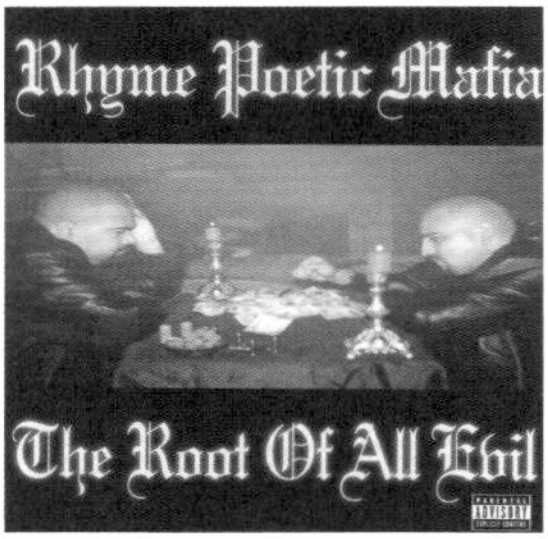

Breakaway 1998

Rhyme Poetic Mafia

G Life

The Root Of All Evil

SCCのDJ・エースが、同じくラテン・ルーツを持つMC、ジェルと組むライム・ポエティック・マフィア。1993年に完成していたアルバム『Reign Of Terror』はオクラ入り。それから5年後にようやく出した1stアルバムだ。SCCのプロディジーらの助けも得つつ、エースが自身で手がけたビートはウェッサイ・ファンクではなく、当時のサイプレス・ヒルなどに近いタイトでシンプル、ダークなドラムス主体のもの。そこにエムトゥーメイ"Juicy Fruit"ネタの"Dirtiest Dog"などがアクセントに。ラストのGなメロウ"G Life"が絶品だ。

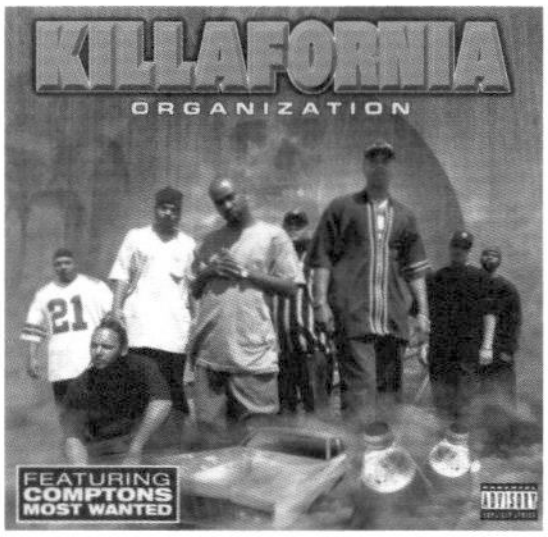

Killa Cali 1996

Killafornia Organization

Throw It Up

Killafornia Organization

全曲を手がけた3ストライクス・プロの一員DJ・ロウに、MCのブギーマン、シャグマンら無名の連中が、最多登場のCMWのザ・チルを始めMC・エイトやSCCの面々、トレイ・ディー、ダジー・ディーら多数のスターをフィーチャーしてつくった唯一のアルバム。シングル・ヒットした"Throw It Up"も、シンセ・ベース主体のややチープなGファンク・サウンドが、インディ作品ならではの魅力となるつくり。"Killafornia"始めハードボイルドな曲が並ぶ中、トーク・ボックスが効いたユルいディスコ・ファンク"Hood Ratz"などがアクセントに。

Dangerous 1993

Bloods & Crips

Piru Love

Bangin On Wax

LA暴動時の休戦に合わせ、コンプトンのクリップス所属MC、トゥイーディ・バード・ロックと相棒のロニー・M・フィリップスが、イングルウッドのブラッズ所属MC、レッドラム781らと協力し実現させた、LAの2大ギャング競演アルバム。前半がブラッズ、後半がクリップスMCズの曲で、ザップ“Computer Love”ネタの“Piru Love”、W・ディヴォーン“Be Thankful...”ネタの“Steady Dippin'”がヒット。両チーム共演のバンギン・ファンクなタイトル曲を手がけたバトルキャットが関与した5曲を始め、他も高品質な曲揃いだ。

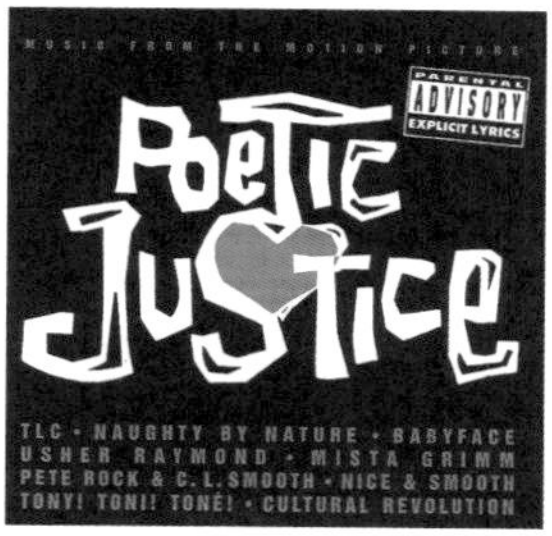

550 Music 1993

Mista Grimm

Indo Smoke

OST: Poetic Justice

“Regulate”の10ヵ月前に出た、ウォーレン・Gが生んだ初ヒット曲。おそらくはアフリカ系に加えラテン系もルーツに持つミスタ・グリムのデビュー・シングルだ。ロングビーチ・サウンド〜オリジナルGファンクと言える、後ノリが心地いいハンドクラップ・ドラムスに、ブリブリのベース演奏を加えグルーヴィに仕上げたクルージング・ビートがまずは絶品。ウォーレン・Gと、その直系といった主役の軽妙なラップ、ネイト・ドッグの歌も絶妙なコンビネーションを聴かせる名曲だ。グリムは完成させたアルバムは出せず、一発屋で終わったのは残念。

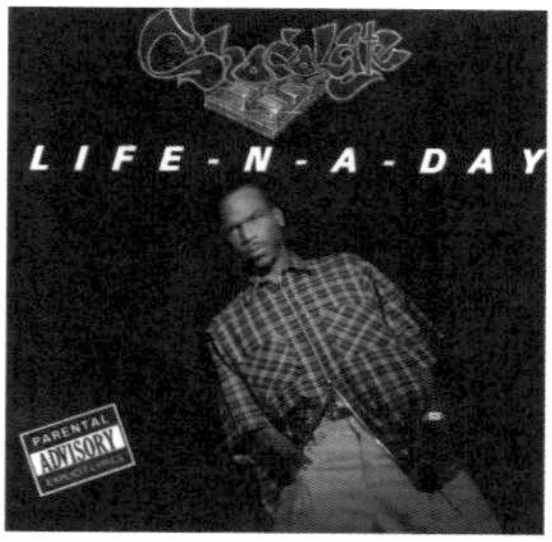

Ghetto Life 1993

Chocolate

Rizin Son

Life-N-A-Day

詳細不明のインディ作品ながら、主役のシブい語り口と、ネタ使いもうまいサンプリング・ビートの良さで早くから人気のある1枚。チョコレートの唯一のアルバムはおそらくはセルフ・プロデュースされたもの。ドナルド・バード“Wind Parade”ネタのタイトル曲や、ボビー・ハンフリー“Blacks And Blues”ネタの“Rizin Son”、パトリース・ラッシェン“Remind Me”ネタの“Home Sweet Home”とメロウな好曲が続く。爽快グルーヴの“Ghetto Holocaust”(Remix = PV版は全く違う)や、スヌープ参加の“Niggaz Iz Lyke Dat”などもいい。

Def Jam West 1993

Boss

Deeper

Born Gangstaz

デフ・ジャム／RALが新設した西海岸部門DJ Westの第1弾で、ボスの唯一のアルバム。翌年、彼女はデトロイト出身の大学出で、ギャングスタでもなんでもないことを告白したが、38万枚ほどを売るヒットとなり、当時の西海岸ギャングスタ・ラップ・ブームのすごさを表す1枚となった。グウェン・マクレー“90% Of Me Is You”を職人デフ・ジェフがメロウに調理した“Deeper”がヒット。やはりメロウな“Recipe Of A Hoe”や、ファンキー・ビートの“Progress Of Elimination”とシングル曲を始め、曲は粒揃いで聴きごたえあり。

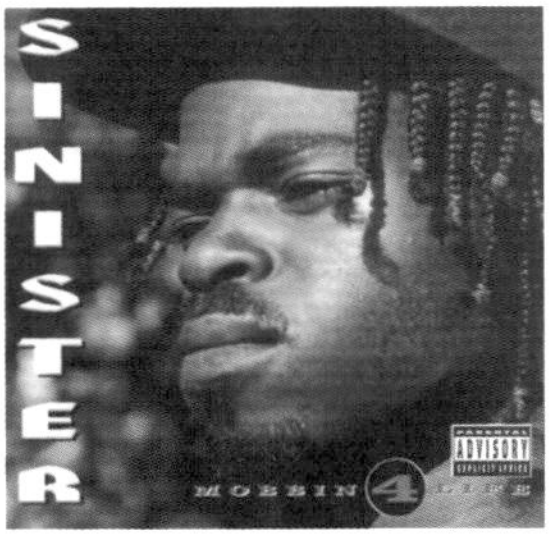

Three D 1994

Sinister

I Won't Forget You G

Mobbin 4 Life

サウスセントラルのブラッズ・メンバー、シニスターの唯一のアルバム。この後2パック“Dear Mama”を手がけるトニー“D”ピザーロが全曲をプロデュース。チカーノである彼ならではのメロウ・フレイヴァーが、主役のレイドバックした語り口とよく合い名盤となった。逝ってしまった友人を想う泣きの名曲“I Won't Forget You G”を始め、クルージング・チューンの“Life Of A Sinner”や“Put A Snitch In The Ditch”などメロウな名曲がずらり。“The East Side”やタイトル曲などバンギンなGファンクも負けずに素晴らしい。

Tuff Break 1994

Str8-G

Bring The Funk (Remix)

Shadow Of A G

コンプトンのストレイト・G、唯一のアルバム。バリー・ホワイト御大の語りが入る泣きの“Shadow Of A G（Remix）”や、レーベル・メイトだったNYのトラジディが手がけたバンギンな“Bring The Funk”とヴァラエティ豊かなつくり。ただ、“Slide”や“Run”、ブギーメンのラシャド・コーズが手がけた“Everything's Fine（In The Summertime）”などGファンク・チューンはかなりいいので聴き逃しはもったいない。ベスト曲は、DJ・クイックによる軽快でメロウなグルーヴィ・ビートが絶品の“Bring The Funk（Remix）”。

Tommy Boy 1994

Coolio

Fantastic Voyage

It Takes A Thief

コンプトン出身のクーリオは、Dr.ドレーより年上のシーンの年長者で、普通の仕事も経験した苦労人であり誰よりも成功を望んでいた。WC&ザ・マッド・サークル在籍時の活躍を認められソロ・デビューを果たすと、おもしろおかしいリリックスで誰にでも親しみやすいギャングスタ・ラップを追求。レイクサイドの同名曲をネタ使いしたパーティ・ファンク“Fantastic Voyage”を全米3位とし、この1stアルバムは100万枚を売る大ヒットとなった。ノスタルジックな“I Remember”やファンキーな“Country Line”と、ネタ使いの楽しい曲が並ぶ。

Tommy Boy 1995

Coolio

Gangsta's Paradise

Gangsta's Paradise

スティーヴィ・ワンダーの名曲“Pastime Paradise”に乗せて、LVの歌もドラマティックに、ギャングスタの悲哀を聴かせた“Gangsta's Paradise”。各国で1位となりグラミーも獲ったこの曲は、世界中の誰にでもわかりやすいお茶の間ギャングスタ・ラップ最大のヒットとなり、クーリオは時の人に。この2ndアルバムからは他にも、クール&ザ・ギャングの同名曲ネタのメロウな“Too Hot”と、ディスコ・ファンクの“1, 2, 3, 4""”が大ヒット。メロウなネタ使いの好曲が詰まった好盤だ。シリアスに戻った次作でやや飽きられた。

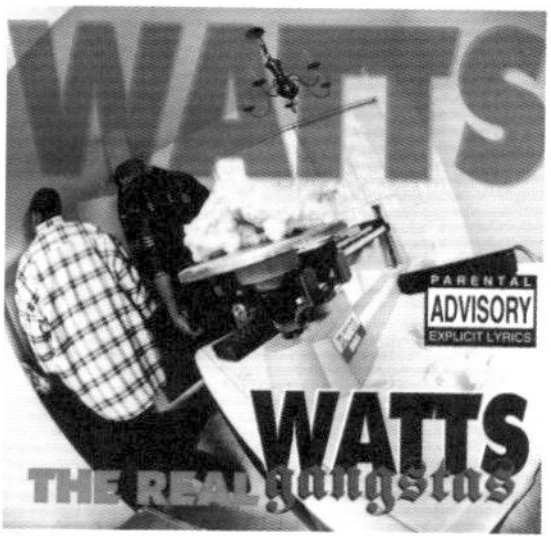

Hood Rat 1995

Watts Gangstas

Wanna B

The Real

ワッツの2MCズ、ワッツ・ギャングスタズの1stアルバム。地元が同じビッグ・ジェスが手がけた、重くてイケイケなビートにシビれるシングル“Wanna B”を始め、バンギンなGファンクをこれでもかと聴かせてくれる人気盤だ。ブリブリなベースもすごい“Slangin As I Speak”や“Watts Riders”、“Hennessy And Chronic”、“Come Take A Ride”など好曲がずらり並ぶ。そんな中で、アイズリー・ブラザーズ“Voyage To Atlantis”ネタの“Fuct In The Game”がメロウに効いている。特にクルマで聴きたい、重低音がたまらない名盤。

Rap-A-Lot 1995

Mad CJ Mac

Come And Take A Ride

True Game

80年代から活躍するサウスセントラルのOG、CJ・マックが、ファンク・バンド、アングロ・サクソン・ブラウンのギタリストを父に持つビート・メイカー、マッドとのコンビで出した唯一のアルバム。これぞGファンクな絶品のクルージング・チューン“Come And Take A Ride”と、発売元ラップ・ア・ロット繋がりだろう、Hタウン・ファンク的なゆったりとしたグルーヴが心地いい“Powda Puff”のシングル2曲がヒット。Hタウンのスゴ腕マイク・ディーンもミックスに関与した本作のサウンドは極上で、メロウなGファンクでは指折りの秀作だ。

Rap-A-Lot West 1995

Poppa LQ

Killa 4 My Hood

Your Entertainment, My Reality

サウスセントラル育ちで、ベイエリアに渡った後、1999年にはDBAの一員として再デビューするポッパ・LQ、唯一のソロ・アルバム。発売元ラップ・ア・ロットの職人NO・ジョーが手がけた、Gファンク・ミーツHタウンな“Killa 4 My Hood”がヒット。彼はファンキーな“Why Hate Me”と、クルージング・テンポが心地いい“Weside Loc's”も好曲に仕上げた。バトルキャットの2曲、ヴァル・ヤングの歌も盛り上がる“Neighborhoodsta Funk”、ブリブリのベースが効いた“Die Like A Gee Or Live Like A Trick”も絶品だ。

Outburst 1995

B.G. Knocc Out & Dresta

50/50 Luv

Real Brothas

コンプトン出身の兄ドレスタと弟BG・ノック・アウトが組んで出した唯一のアルバム。イージー・Eが最後にフックアップしたふたりで、本作はルースレスのお抱えプロデューサー陣と制作されるも、イージー急逝によりデフ・ジャム傘下からのリリースに。そのイージーへの追悼ソングで、パトリース・ラッシェン“Remind Me”も忍ばせたメロウな“50/50 Luv”や、イージーの宿敵デス・ロウ勢をディスした“D.P.G./K”と、話題曲の力もあって今も人気の1枚だ。いい意味でラフで直球なつくりのパーティ曲もメロウ・チューンも好曲揃い。

Poppa "C" 1995

Mel-Low

B.G. Thang

It's A B.G. Thang (Life Of A Youngster)

コンプトンのメル・ロウはDJ West傘下で1993年に"Blaze It Up"でシングル・デビュー。が、"The Day I Die"も、レッドマン参加のNYファンクはシーンに合わず、完成させたアルバムはオクラ入り。多くを差し替えて出した1stアルバムがこれだ。新たにSCCのプロディジーがメイン・プロデューサーとなり、時代に合ったGファンク・ビートを用意。代表曲となったシングル"B.G. Thang（Remix）"を始め"Money, Houses And Clothes"などクルージング・テンポの好曲が並ぶ。LVが歌うメロウな"Make It Through Another Day"もいい。

Holy Terra 1995

Gospel Gangstaz

West Coast Rock

Do Or Die

キリスト教に基づいたポジティヴな歌詞を特徴とするクリスチャン・ミュージック。アメリカでは一般的でクリスチャン・ラップのシーンも大きいが、ギャングスタのクリスチャン・ラップはさすがに少ない。この4人組、ゴスペル・ギャングスタズはその代表的な存在だ。前年の1stアルバムはまだドタバタしたビートが多かったが、Gファンクを消化したこの2ndは好曲揃い。SOS・バンド"No One's Gonna Love You"ネタのメロウな"West Coast Rock"や、ブリブリなファンク"Maybe If"、メロウ&グルーヴィな名曲"Backslider"と続く。

Mad Sounds 1995

I Smooth 7

Coolin' In The Ghetto

LAギャングスタ・ラップ界最高のビート・メイカーのひとり、バトルキャット。その彼が手がけた、日本でも大人気だったクルージング・チューン"Coolin' In The Ghetto"一発で歴史に名を残したアイ・スムーズ・セヴン。1994年にプロモーション用のEP『T.H.U.G. Poetry』を制作。それを耳にしたモータウンのヒップホップ部門マッド・サウンズとの契約を得るも、シングル"Coolin' In The Ghetto"のリリースだけに終わり、完成していたアルバム『Ghetto Life』はオクラ入り（流出音源は聞くことができる）した悲運のラッパーだ。

Mix It Up 1995

Black 9

Back Down Memory Lane

Black 9

詳細不明のラッパーが、C・A・アダムズなるこちらも無名の相棒とつくり上げた唯一のアルバム。メジャー資本のスコッティ・ブラザーズ配給で日本でもシングル2曲が出回り、多少話題になった。"Back Down Memory Lane"はミニー・リパートン"Memory Lane"ネタで、女声Vo.をフィーチャーしたメロウ&メロディアスな好曲。"I'm An O.G."は、2パック・フォロワーらしい主役のラップが映えるメロウなGファンクだ。インディ作品らしいチープなつくりが味になっていて、ザップなGファンク"Set It Off"など他にも好曲あり。

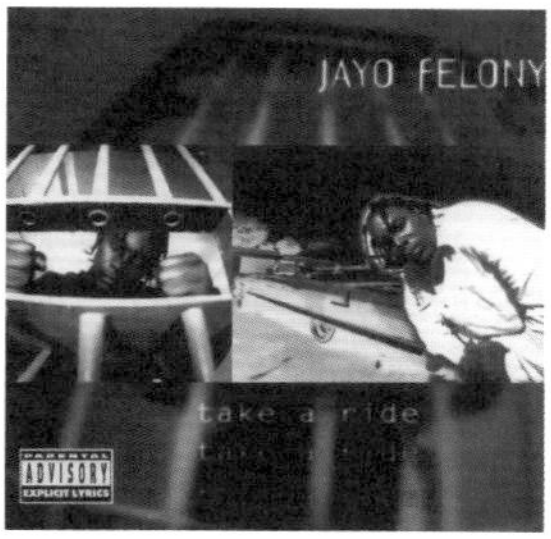

JMJ 1995

Jayo Felony

Niggas And Bitches

Take A Ride

サンディエゴのクリップス、ジェイヨ・フェロニーの、ラン・DMCのジャム・マスター・ジェイのレーベルから出た1stアルバム。JMJ監督の下で、西海岸の若手がビート・メイクを担ったと思われる本作。ドラムスがNYノリだが、Gファンクの好盤として楽しめる仕上がりだ。この後長いキャリアを築くことになる主役のラップが何より良く、シングル“Niggas And Bitches”を始め惹き込まれる。ロングビーチ・スタイルにも似た心地いいクルージング・チューンは他にも“The Loc Is On His Own”や“Bitch I'm Through”がある。

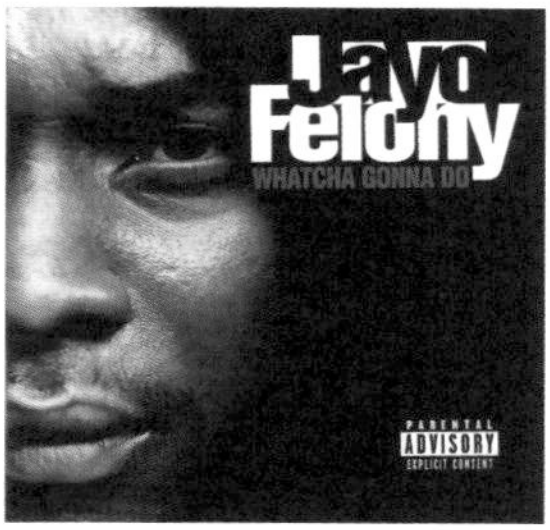

Def Jam 1998

Jayo Felony

Whatcha Gonna Do Remix

Whatcha Gonna Do

2ndアルバム。本作で約半数の曲を担い名を上げたDJ・シルクが手がけた、シングル・ヒットしたタイトル曲が名曲。バンギンかつキレのいい、Cウォークにぴったりなパーティ・ファンクで、マック10とWCが加わったリミックスはたまらない。ベイエリアのEA・スキー&CMTによる4曲も聴きもので、ハンドクラップが効いた“Nitty Gritty”や、クールにキメる“Hustle In My Genes”などがいい。メロウな“Lovely”などレイディーズ・キラーな曲があるのは、後にマーダー・インクを起こすアーヴ・ゴッティがA&Rを務めたからだろう。

Gee'd Up 1996 (2009)

Dazzie Dee

Westside Hoodsta's

Where's My Receipt?

1988年にはレコード・デビューした、アイス・キューブ軍団の創設メンバーながら独自の道を行ったダジー・ディー。本作は1996年に、メジャーで完成させるもオクラ入り～数曲を『The Re-Birth』のタイトルで当時自主リリースしたものを、2009年に曲を追加し完全版として出し直したもの。ほぼ全曲をバトルキャットがプロデュースしている、悲運のお宝盤だ。冒頭の“Under Da Table”からバトルキャット印のブリっとしたバンギンなファンクで絶品。クラップも心地いい“Knee Deep”や“Westside Hoodsta's”にもシビれるつくり。

Jungle 1996

Mr. X

Any Ole Sunday

Mr. X

Mr. Xことザヴィア・トーマスは、兄ショーン（は後にImpromp2なる歌モノのユニットで活躍）と組んだ、ダンサブルでポップなラッピンステインとして1991年にデビュー。その後、クインシー・ジョーンズの子、QDIIIに見染められ、彼のレーベルからギャングスタ・スタイルで出した唯一のアルバムがこれ。QDIIIが職人VMFらとつくった、ウォーレン・Gの成功を見据えたようなスムーズなGファンク集だ。シングル・ヒットした“Any Ole Sunday”や、クルージング・チューンの“Low Rider”や“So High”など、知らないのは損な名曲が並ぶ。

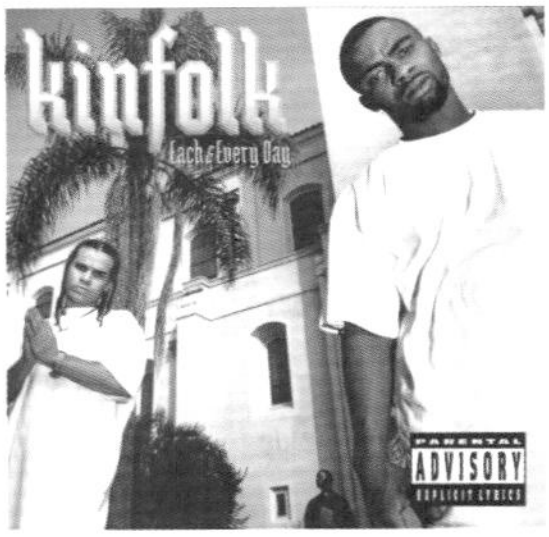

Wild West 1996

Kinfolk
Gotta Make Those Endz
Each & Every Day

1990年代後半にクセのある作品で注目を集めたワイルド・ウェスト発の2MCズ、キンフォークによる唯一のアルバム。ロングビーチが拠点だった彼ららしく、スムーズ&メロウでとても聴きやすいGファンクが基本。制作は無名のビート・メイカー4組ながら、楽器演奏も多く組み合わせたつくりはウマく、他とはちょっと違うサウンド、ノリが楽しめる好盤だ。心地いいテンポのチルアウト・チューン"Gotta Make Those Endz"や、ユルく盛り上がるファンキーな"Gangsta Glide"、女声Vo.も効いたメロウな"Summer Again"などがいい。

Loud 1998

Xzibit
Los Angeles Times
40 Dayz & 40 Nightz

イグジビットはギャングスタどっぷりではないが、この2ndアルバムは総監督サー・ジンクスの下で複数のビート・メイカーが次世代のウェッサイ・ファンク・ビートを提供、翌年のドレー『2001』にも影響を与えた重要作で外せない。その『2001』でドレーの右腕を務めたメル・マンによる"Los Angeles Times"、先にドレーの門下生になっていたブッダが手がけた"3 Card Molly"と"Deeper"などは、ひと足先にネクスト・レヴェルのファンクを聴かせた名曲。Gの定番、オハイオ・プレイヤーズ"Funky Worm"ネタの"Shroomz"も最高だ。

Menes Music Group 1998

Gonzoe
C'est La Vie
If I Live And Nothing Happens

コウションの一員として1995年にアルバム・リリース後、アイス・キューブの下を離れリリースした1stソロ・アルバム。本作にも参加するアウトロウズ～2パックと近しい存在となり、そこを買われ再登場。ほぼ全曲にゲストが参加する賑やかなつくりだ。R&B曲をネタにしたメロウでポップな"C'est La Vie"、ボスコが手がけた後ノリのファンク"One Time"、バトルキャットによる独特なノリの"You'll Neva' Get Next To Me"、オージェイズ"For The Love Of Money"ネタのファンクでヤクマウスと盛り上がる"Money"などが聴きもの。

Fo Life 1998

Vontel
4 My Homiez
Vision Of A Dream

カリフォルニアのとなり、アリゾナ州はフェニックスのヴォンテル唯一のアルバムは、メロウGラップ好きのお宝盤。10曲をナスティボーイ・クリックとも近しい同郷のドレー・ルショーンが手がけ、女声Vo.もたっぷりと用いて甘い音世界を生み出している。特に人気の"4 My Homiez"などにはロジャーが登場。彼がトークボックスを披露する4曲はどれも絶品だ。その内の"Don't Nobody"や"Say Playa"などを手がけたバトルキャットは計5曲を制作。メロウでバンギンな"Boo"も好曲。ラスト"Down 4 U"では歌う主役のラップもいい感じ。

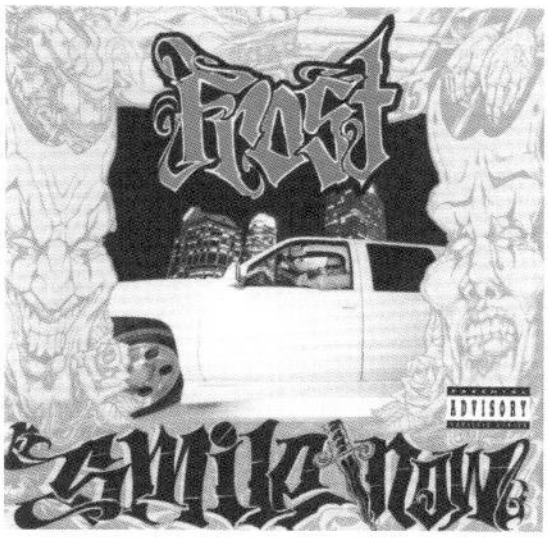

Ruthless 1995

Frost
East Side Rendezvous
Smile Now, Die Later

ルースレス移籍＆改名後の3rdアルバムだが、コールド187umが数曲に関与した以外は、前作で確立したチカーノ・ラップの型をさらに追求。旧知のトニー・G＆ジュリオ・Gによる「オールディーズ」をネタ使いしたソウルフルなビートは絶品だ。甘い名曲“East Side Rendezvous”に始まり、エル・チカーノ“Chachita”ネタの“La Familia”、リック・ジェイムズ本人と彼の“Mary Jane”をリメイクした“Mari”、アイズリー・ブラザーズ“Here We Go Again”ネタの“Rest In Peace”、ヒット曲の続編“La Raza Part.II”と名曲だらけ。

Ruthless 1997

Frost
Get Down
When HELL.A. Freezes Over

4thアルバムは、同年にラティーノ・ヴェルヴェットで合体したベイビー・バッシュ（ビーシュ）や、フレッドレックら若手も起用した多彩なつくり。旧友アイス・Tとかけ合う“Loco”や、ブリブリなクルージング・チューン“Get Down”などはシビれるかっこよさだ。とはいえ、EW&F“That's The Way Of The World”ネタの“Heaven & Hell”や、甘い“Rock On”に“Heaven Sent”、パトリース・ラッシェン“Where There Is Love”ネタの“Nothing In This World”、ピーチズ＆ハーブの同名曲ネタの“Reunited”など半数はメロウ曲で、どれも絶品。

Mercury 1994

Proper Dos
Tales From The Westside
OST: Mi Vida Loca

1stアルバムの成功でチカーノ・ラップの注目株となったプロパー・ドス。次なるヒットは、チカーナを主役にタフなストリート・ライフを描いた映画のサントラ収録曲だった。定番ドラムスをGなシンセが包み込む心地いいクルージング・チューンだ。翌年には2ndアルバム『We're At It Again』をリリース。全曲をメンバーのアーニー・ゴンザレスが、ギター、ベース・プレイヤーを率いてつくったファンキーな曲揃いの好盤だ。ブリブリなパーティ・ファンクの“Sumthin Ta Bump”や、重さにシビれるヘヴィ・ファンクのタイトル曲などがいい。

Skanless 1998

Proper Dos
Califa Funk
Heat

4thアルバムは、サーヴィス精神溢れるネタ使いが強力な1枚。トム・ブラウン“Funkin' For Jamaica”ネタで女声Vo.をフィーチャー、さらにはロニー・ハドソン“West Coast Poplock”のサビも歌われる盛り上がり最高のパーティ・ファンク“Califa Funk”がまずすごい。“Rapper's Delight”をリメイクした“On & On”や、クイーン“Another One Bites The Dust”のベースを使ったブギー“What's Next On Tha Menu”もノリノリ。フェイズ・O“Ridin' High”ネタの“Just The Way Players Play”始めメロウ曲も粒揃い。

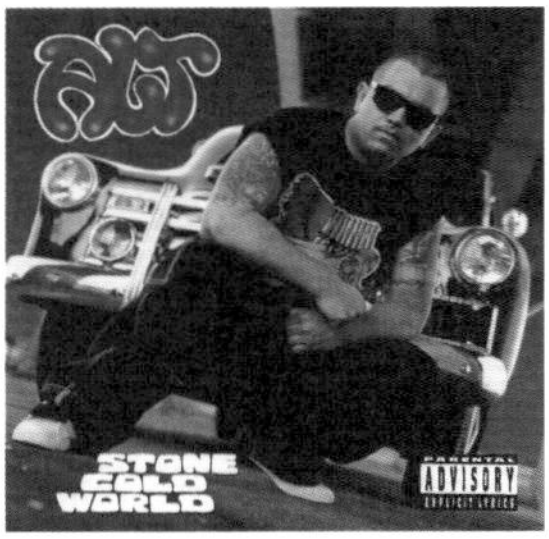

Inner City Music 1993

ALT

Ridin' High

Stone Cold World

前年にポップなスタイルでデビューしたALTがイメチェン、ギャングスタ・スタイルを前面に出した2ndアルバム。トニー・Gがビート面の総監督を担い、有名曲のサンプリングをふんだんに使いキャッチーな1枚に仕上げた。フェイズ・Oの同名曲ネタの“Ridin' High”に、キャロル・キング“It's Too Late”ネタのこれもメロウなタイトル曲、メアリー・ジェーン・ガールズの同名曲ネタでラン・DMC“Sucker MC's”ドラムスを用いた“All Nite Long”や、ドナルド・バード“Dominoes”ネタの“Deez Nutz”とまさに使いたい放題。快作。

Thump 1994

C-Note

She's Just A Freak

アメリカの名物雑誌『Lowrider Magazine』のヴィデオ作品からカットされた定番人気曲。1985年からエレクトロ&スウィート・ソウル・グループ、シュガー・スタイルで、90年代初頭にはヒスパニック・MCズで腕を磨いたビート・メイカー、ロッキー・パディラ。彼が手がけた、C・ノート・エストラーダ唯一の作品で、ブリブリのビートにトークボックスが全編でフィーチャーされた絶品のパーティ・ファンクだ。この12インチ・シングルのB面はパディラが歌う、フロスト feat. ALT、スロウ・ペイン、JVの“Bump Dat Ass”でこちらも人気。

Thump 1995

Slow Pain

Money Maid (Fallin' In Love)

The Baby OG

1992年にはストリート・メンタリティの一員としてレコード・デビューしていたスロウ・ペインの1stソロ・アルバム。スピナーズの人気曲“Could It Be I'm Falling In Love”ネタの甘茶ラップ“Money Maid”がヒット。ODMが手がけたストラフェ“Set It Off”ネタの“Slow Pain Baby”(シングル盤収録のDouble Dutch Mixはクール&ザ・ギャング“Celebration”ネタの絶品)や、シェレール“Saturday Love”が歌われる“Saturday Night Ballin'”もカルさが心地いいパーティ・チューンだ。重いGファンク曲も悪くない。

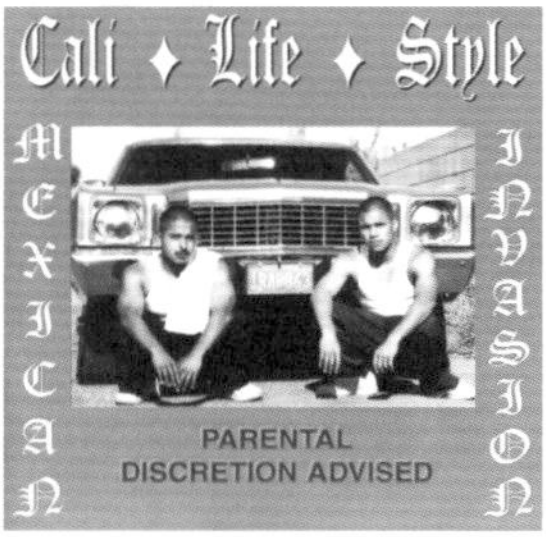

Underworld 805 1996

Cali Life Style

Lost

Mexican Invasion

2MCズのカリ・ライフ・スタイル、1stアルバムは全くのインディ作品ながら、メロウGラップ好きには特に人気の1枚だ。フローターズの同名曲ネタの“Float On”、デレゲイション“Oh Honey”ネタの“Lost”と続くラスト2曲を始め、コン・ファンク・シュン“By Your Side”ネタの“Coastin'”や、ジューシー“Suga Free”ネタの“Sucka Free”、パトリース・ラッシェン“Remind Me”ネタの“Time To Glide”と好曲連発。バンギンなエレクトロ・ファンクの“Down From The Get Go”や“Very Next Day”なども聴き逃せない。

PMP 1996

Delinquent Habits

Tres Delinquentes

Delinquent Habits

リリース当時は2MCズ＆DJの3人組だったデリンクエント・ハビッツが出した1stアルバム。ハーブ・アルパート“The Lonely Bull”のトランペットが印象的な、YG“Go Loko”に先駆けたマリアッチ・ラップ“Tres Delinquentes”が全米35位となる大ヒットに。DJのOG・スタイルがつくる、ブレイクビーツにラテン味をまぶしたイナタイ70年代臭のするバンギンなビートは好き者にはたまらないものだ。シングル曲“Lower Eastside”や“What It Be Like”を始め、“Break 'Em Off”や“Underground Connection”などもいい。

East Town 1997

Brownside

Vatos 'N The Varrio

Eastside Drama

チカーノ版NWAに育てようと、イージー・Eがフックアップした3MCズ、ブラウンサイド。94年にはシングル“Gang Related”をルースレスから出すも、ボスの急逝によりこの1stアルバムはインディ発に。それでも、“The-Boyz-In-The-Hood”のリメイク“Vatos 'N The Varrio”を始め、ハードボイルドな秀曲も聴ける。クールでシリアスな“Gangsters P.O.V.”や“People Vs. Toker”、ヤーブロウ＆ピープルズ“Don't Stop The Music”ネタのディスコ・ファンク“Can't Stop The Southland”に、泣きの“Rest In Peace”などがいい。

Profile 1994

Potna Deuce

Funky Behavior

Welcome To Da Tilt

R・ビーシュ＝ベイビー・ビーシュ＝ベイビー・バッシュが、生まれ故郷のベイエリアはヴァレオで組んだ人種混成4MCズ、ポトナ・デュースの1stアルバム。元N2ディープのジョニー・Zが全曲を手がけていて、ラテン味も漂う“Funky Behavior”やバンギンな“Dat's My Potna”など、タイト＆ハードなGファンク集に。ラムゼイ・ルイス“Sun Goddess”ネタの“Flasco”や、女声Vo.も絡むメロウな“Cool Thang”などキャッチーな曲もいい。1996年の2nd『Heron Soup』はプロデューサーが代わり、モブ・ミュージック色を強めた。

Swerve 1998

Latino Velvet

Raza Park

Clique

N2ディープのジェイ・ティーと、ベイビー・ビーシュが組んだラティーノ・ヴェルヴェット。前年に出した1stアルバムの改訂版が本作で、ロジャーによるシュビドゥバなトーク・ボックスも楽しい“Raza Park”の人気ヴァージョンはこちらに収録。ビーシュ自身が多くを指揮し、フロスト始め多数のチカーノとベイエリアMCズを招いたお祭り作と言えるつくり。メロウでは“Buzzin'”や“Latino Velvet”など、パーティ・チューンではやはりトークボックス入りの“What You Do”や、“Club Hoppin'”と好曲揃いで聴き応えがすごい快作だ。

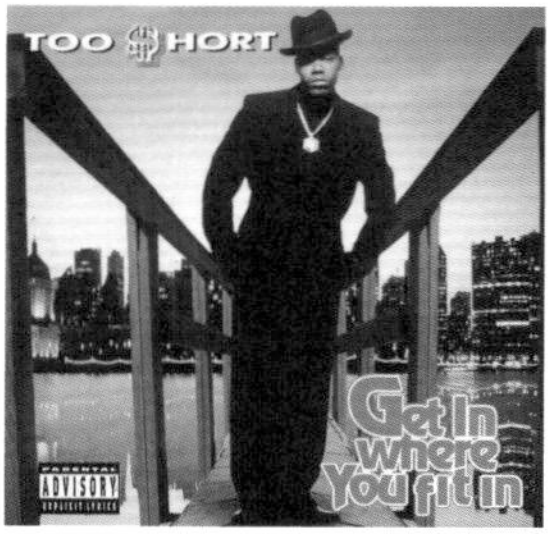

Jive 1993

Too Short

I'm A Player

Get In Where You Fit In

通算で8枚目、初めてブラック・チャートで1位となった100万枚セールス作。ヒットした"I'm A Player"のユルいノリにトゥー・ショートの音楽の魅力は凝縮されている。ただ、クール&ザ・ギャング"Hollywood Swingin'"をそのまま用いた"Money In The Ghetto"や、QDIIIが手がけた"Just Another Day"に、"Gotta Get Some Lovin'"や"Way Too Real"といったディスコ・ファンク、レゲエのリディムを使った"Blowjob Betty"などアクセントとなる曲も良く、これまでで最もキャッチーなつくりだろう。ハマる。

Jive 1996

Too Short

Gettin' It

Gettin' It (Album Number Ten)

通算10枚目は、全米3位を記録したトゥー・ショート最大のヒット作。ブーツィ・コリンズの人気曲"I'd Rather Be With You"を、Pファンク本家とリメイクしたタイトル曲がシングル・ヒット。1994年に移住したアトランタで出会ったコリン・ウルフ(『The Chronic』でドレーの右腕を務めた)が3曲をプロデュース。楽器演奏を用いたGファンクの"Take My Bitch"や"Nasty Rhymes"は聴きものだ。男声コーラスを加えたR&B調の"I Must Confess"もシャレている。この後、帝王ショートは3年間のロング・ヴァケイションに入る。

Jive 1993

Spice 1

The Murda Show

187 He Wrote

全米10位と、最大のヒット作になった2ndアルバム。先に『Menace II Society』のサントラに収録されヒットした"Trigga Gots No Heart"に続いて、MC・エイトと合体した"The Murda Show"も話題に。"187 He Wrote"や、グウェン・マクレーの定番ネタ"90% Of Me Is You"を用いた"RIP"など、徹底してタフなストリートの物語を聴かせる。軽妙なファンク"Clip & The Trigga"や、お得意のレゲエDJスタイルを聴かせる"Smoke 'Em Like A Blunt"、SCCのプロディジーが手がけたファンキーな"380 On That Ass"もいい。

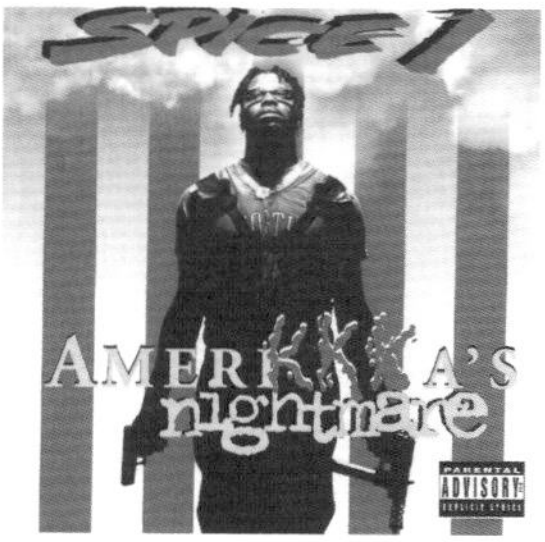

Jive 1994

Spice 1

Strap On The Side

AmeriKKKa's Nightmare

多くをブラックジャックが手がけ、グッとGファンクなサウンドに寄せた3rdアルバム。ブリブリなベースが効いたビートと、スヌープもよく使うギャップ・バンド"Oops!"などヒット曲の歌メロを繋いだフックがキャッチーな"Strap On The Side"がシングル・ヒット。この時期親密な仲だった2パックが客演するシリアスな"Jealous Got Me Strapped"や、バトルキャット作のユルいテンポながらバンギンなビートにシビれる"Bustas Can't See Me"、DJ・スリップ作のディスコでGなファンク"Stickin' to the 'G' Code"もいい。

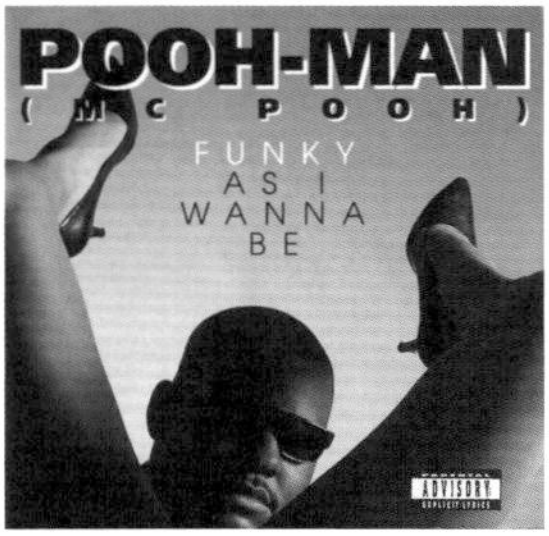

Jive 1992

Pooh-Man

Funky As I Wanna Be

Funky As I Wanna Be

アント・バンクスが全曲をプロデュースした2ndアルバム。軽薄すぎるジャケットと違い前作同様の、オークランド最高峰のモブ・ミュージック集だ。思わず腰が浮くファンキーな1曲目“Niggas Ain't Playin'”から文句なし。シングル・ヒットしたタイトル曲を始め、ユルいテンポのピンプもの、ゲットー語りを名人芸で聴かせる。メロディアスな“Player Haters”や、トゥー・ショートとかけ合う“Racia”、定番ドラム・ブレイク“God Made Me Funky”をウマく使った“The Big Gangster”などなど好曲揃いで、聴き飽きない秀作だ。

Jive 1994

Ant Banks

Parlayin'

The Big Badass

ベイエリアを代表するプロデューサー、アント・バンクスが、全曲を手がけ、ラップも聴かせる2ndリーダー・アルバム。ブーツィ・コリンズ“F-Encounter”ネタのディスコな“Parlayin'”や、“Clownin' Wit Da Crew”に“Straight Hustlin'”、“The Loot”と実際にネタ使いしている曲を始め、アントが溺愛するPファンク味のモブ・ミュージックを堪能できる快作だ。本作同様にゲスト多数を招いて、アントが1993～97年に出したアルバム計4枚は、多少の洗練は加わっていくものの全てベイエリアならではのファンク・ラップが聴ける好盤だ。

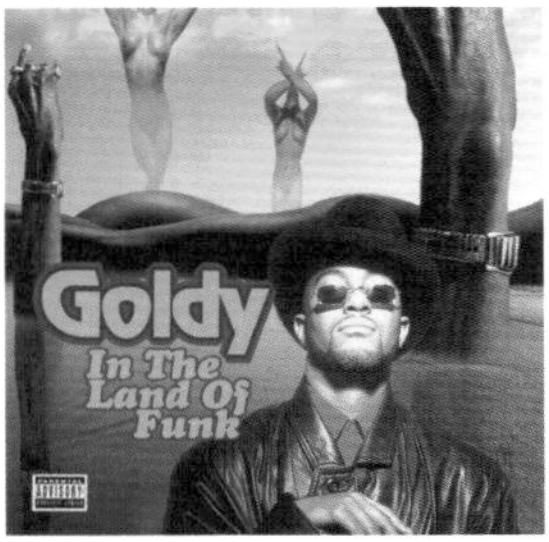

Jive 1994

Goldy

In The Land Of Funk

In The Land Of Funk

1991年にポップなつくりの『Call It Like I See It』を出していたMhisaniが、トゥー・ショート率いるデンジャラス・クルー入り～ゴールディに改名して出した再デビュー・アルバム。アント・バンクスらが、楽器演奏を多用していつも以上に(P)ファンクをストレートに聴かせるつくり。ハネるリズムが楽しいディスコなタイトル曲に、ブリブリなベースにシビれる“The Game Is Sold Not Told”や、フェイズ・O“Ridin' High”をリメイクした“Nuthin' But A Tramp”、ねっちょりファンキーな“Whipped Cream, Nuts & Cherries”と好曲が続く快作だ。

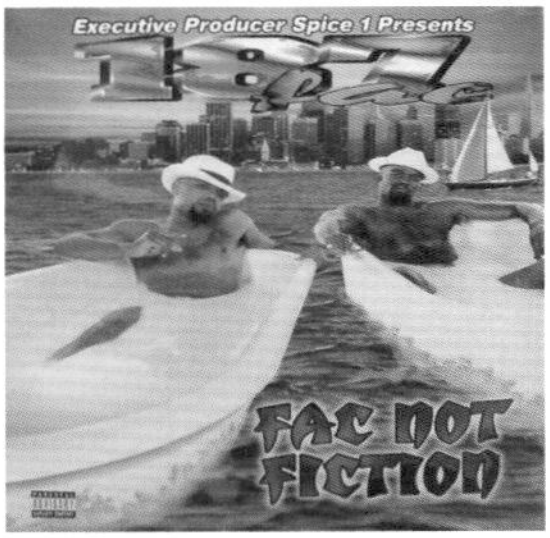

187 Proof 1997

187 Fac

Graphic

Fac Not Fiction

1993年のテープ作品『The U.N.E.』で注目を集めた2MCズ、187ファク。スパイス・ワン監修のこの2ndアルバムは、アント・バンクスやマイク・モズリーらによるハードボイルドなGファンク曲が詰まった人気作だ。たたみかけるような強いラップ、コンビネーションが堪能できるタイトル曲や“Graphic”にシビれる。Vo.も交えたメロウな“2 Geez”や、ユルいテンポのクルージング・チューン“Ride Wit Us”もいいアクセントに。この後、DenGeeに改名し2000年に出した『DenGee Livin'』も同路線の、ハードなつくりが際立つ1枚だ。

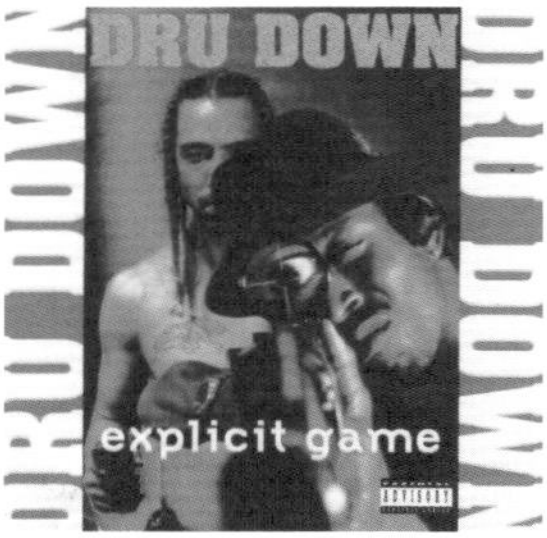

C-Note 1994

Dru Down

Pimp Of The Year

Explicit Game

オークランドのピンプ・キャラ、ドゥルー・ダウンの、前年のインディ作を改訂したメジャー・デビュー・アルバム。弟分のルーニーズのふたりも多くの曲に登場する。定番ネタ“Seven Minutes Of Funk”を用いた“Pimp Of The Year”に、屋台アイスクリーム屋を装うハスラーについておもしろく語る“Ice Cream Man”、SOS・バンド“No One's Gonna Love You”ネタのTR-808サウンドもメロウな“No One Loves You”が連続シングル・ヒット。勢いに乗り出した翌年のメジャー第2弾『Can You Feel Me』も、同様のつくりでいい。

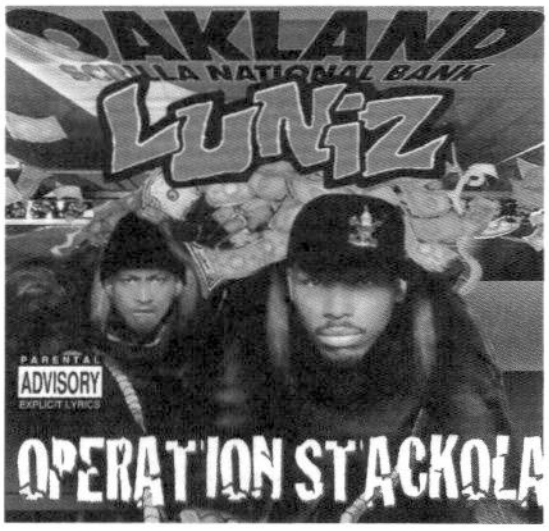

C-Note 1995

Luniz

I Got 5 On It

Operation Stackola

ドゥルー・ダウンとの共演で名を上げたヤクマウスとナムスカルの2MCズ、ルーニーズの1stアルバム。ベイエリアの80年代R&Bクラシック、クラブ・ヌーヴォー“Why You Treat Me So Bad”を用いたマリファナ・アンセム“I Got 5 On It”が世界中で大ヒット。ふたりは一躍、時の人に。ボビー・コールドウェルの人気曲“What You Won't Do for Love”を用いたメロウ&スムーズな“Playa Hata”もヒットした。ケムたい“Pimps, Playas & Hustlas”などもいい。当時20、21歳のふたりの、マンガ的な表現は新世代の登場と話題に。

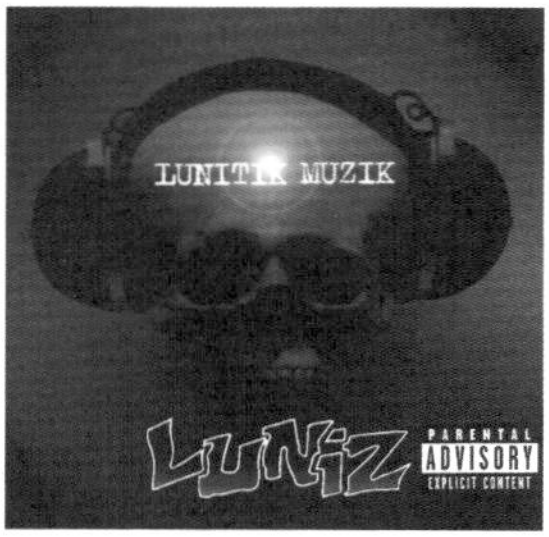

C-Note 1997

Luniz

Jus Mee & U

Lunitik Muzik

勢いに乗ったルーニーズの2ndアルバム。100万枚売れた前作に比べ存在は地味でも、多くのゲストとの競演も楽しめる1枚だ。トニ・トニ・トニ“Just Me And You”をラファエル本人と、DJ・クイックも交えてリメイクした“Jus Mee & U”は極上のメロウ・チューン。バーナード・ライト“Who Do You Love”をモーケンステッフとリメイクした“Is It Kool?”もメロウな好曲だ。ボスコが手がけた、ポッパ・LQとかけ合うマリファナ賛歌“Phillies”や、マイク・ディーンによる、トゥー・ショートとの“Funkin Over Nuthin”などファンクもいい。

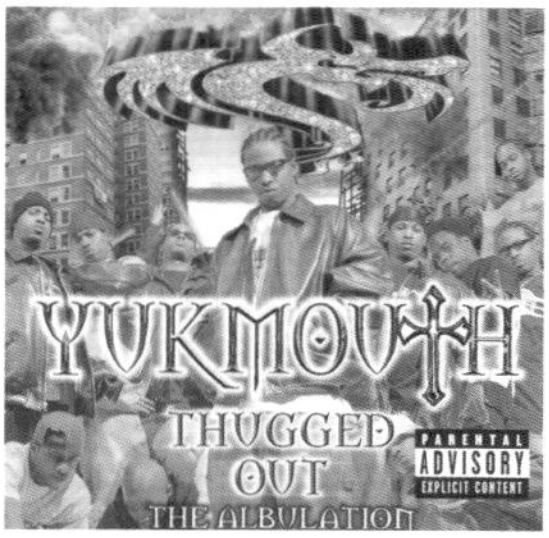

Smoke-A-Lot 1998

Yukmouth

Still Ballin'

Thugged Out: The Albulation

ルーニーズの1stから配給元ヌー・トライブを通じ交流のあったラップ・ア・ロット傘下に自身のレーベルを設立、そこから出したヤクマウスの1stソロ・アルバム。ベイエリアと似たノリを持つHタウン・ファンクの名手マイク・ディーンをメイン・プロデューサーに据えたCD2枚組だ。アウトロウズの面々とかけ合う“Still Ballin'”、NWA“Just Don't Bite It”をMC・レン本人とリメイクした“Stallion”、ルーニーズとドッグ・パウンドの4人がかけ合う“My Buddy”、テラと聴かせるラテン味のメロウ“Menage A Trois”などがいい。

Rap-A-Lot 1994

Seagram

Gangsta Livin

Reality Check

オークランドのシーグラムによる2ndアルバム。自らビート・メイクも行う音楽通な彼ならではの、スムーズ&ソウルフルなオトナのギャングスタ・ミュージック秀作だ。メロウ&グルーヴィな名曲“Gangsta Livin”を始め、アイズリー・ブラザーズ“For The Love Of You”ネタの“Birth”、70年代ソウルな“Eastside”、リック・ジェイムズ“Ghetto Life”ネタの“13 Deep”と好曲が並ぶ。この後、1996年に射殺されてしまった彼。97年の未発表曲集『Soul On Ice』も同様のつくりで、“Slingin The Yea”などいい曲が揃う。

Elektra 1995

Coz

No Place Like Tha Hood

King Of Kali

オークランドのCozの1stアルバムは、NO・ジョー、マイク・ディーンがほぼ全てを手がけ、“Rollin' Thru Ya Hoody”にバン・Bが客演するHタウン人脈に頼ったつくり。バリー・ホワイト“It's Ecstasy”ネタのシングルで、心地よすぎるクルージング・チューン“No Place Like Tha Hood”を始め、ソウル・フィーリングがにじむ秀曲が聴ける、隠れた好盤だ。NO・ジョーお得意のサザン・ソウル調“Born 2 Be "G"”や“Keep My Soul”に、ドレーのGファンクにならったスリリングな“Make A Run”や“Killa In The Mirra”などがいい。

Def Jam 1996

Richie Rich

Let's Ride

Seasoned Veteran

415の一員だったオークランドのOG、リッチー・リッチ。寡作な彼の3rdアルバムは、唯一のメジャー発作品でさすがの全米ヒット作。ベイエリアらしいユル〜いテンポのクルージング・チューン“Let's Ride”がシングル・ヒット。“Niggaz Done Changed”に客演する2パックを追悼するMVも受けたスロウ“Do G's Get To Go To Heaven?”も話題に。トニ・トニ・トニの同名曲をドゥエイン本人とリメイクした“Pillow”は甘い好曲だ。盟友DJ・ダリルと手がけた“Real Pimp”でのレイドバックしつつファンキーな語り口は唯一無二、魅力溢れる。

Noo Trybe 1997

3X Krazy

Keep It On The Real

Stackin Chips

ハイフィ時代になってブレイクするキーク・ダ・スニークもメンバーだった、オークランドの3MCズの1stアルバムにして唯一のメジャー作。TR-808使いのR&Bクラシック=52ndストリート“Tell Me”ネタのメロウで心地いい“Keep It On The Real”がシングル・ヒット。やはりTR-808サウンドが効いたメロウなクルージング・チューン“West Coast Shit”や、ボズ・スキャッグズのAOR名曲“Jojo”ネタの“Tired Of The Pain”もスムーズ・グルーヴの絶品だ。マーヴィン・ゲイ“Inner City Blues”ネタの“Ghetto Soldiers”もいい。

Sick Wid' It 1993

E-40

Captain Save A Hoe

The Mail Man

E-40の2nd EPで、ザ・クリックの面々とのビッチ語り“Captain Save A Hoe”が初の全米ヒットとなった、記念すべきブレイク作だ。ともに出世していったスタジオ・トンが手がける、ブリッとしたベイエリア・ファンク＝モブ・ミュージックに乗る、主役のワン＆オンリーな言葉遊び、タン・トゥイスティン・フロウはすでに絶好調。TR-808のカウベルが効いた“Practice Lookin' Hard”や、ゲストのモッシーと盛り上がるバンギンな“Where The Party At”もいい。この2ヵ月後に勢い溢れるファンクが詰まった1stアルバム『Federal』をリリース。

Sick Wid' It 1995

E-40

1-Luv

In A Major Way

100万枚を売った2ndアルバム。制作陣にマイク・モズリーやサム・ボスティック（後にアートゥン・ソウルを組むR&Bの才人）、ファンク・ダディも加わり多彩なビート、曲調を用意。TR-808使いの80年代テイストな“1-Luv”、こちらもメロウかつファンキーな“Sprinkle Me”と、心地よくノレるR&B調のシングル2曲がヒット。2パック、マック・モール、スパイス・ワンとかけ合うハードボイルドな“Dusted 'N' Disgusted”や、バンギンなファンク“Smoke 'n Drank”、語りのウマさが際立つスロウの“Dey Ain't No”と、つくりのウマさも光る秀作だ。

Sick Wid' It 1996

E-40

Things'll Never Change

Tha Hall Of Game

全米4位を記録した3rdアルバム。本作にも客演する2パックに影響された、ホームレスなどゲットーの社会問題をラップした“Things'll Never Change”が大ヒット。ブルース・ホーンズビー“The Way It Is”ネタのメロウなビートで、ダヴ・シャックのボー・ロックが歌う、2パック“Changes”の元となった名曲だ。重量級モブ・ビート上でトゥー・ショートとベイエリア最強のかけ合いを聴かせる“Rapper's Ball”もヒット。キーク・ダ・スニークらと盛り上がるパーティ・ファンク“Ring It”、メロウなR&B調の“I Wanna Thank You”もいい。

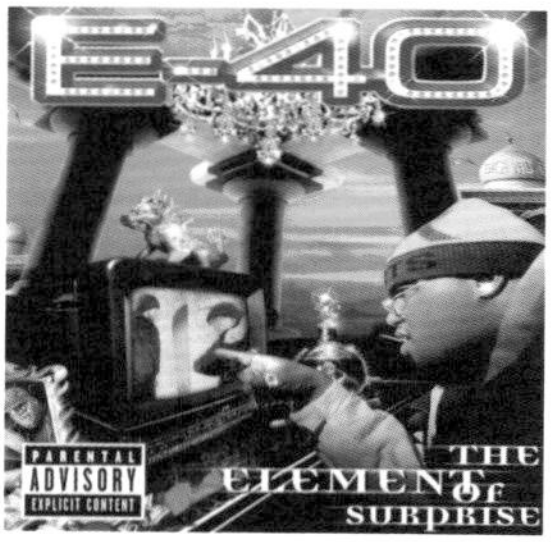

Sick Wid' It 1998

E-40

Hope I Don't Go Back

The Element Of Surprise

勢いに乗りCD2枚組でリリースされ、やはり大ヒットした4thアルバム。ラムゼイ・ルイス“Sun Goddess”ネタの甘〜いビートで、オーティス＆シャグのこれも甘いコーラスを乗せた“Hope I Don't Go Back”がシングル・ヒット。ポップなシングル曲でヒットを出すのがE-40はウマかった。メロウなファンキー・ビートで、K-Ci＆ジョジョを再び起用した“From The Ground Up”もヒット。コモドアーズの同名曲ネタのメロウな“Zoom”、ボスコが手がけたブリブリなビートにハマる“Doin' Dirt Bad”などなど、ベイエリア・ファンクにメロメロになる全24曲。

Sick Wid' It 1995

The Click

Scandalous

Game Related

E-40、B・レジット、D・ショット、シュガ・Tのファミリー・ユニット、ザ・クリック最大のヒット作となった2ndアルバム。ザップ“Computer Love”をロジャー本人とリメイクした“Scandalous”はメロウGラップ最強曲。こちらもメロウ＆メロディアスな名曲“Hurricane”ともにシングル・ヒットした。プリンス“If I Was Your Girlfriend”をこれもそのままリメイクした“If I Took Your Boyfriend”や、スラップ・ベースもかっこいい“Boss Baller”、ブリブリでPファンクな“Actin' Bad”などキャッチーな曲が特に多い人気作だ。

Sick Wid' It 1996

Suga-T

If U Don't Want None

Paper Chasin' (4Eva Hustlin')

E-40の妹であるシュガ・Tの2ndアルバム。ブギー・ファンクな“If U Don't Want None”や、兄を相手にフロウのおもしろさで真っ向勝負する“U Don't See Wanna See Me”などで、小気味好いオールドスクール・スタイルの主役のラップを存分に楽しめる本作。ベイエリアの盟友コンシャス・ドウターズとかけ合う“Hustlin' 4 Life”や、“Saga Daddy”での定番ドラム・ブレイクを乗りこなす様もかっこいい。クレヴァーな彼女はこの後、女優／タレント、さらには実業家、アクティヴィストとしても活躍。アフリカ系女性のロールモデルに。

Sick Wid' It 1996

B-Legit

Ghetto Smile

The Hemp Museum

E-40のいとこであるB・レジットは、この2ndアルバムが最大のヒット作。この頃のファミリー作品同様にスタジオ・トン、マイク・モズリーが主にビート・メイクを担い、ヘンプ＝マリファナ王キャラな主役のユルいラップに合う、ゆったりとした後ノリ曲が多いつくりに。ホール＆オーツ“Sara Smile”をダリル・ホール本人を招いてリメイクしたメロウなスロウ“Ghetto Smile”がヒット。クイーン“Another One Bites The Dust”のベースを使ったディスコな“Gotta Buy Your Dope From Us”や、Pファンク味のタイトル曲などもいい。

Shot 1997

D-Shot

(I'll Be Yo') Huckleberry

Six Figures

E-40の弟、D・ショットが自身のレーベル、ショット・レコーズから出した2ndアルバムは、ビジネスマンである彼らしいシンガーをフィーチャーしたポップなつくり。兄の成功にならい、メロウな“(I'll Be Yo') Huckleberry”をシングル・カットしヒットさせたが、この曲で歌うファミリーお抱えシンガーのレヴィッティは計4曲に登場。軽快ポップな“I'll Be Your Friend”は異色の好曲だ。メロウな“True Worldwide Playaz”と、ニュー・ジャック・スウィングな“It's Ma Thing”も、ともにボー・ロックが歌うキャッチーな仕上がり。

Sick Wid' It 1994

Celly Cel

Heat 4 Yo Azz

Heat 4 Yo Azz

ヴァレオで一番のストロング・スタイルのラップに聴き惚れるセリー・セル。1993年のEPに続く1stアルバムは、マイク・モズリー＆サム・ボスティック、スタジオ・トンが手がけたファンク曲が並ぶ快作。ワン・ウェイ"Cutie Pie"ネタのバンギンなタイトル曲や、Pファンクな"Funk 4 Life"などシビれるかっこよさだ。ブルージー＆メロウな"Hot Sunny Day"もいい。1996年には、ザップ"Slow And Easy"他ネタのメロウ・アンセム"It's Goin' Down"がヒットした2ndアルバム『Killa Cali』を出し、自身最大のヒット作とした。

Sick Wid' It 1995

Funk Mobb

I Wanna See Ya

It Ain't 4 Play

後にリル・イタリーと改名してノー・リミット入りしたG・ノートも含むヴァレオの3MCズ、ファンク・モブ唯一のアルバム。シュガーヒル・ギャング"8th Wonder"をユルくリメイクした1曲目"I Wanna See Ya"から、エレクトロ味のモブ・ミュージックを売りに。TR-808サウンドが効いた"I'm That Nigga"や、メロディアスなメロウ・グルーヴの"Traffickin' & Smugglin'"、"Millasville Playa"の心地よさは絶品だ。K・ルウが手がけた"Rockafello"や"The Zone"などで聴ける、バンギンなGファンクもシビれるかっこよさ。

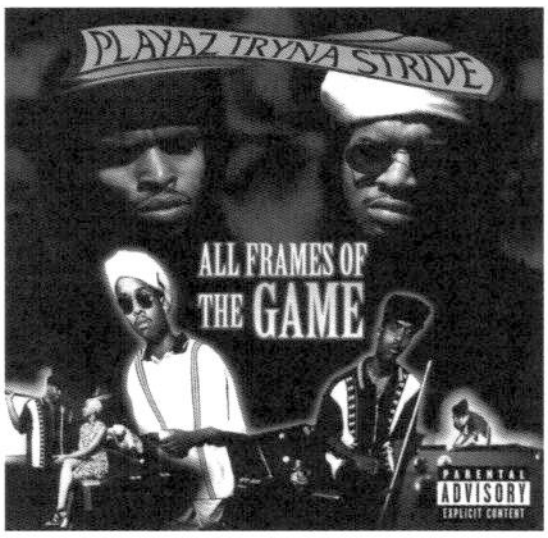

Sick Wid' It 1996

Playaz Tryna Strive

W.C. Playaz

All Frames Of The Game

MCのT・パプ、ビート・メイカーのフィルシー・リッチのふたり組、プレイヤズ・トライナ・ストライヴス唯一のアルバム。ヴァレオの第2世代と言え、キレキレのラップも、LA流も取り入れたウェッサイ・ファンク・ビートもいい、隠れた秀作だ。"W.C. Playaz"や"Let's Ride""Shady"と心地いいテンポのクルージング・チューンが揃っていて、これは特にクルマで聴きたい1枚に。メロウでファンキーな"Throw Up The Dubb"も好曲。エロくメロウな"Feel Ness Real"で歌う女性MCシルク・Eが多くの曲で客演、華を添えている。

Sick Wid' It 1997

The Mossie

Nobody Can Be You But You

Have Heart Have Money

こちらもヴァレオの第2世代となる3MCズ、モッシーの1stアルバム。E-40と盛り上がる、スティーヴ・アーリントン曲ネタの"Nobody Can Be You But You"は、後のハイフィーに繋がるやや速いテンポのパーティ・チューンで目立っていた。トークボックス入りのブギー・ファンク・ビートに乗って、セリー・セルとかけ合う"N.S.R."も楽しい。新世代とはいえ本作にはブリブリのモブ・ミュージックも揃い、"Gotta Get That Scrill"や"When I Say Jump"、"Strugglin'"はねっとりと強力。メロディアスな"Mama Used To Tell Me"もいい。

Young Black Brotha 1993

Mac Mall

Ghetto Theme

Illegal Business?

カイリーが新たに設立したヤング・ブラック・ブラザ・レコーズ。初のアルバム作は、この時ムショ入りしていたマック・ドレーに学んだ、マック・モールの1stアルバムだった。ドレー『The Chronic』にならった定番ドラム・ブレイク＋Gなシンセのバンギンなファンク・ビートに乗り、18歳の主役が勢い溢れるラップで魅了。Pファンク味の“I Gots 2 Have It”や、カイリーならではのドラマティックな演出が効いた“Cold Sweat”、ブルージーな“$$ On Da Dank”と好曲揃い。2パックがPV監督をしたメロウ名曲“Ghetto Theme”で大団円。

Young Black Brotha 1995

Ray Luv

Last Nite

Forever Hustlin'

80年代末には2パックとストリクトリー・ドープを組んでいたレイ・ラヴ。ヴァレオに移った後に出した1stアルバムだ。太い声のダンナ・キャラに、カイリーのつくるドラマティック＆70年代ソウルがベースのギャングスタ・ミュージックがよく合い、トータルで楽しめる傑作に。冒頭のサザン・ソウル調タイトル曲からグッと引き込まれ、バンギンなシビれるGファンク“Definition Of Ah Hustla'”や、メロウな“24K”を経て、シングル・ヒットした“Last Nite”で大団円。聴き終わった後は思わず肩で風を切りたくなる、ザ・ギャングスタ・アルバム。

Young Black Brotha 1996

Young Lay

Playah's Mode

Black 'N Dangerous

ヴァレオのヤング・レイは、前年に銃撃され頭部を損傷するも回復し、この1stアルバムをリリース。ファスト・フロウを駆使し、小気味好くラップしていく主役に合う、重すぎないファンキーなビートをカイリーが用意している。シングル・ヒットした“Playah's Mode”は、心地いいシンセと女声コーラスがキャッチーなグルージング・テンポのGファンク名曲。冒頭の“Sic Set”や、ベースにシビれるタイトル曲に、“Stickin' 2 Da Grind”、リック・ジェイムズ“Mary Jane”ネタの“Puff Puff Pass”もクラップ音が効いたファンクでノリノリだ。

Young Black Brotha 1996

Dubee aka Sugawolf

My Thang

Dubee aka Sugawolf

大学アメフトのスター・プレイヤーだったイケメン、ダビーの1stアルバム。鼻にかかった甘い声で、軽妙なハスラー・スタイルのラップを聴かせる主役に合わせカイリーが用意したのは、“Y.B.B. Bomb”のようにファンキーでもメロディアスでキャッチーなビート。R&B的なメロディを持つファンクでシングル・ヒットした“My Thang”を始め、ディスコな“Game U Feenin 4”、ホンワカとした“Off Da Heezy”、スムーズなグルーヴが心地いい“Pit Bull Vicious”と、YBB軍団作品の中でも特に聴きやすいつくりが際立つ好盤だ。

Young Black Brotha 1997

Khayree

It's Rainin' Game

The Blackalation (The World Is Yours)

カイリー唯一のリーダー・アルバムは、マック・ドレー始めファミリー内外のラッパー、シンガーを全曲に配し、ヴェテランらしいソウル／ファンク・ワールドを聴かせた充実作。ベイエリア仲間トニ・トニ・トニのヒット“It Never Rains”をリメイクした“It's Rainin' Game”を筆頭にスムーズ&メロウな数曲が特にいい。スティーヴィ・ワンダー“All I Do”モチーフの“All We Do”や、メロディアスな“It's Alright”、女声Vo.が主役の“Ah Little Somethin'”などに加え、ワン・ウェイ“Cutie Pie”ネタのディスコ・ファンク“Thangs You Do”もスムーズだ。

Romp 1998

Mac Dre

Hoez Love It

Stupid Doo Doo Dumb

1996年8月に出所したマック・ドレーは、自身のレーベルRompから、まず、ほぼ全曲でゲスト多数とマイクをまわすポッセ・アルバム『The Rompalation』をリリース。続いて出した本作は前作同様モブ・ミュージックを基本としながらも、4年のムショ入り中に自由と、楽しくやることの大切さを思い知った彼らしい「お楽しみのための曲」も聴けるように。ディスコな“Hoes We Like”や“Hoez Love It”、ベース・ミュージック～バウンス調の“Freaky Shit”と“Get Yo' Grits”などは後のハイフィーにも繋がるダンス・ビートが強力だ。

Get Low 1993

JT The Bigga Figga

Game Recongize Game

Playaz N The Game

18歳でレーベル、ゲット・ロウを立ち上げ、自らラップ、ビート・メイクも行い、数え切れないほどの作品をプロデュース、リリースしてきた、サンフランシスコを代表するプレイヤー、JT・ザ・ビガ・フィガ。前年のカセット作に続く2ndアルバムは、Gなシンセのモブ・ミュージック“Game Recongize Game”がシングル・ヒットし、いきなり成功を収めた。ドラムスも生演奏の“Did You Get The Dank”を始め、サンプリングではなく、楽器演奏でリメイクするベイエリア流のビートはカイリーらに比べ荒削りだが、ストリート感溢れるもので人気を得た。

Get Low 1995

JT The Bigga Figga

Bay Area Playaz

Dwellin' In Tha Labb

勢いに乗りリリースした3rdアルバム。ジャジーでシャレたタイトル曲がヒットしたが、マスター・Pも参加したスムーズ&クールに盛り上がるポッセ・カット“Bay Area Playaz”がイチ押し。クラップが心地いい“Ain't Something Wrong”や“It's Going Down”、“Did You Get Yo Geez”もクルマで聴きたいクルージング・チューンの好曲だ。それとは一転して、バンギンなビートでE-40らとかけ合う“Beware Of Those”や、ハードボイルドにせまる“Roots Of All Evil”も強力。ビート・メイクの術が前作からいきなりレヴェルアップした秀作。

In-A-Minute 1994

R.B.L. Posse

Blue Bird

Ruthless By Law

サンフランシスコの2MCズ、RBL・ポッセの2ndアルバム。NYスタイルの影響色濃い2年前の1stから一転、多くを自作した本作はベイエリア・ファンクと、Gファンクのサウンドを合わせたつくり。クールに盛り上げる“Bounce To This”から、Gなシンセがうねるバンギンな“Blue Bird”と続く冒頭からシビれる。同様にヒリヒリとしたノリでせまる“Listen To My Creep”や“Feels Good To Be A Gangsta”もいい。97年の『An Eye For An Eye』は急逝したメンバーを欠きながらも、メジャーでリッチなつくりを聴かせ好セールスを得た。

Rag Top 1994

Rappin' 4-Tay

Playaz Club

Don't Fight The Feelin'

サンフランシスコの軽妙なプレイヤー、ラッピン4テイの2ndアルバム。サザン・ソウルの名曲をネタにした“Playaz Club”、そして、スピナーズの同名大ヒット曲を用いた“I'll Be Around”がシングル・ヒット。スムーズ・グルーヴの“Just Cause I Called You A Bitch”や、トゥー・ショート曲のリメイク“She's A Sell Out”といったレイディーズ・キラーな曲と、バーケイズ“Move Your Boogie Body”ネタの“Tear The Roof Off”などパーティ・チューンが楽しい快作だ。翌年の『Off Parole』、翌々年の『4 Tha Hard Way』も同路線の好盤。

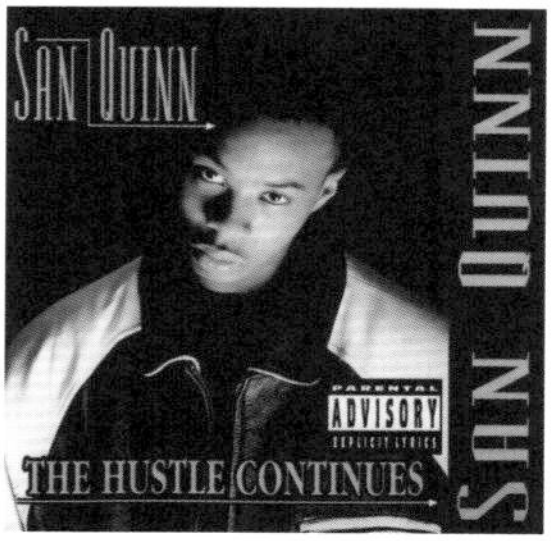

Get Low 1996

San Quinn

Shock The Party

The Hustle Continues

サンフランシスコに育ち、15歳で早くもカセットテープ作ながらアルバム・デビューを飾ったサン・クイン。ゲット・ロウでの2作目となるこれは3rdアルバムで、メジャー配給らしく多彩な曲が聴けるキャッチーな快作だ。フーディーニのエレクトロな人気曲“One Love”ネタの“Shock The Party”がシングル・ヒット。エムトゥーメイ“Hips”ネタのエレクトロ・ファンク“Hitz I'm Makin”や、独特なドラム・ブレイクにシビれる“No Glory”などもいい。キース・スウェット“Make It Last Forever”ネタのメロウ“Now Or Neva”もあって、好曲揃い。

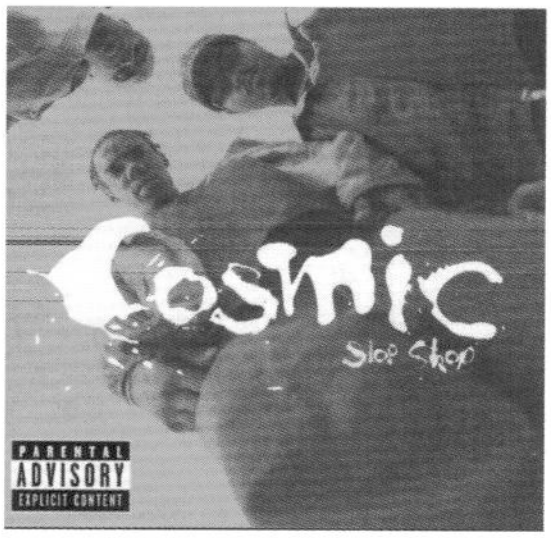

Mtume Music Group 1998

Cosmic Slop Shop

Da Family

Da Family

ハイフィー時代になってフェデレーションを組みブレイクするリック・ロックとドゥーニー・ベイビーが、それ以前にもうひとりのMCと組んでいたコズミック・スロップ・ショップ、唯一のアルバム。もともとはサウスの出身でドラマーだったリック・ロックが、ファンカデリックに由来する名を持つこのグループでやろうとしたのは、当時ブレイクしていたダンジョン・ファミリー的なファンク世界。グッディ・モブのヒット“Cell Therapy”ネタの“Collage”や、ハマるシングル・ヒット“Da Family”を始め、この時期ならではのクールなファンクが楽しい。

Black Market 1992

X-Raided
Every Single Bitch

Psycho Active

ベイエリアの北東、サクラメント育ちのX・レイデッド。クリップスの一員だった彼は16歳の時、ブラッズとの抗争で実体験した暴力について主にラップ。地元の仲間ブラザ・リンチ・ハングとまとめたこの1stアルバムは、ホラーコアの始まりの1枚となった。音楽的にはまだ一般的で、ヒットした“Every Single Bitch”を始めバンギンなファンク・ビートに乗り、クールにフロウをキメていく。本作の発売直前に殺人罪で逮捕された彼は26年間、ムショでアルバムをつくり続け、出所後の2019年、新作『California Dreamin'』を劇的に発表した。

Black Market 1995

Brotha Lynch Hung
Rest In Piss

Season Of Da Siccness: The Resurrection

盟友X・レイデッドのラップを発展させた、史上最もどぎつい描写の病的なラップで、1993年のデビューEP『24 Deep』と、この1stアルバムを全米でヒットさせたブラザ・リンチ・ハングはホラーコア・ラップのゴッドファーザーとなる。ビート・メイクも全て自ら手がけた本作は、サンプリングも多用していたEPから深化、独自のサイコ・ワールドを表現するものに。Gなシンセがあおる中、死者の視点でラップするヒット・チューン“Rest In Piss”など、スヌープからの影響も見えるクールなフロウが映えるつくりがウマい。今も現役で独自のラップ世界を展開中。

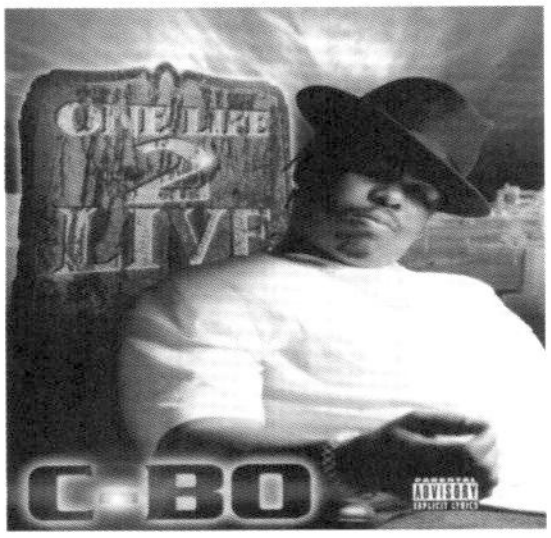

AWOL 1997

C-Bo
Club Hoppin'

One Life 2 Live

サクラメントのC-Boは、当局や警察についてのリリックスが過激すぎるという理由で逮捕された初めてのラッパーとなり、それにより話題を呼んで全米でブレイク。その前年にリリースされたこの3rdアルバムは、DJ・ダリル、マイク・モズリーによるビートがいい、初期の傑作だ。お抱え男性シンガー、ミシシッピの歌も効いた、ユルいテンポのパーティ・ソング“Club Hoppin'”や、続く“I'm Gonna Get Mine”といったベイエリア・ファンクは、主役の太いラップとよく合う。メロウな“Break Um Off”、“Livin' Like A Hustler, Part 2”などもいい。

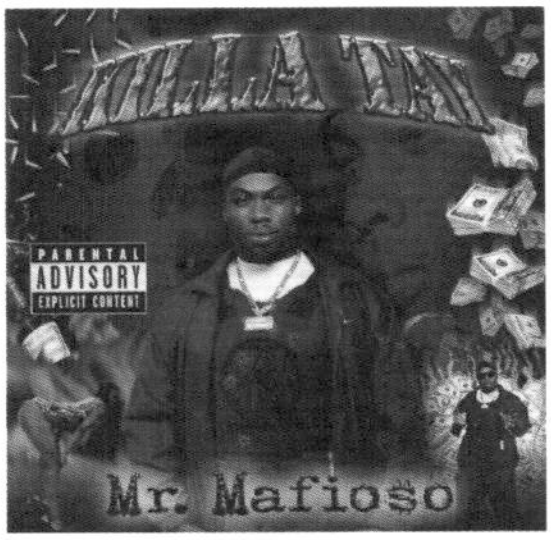

AWOL 1998

Killa Tay
Mr. Mafioso

Mr. Mafioso

内陸に位置するサクラメントでは、ベイエリアとはまた違うスタイルが生まれた。C-Boで当てたAWOLレコーズが、女性ラッパーのマーヴァレスや、ルナシック、ラルー、リル・リックらとともに送り出したキラ・テイのこれは1stアルバム。彼らお得意のユルくてブリブリなファンク・ビート上で、多くの仲間とマイクをリレー。今のトラップにも通じるハマるビートが効いたタイトル曲を始め、“I See Faces”や“Blocc Monster”など重く、中毒性の高い曲がずらり並ぶ。同じ西海岸のLAよりも、サウスに近いノリのギャングスタ・ミュージック集だ。

Part 3
1999 - 2011

ウェッサイ・ファンクの進化

Gファンクのブームが終わり、加えて「東西抗争」～2パックの死もあって、1997～98年は一時の勢いと人気に陰りが見えていた。そんな、シーンに漂う停滞感を吹き飛ばしたのは、やはりDr. ドレー、そしてスヌープだった。全てがデジタルへと向かい始めていた1999年、再集結したドレーとロングビーチ軍団は、新たな時代に向けたハイファイ・サウンドのファンクで再び全米シーンのトップに。後にベイエリアはハイフィーで盛り上がり、ファンクをネクストレヴェルに引き上げる。

Dr. Dre
The Next Episode
2001

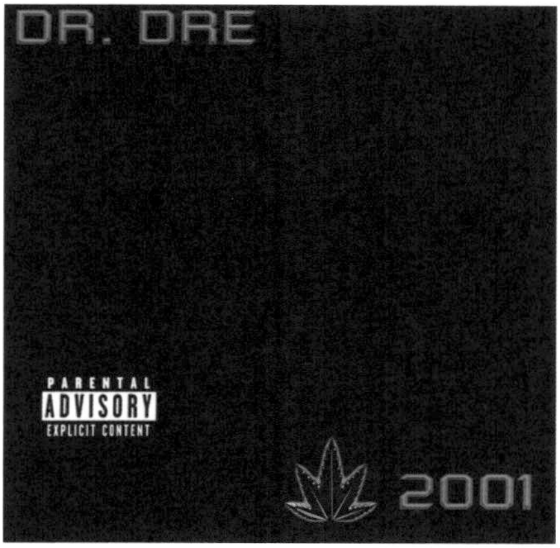

Aftermath 1999

デス・ロウ離脱後はパッとしなかったドレーだが、1999年の2月、エミネムとのタッグでシーンのトップに返り咲く。5月にはスヌープ&ネイト・ドッグと5年ぶりに組んだ"Bitch Please"がヒット。期待が高まる中、11月に出た本作はアメリカだけで800万枚近くを売り、世界一有名なギャングスタ・ラップひいてはヒップホップのアルバムのひとつになった。95年以降、特にマック10周辺で広まったごくシンプルでバンギンなビートや、Hタウンで人気のテンポなど多くの要素をまとめ上げ、メル・マンやスコット・ストーチと新たなウェッサイ・ファンク・ビートを確立。例えば"The Next Episode"のビートはタッシュ"Fallin' On"がベースにあるが、ドレーはヒップホップ界随一のサウンド・メイク術により影響元となった作品を超え、音楽で最も大切な「聴こえ」の圧倒的な良さで再びシーンのトップに立った。ゲストのラッパーを始めとした多くの才能を、「物語性の強い、映画仕立てのアルバムに」という当初の狙い通り、適材適所で配したドレーの監督力もやはりNo.1だ。

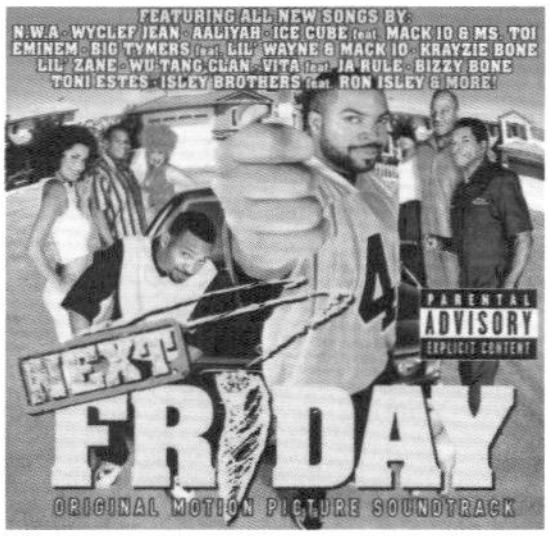

Priority 1999

NWA
Chin Check
OST: Next Friday

1999年の8月に出た、前作から8年ぶりとなったNWAのリユニオン曲。ドレーが手がけたタイト&バンギンな新型ウェッサイ・ファンク・ビートに乗り、アイス・キューブ、MC・レン、ドレー、ゲストのスヌープの順にマイクをまわす、オールド・ファンならずともシビれる一発だった。NWAの3人は、翌年のキューブ“Hello”でも共演し、続けて6～8月に全米で行われた史上最大規模のギャングスタ・ラップ・フェス『The Up In Smoke Tour』でも共演したが、噂にのぼったNWAのリユニオン・アルバムのリリースは今にいたるまで実現していない。

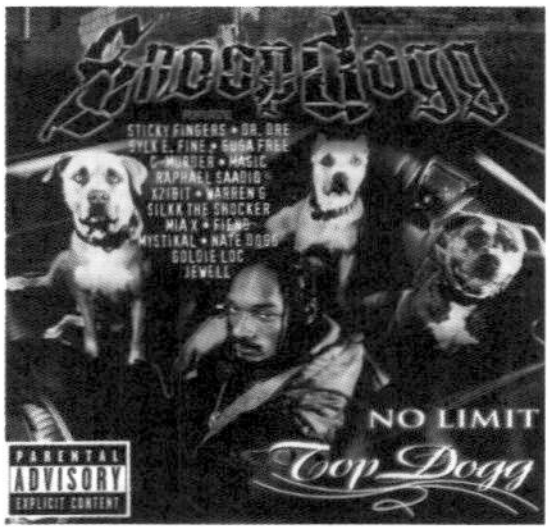

No Limit 1999

Snoop Dogg
Bitch Please
No Limit Top Dogg

ノー・リミットでの2作目となる4thアルバムでスヌープは創作の自由を得て、ドレーやDJ・クイックと組み西海岸回帰を果たす。時間をかけジワジワとヒットした“Bitch Please”は、ハマるビートがものすごい。ドレーが手がけた残り2曲“Buck 'Em”と“Just Dippin”も中毒性の高い好曲。初合体したクイックによる3曲も絶品で、ウォーレン・G&ネイト参加の“Don't Tell”はメロウな秀曲だ。NYクラシックのリメイクが、スリック・リックに捧げた“G Bedtime Stories”など3曲もあるのは、スヌープとノー・リミットがともにオールドスクール好きだから。

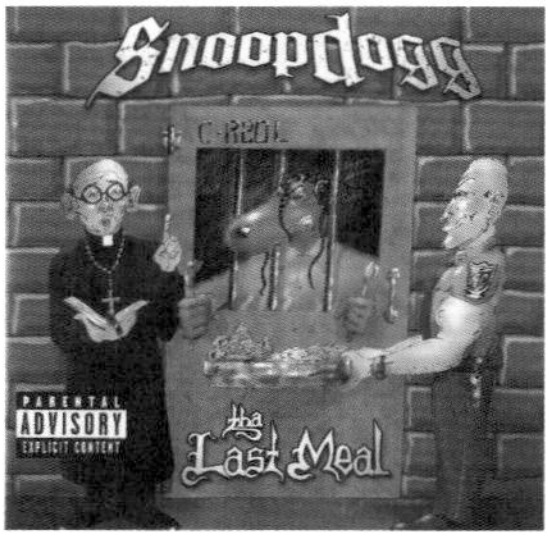

No Limit 2001

Snoop Dogg
Lay Low
Tha Last Meal

ノー・リミットでの最終作となった5thアルバム。ドレー制作曲は3つで、ネイトの歌が際立つ“Lay Low”、コケインが歌う“Hennesey n Buddah”は安定の良さ。ティンバランドがウェッサイ・ファンクに仕上げた“Set It Off”もいい。スーパフライによる“Loosen' Control”は、フワフワしたトラックが心地いい好曲。スコット・ストーチによる“Ready 2 Ryde”や、バトルキャットによるメロウな“Leave Me Alone”なども聴きものだ。と、ヴァラエティ豊かな路線を歩み始めたスヌープ、以降のソロ作では脱ギャングスタを強めていく。

Aftermath 2001

Dr. Dre & Snoop Dogg
On The Boulevard
OST: The Wash

ドレー&スヌープが当時の勢いに乗り主演、DJ・プーが監督したコメディ映画のサントラ。“On The Boulevard”はドレーではなく、ジェリー・ロールが制作、コケインが歌うこれぞウェッサイ・ファンクな好曲だ。タイトル曲でも共演するふたりだが、ドレーは同じことを続けないので、ふたりの“Bitch Please”からの快進撃はここでいったん終わる。このサントラには、ネクスト・スヌープと期待されたノクターナルの、ドレーとの共演曲“Bad Intentions”や、そのドレーが手がけたソロ曲“Str8 West Coast”など他にも好曲があり、聴き逃せない。

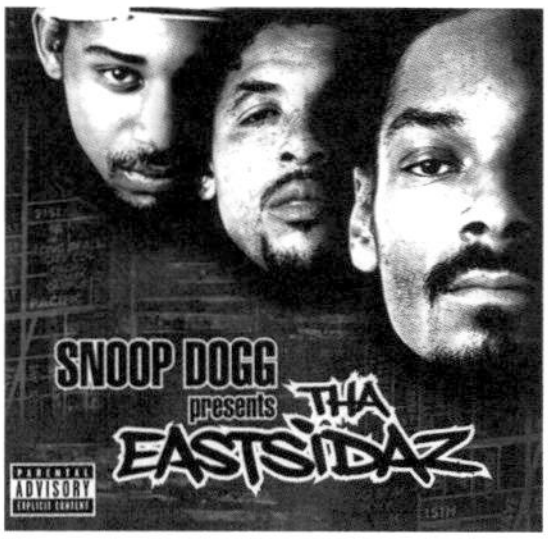

Dogghouse 2000

Tha Eastsidaz
G'd Up
Snoop Dogg Presents Tha Eastsidaz

ロングビーチの東側（を縄張りとするクリップスの支部）を意味するイースサイダズ。スヌープが地元の仲間と1997年に組んだ初代は1曲だけで終わったが、メンバーを新たにトレイ・ディー、ゴールディ・ロックに替えてこの1stアルバムをリリースした。メロウだけどノリノリになれる名曲中の名曲"G'd Up"が大ヒット。この曲でさらに名を上げたバトルキャットは、"LBC Thang"や"Be Thankful"もメロウな好曲に仕上げ、スヌープに欠かせない存在に。スーパフライによる"Take It Back To '85"は、クラプトとかけ合う楽しいパーティ・ファンクだ。

Dogghouse 2001

Tha Eastsidaz
I Luv It
Duces 'N Trayz - The Old Fashioned Way

100万枚を売り成功した前作に続く2ndアルバム。ここでもバトルキャットが絶好調で、文句なしのウェッサイ・パーティ・ファンク"I Luv It"、バンギンなCウォーク・アンセムで後半は女性Vo.とかけ合う"Crip Hop"、メロウ＆セクシーな"I Don't Know"、"Welcome 2 Tha House"など計5曲を提供。メロウ曲では、OGのダディ・Vが参加した"There Comes A Time"や、"Late Night"もいい。スヌープのソロ作同様に、スウィズ・ビーツを起用するなど多様化を図ってもいるが、そういった曲は今聴き直しておもしろいものではない。

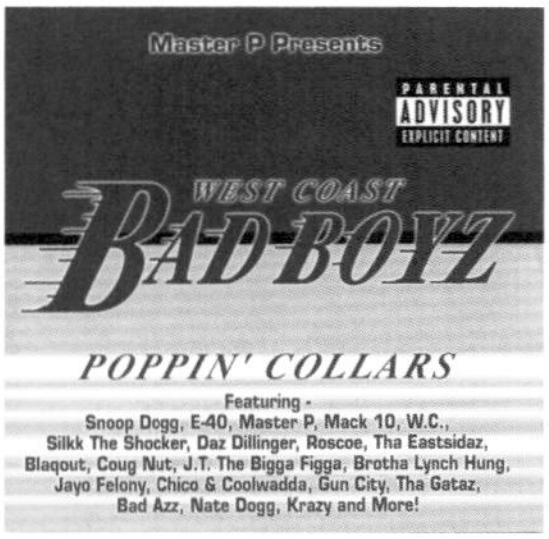

No Limit 2001

West Coast Bad Boyz
Pop Lockin II
West Coast Bad Boyz - Poppin' Collars

もともとはベイエリアで始まったノー・リミットが、西海岸のラッパー多数を招いてつくるコンピ・シリーズ『West Coast Bad Boyz』。その第3弾の冒頭を飾る大人気曲で、登場順にダズ、スヌープ、ゴールディ・ロック、WC、シルク・ザ・ショッカー、マスター・P、E-40の豪華マイク・リレーが聴ける、完璧なウェッサイ・パーティ・ファンク名曲だ。この8ヵ月前に出たシルク feat.スヌープ、ゴールディの"Pop Lockin"をグレードアップさせたもので、プロデューサーのスーパフライが自らハンドクラップ、トークボックスを足して、よりイケイケにつくり直している。

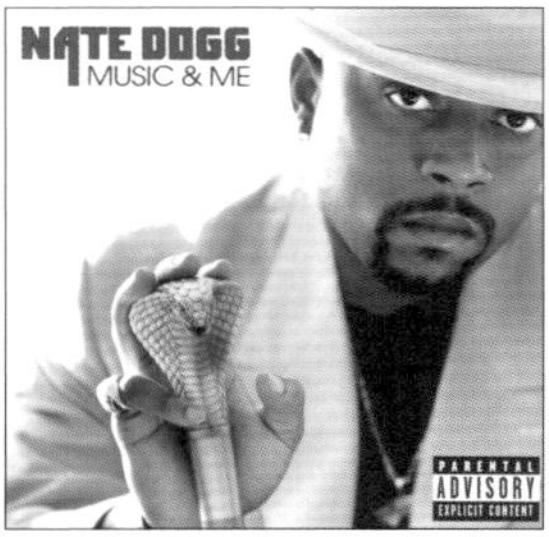

Elektra 2001

Nate Dogg
I Got Love
Music & Me

2ndアルバムは、多くのラッパーも参加しつつ、主役の歌声を存分に味わえる好盤。ヒットした"I Got Love"を始め抑揚を排したような歌は、感情を表に出さないギャングスタ・スタイル。従来のソウル／R&Bシンガーとは真逆のもので、だからこそヒップホップ時代のアイコン・シンガーになった。Dr.ドレーによる"Your Life"のようなハードボイルド調だけでなく、ジャーメイン・デュプリが手がけた"Your Woman Has Just Been Sighted"のようなファンキー曲にもよく合う歌声。彼がいなければウェッサイ人気の世界的な広まりはなかった。

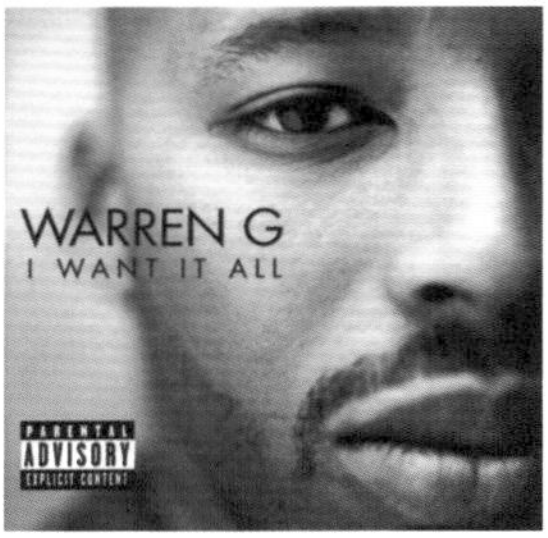

Restless 1999

Warren G

I Want It All

I Want It All

ポップ化し過ぎた前作を反省してか、3rdアルバムは初心に戻ったようなつくり。ネイトが歌う“Gangsta Love”から持ち味全開で、デバージ“I Like It”ネタのタイトル曲、これもネイト参加の“Havin' Things”、男性コーラスが効いた“You Never Know”とメロウ&スムーズな名曲連発。エル・デバージ&ヴァル・ヤングが歌う極上の“G-Spot”、213でユルくキメる“Game Don't Wait”、ゲイリー・バーツ“Music Is My Sanctuary”をオシャレに使った爽快な“If We Give You A Chance”と続けば、これがウォーレン・Gの最高傑作!?

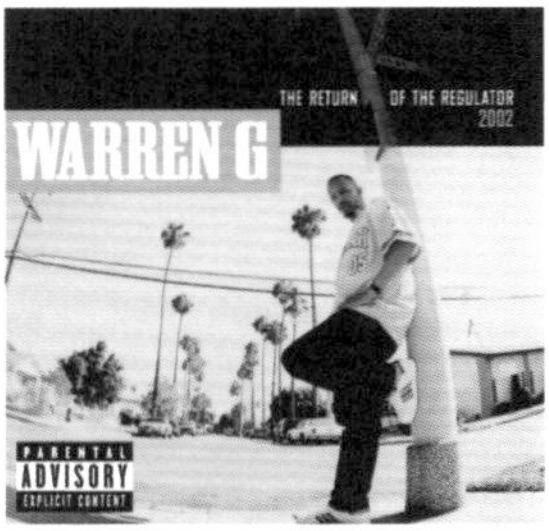

Universal 2001

Warren G

Yo' Sassy Ways

The Return Of The Regulator

初心回帰をタイトルやジャケットにも表した4thアルバムだが、当時のシーンに合わせた多彩で挑戦的なつくり。ドレーが手がけたバンギンな“Lookin' At You”や、スーパフライによる爽快グルーヴの“Somethin' To Bounce To”もいいが、213でスムーズに魅せる“Yo' Sassy Ways”が絶品。ジョージ・クリントンとのユルい“Speed Dreamin”や、エル・デバージ“You Know What I Like”を本人とリメイクした“Keepin' It Strong”もオトナの余裕が感じられる好曲だ。スティーヴィ・ワンダー曲ネタの“Ghetto Village”はやり過ぎか。

Hawino 2005

Warren G

I Need A Light

In The Mid-Nite Hour

「マーヴィン・ゲイに捧ぐ」と記された、クール&スムーズな持ち味を全開にし、オトナのギャングスタ・ミュージックを統一感もたっぷりに聴かせてくれる5thアルバム。ネイトの歌が主役と言える“I Need A Light”は、音楽家としての成長を見せつけた静かな名曲。タイトル曲と“PYT”もネイトが歌う同路線の好曲だ。B・リアルとの“Get U Down”は、ウォー“Don't Let No One Get You Down”ネタの人気曲で、アイス・キューブ&スヌープが加わったPart.2はさらに強力。爽快グルーヴの“Turn It Up Loud”などもいい、これは埋もれた名盤だ。

TVT 2004

213

Gotta Find A Way

The Hard Way

スヌープ、ネイト・ドッグ、ウォーレン・Gがロングビーチの市外局番をユニット名にして、1990年頃に組んでいた213。リユニオンして出した唯一のアルバムは、彼ら流儀のとことんクールなギャングスタ・ミュージックで魅せる、聴くほどに味わい深い傑作。ファンキーな“Keep It Gangsta”や“Groupie Luv”、定番メロウねた“Intimate Friends”使いの“Another Summer”、絶品の爽快メロウ・グルーヴ“Gotta Find A Way”、エムトゥーメイ“Juicy Fruit”ネタの“Joysticc”、そしてモニカ“So Gone”をジャックした“So Fly”と好曲だらけ。

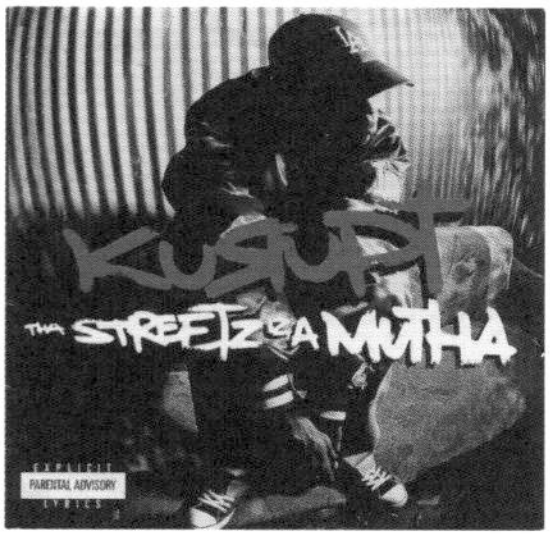

Antra 1999

Kurupt

Who Ride Wit Us

Tha Streetz Iz A Mutha

ドレー『2001』と同日に出たクラプトの2ndソロ・アルバム（ドレー作の“Ho's a Housewife”は両アルバムに収録）。“Welcome Home”などノー・コーストなヒットもあるが、“Who Ride Wit Us”と“Represent Dat G.C.”がベスト。ダズと煽りまくる前者、スヌープらも加わってDPGCをレペゼンする後者。どちらもフレッドレックが手がけたバンギンなウェッサイ・ファンクの超名曲で、日本のクラブでも大人気だった。ビーフ状態にあったジャ・ルール＆DMXへのディス・ソング“Calling Out Names”もフレッドレックによる好ファンクだ。

Avator 2000

Kurupt

Behind The Walls

OST: Oz

刑務所が舞台で、ハードな描写が話題だったTVドラマのサントラ収録曲。Hタウンの職人マイク・ディーンが、ハンドクラップ音が特徴的だったこの頃のウェッサイ・ファンク・ビートをウマく作成。その上でクラプトがさすがのフロウで魅せ、フックはネイト・ドッグがキメるアルバム中のベスト・ソングで、やはり日本のDJにも人気だった。このサントラでは、スヌープがコケインと盛り上がる、ミーチ・ウェルズが手がけたファンク“Land Of Oz”や、Hタウンのデヴィンが得意のブルージー・トラックでユラユラと魅せる“Can't Wait”もいい。

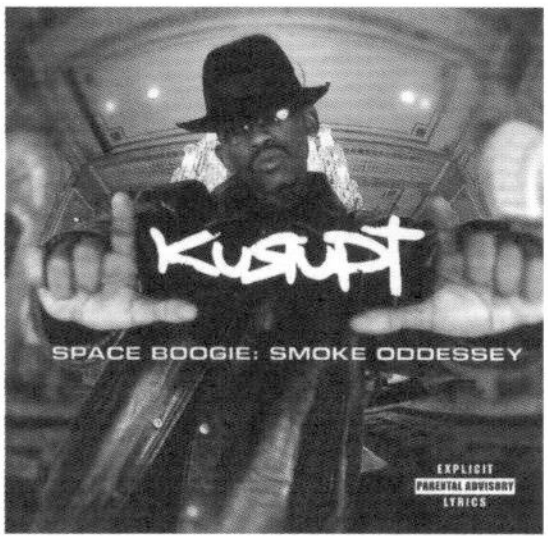

Antra 2001

Kurupt

Can't Go Wrong

Space Boogie: Smoke Oddessey

勢いに乗ったクラプトの3rdソロ・アルバム。フォクシー・ブラウンに次ぐ奥さん、ナティーナとかけ合うポップな“It's Over”がヒット。ウェッサイ・ファンが嬉しかったのはDJ・クイックとの初合体で、その“Can't Go Wrong”はメロウ＆スムーズなファンキー好曲だ。メロウではジョン・Bが歌う“Sunshine”も爽快な名曲。DPGのアルバムにも収録されたダズ作のブギー“On Da Grind”もいい。クラプトはこの後、一度はボスになりたかったか、スター不在となったデス・ロウにひとりで出戻り。良作とは縁遠くなってしまう。

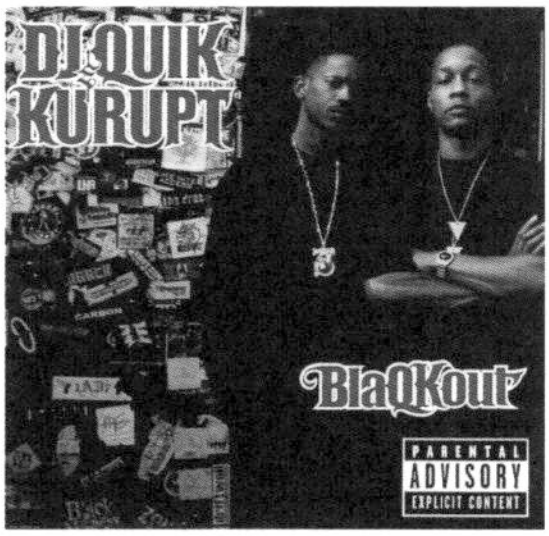

Mad Science 2009

DJ Quik & Kurupt

Cream N Ya Panties

BlaQKout

ハイトーン・ヴォイスの軽妙なフロウが共通するふたり。相性が良いと本作制作を提案したクイック、そしてクラプト両者にとって久々の快作となったタッグ・アルバムだ。ウェッサイ人気はすでに落ち着き大きな話題にならなかったが、別次元に突入していたクイックによる聴きどころ満載なビート上で、ふたりが余裕のラップをキメる極上の1枚。冒頭のドラマティックなタイトル曲から、スムーズなファンク“Cream N Ya Panties”、軽いディスコ調の“Fuck Y'all”、甘い“The Appeal”などクイック印の名曲から、挑戦的な曲まで、聴かないのは損。

Daz Dillinger

Keep It Gangsta

This Is The Life I Lead

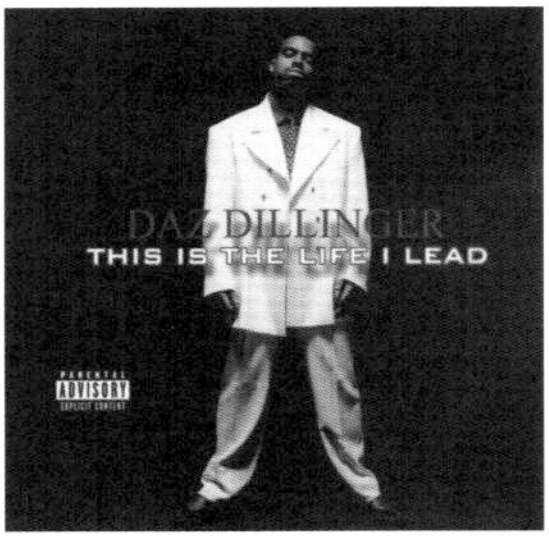

DPG 2002

誰よりも多作なダズ。ほぼ全てがインディ作でチャート上の記録も少ないので、特に人気、話題になった曲を含むアルバムを紹介したい。女性Vo.を入れたわかりやすいウェッサイ・パーティ・ファンク“Keep It Gangsta”が、リミックスVer.も合わせて日本のDJにもウケたこれは3rdソロ・アルバム。クラプト＆ロスコーと盛り上がる、ボビー・ブラウンのニュー・ジャック・スウィング曲をリメイクした“Gangsta Prerogative”もヤクザなダズならではの曲。トゥー・ショートを呼んでのユルい“Bitch Bitch Bitch Make Me Rich”もダズらしい一発だ。

Daz

Dogg Catcha

DPGC: U Know What I'm Throwin' Up

Gangsta Advisory 2003

大量のスキット含め31トラック入りの4thソロ・アルバム。ほとんどの曲をフレッドレック、スーパフライが手がけ、スヌープ始めゲストも大量という、ダズには少なくない他人任せなつくりだが、それがウマくいった。お得意のジョージ・クリントン“Atomic Dog”ネタのパーティ・ファンク“Dogg Catcha”を始め、ブリブリなベースの“U Ain't Shit”、Pファンクな“Can't Stop That Gangsta Shit”、NWA“Straight Outta Compton”をリメイクしたような“Introduction 2 Mayhem”など、バンギンなファンクがてんこ盛りの快作だ。

Dat Nigga Daz

I Got Love In These Streets

I Got Love In These Streetz: The Album

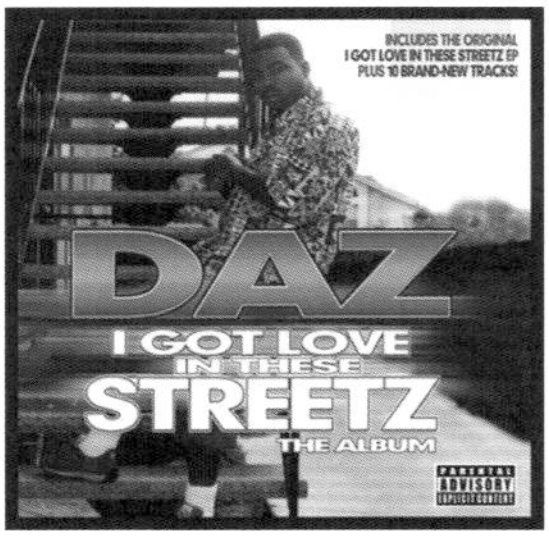

Gangsta Advisory 2004

ジャケットがいよいよテキトーなつくりの5thアルバム。が、LT・ハットンが手がけたタイトル曲が、メロディアスなウォーキング・テンポの心地いい名曲で外せない。男性シンガーが主役となる“I Can't Spend Tha Night”はメロウなスロウの好曲。トークボックス入りの“Gangsta Summer”はGファンク時代に戻ったかのようなサウンドでファンにはたまらない。サウスのバウンス・ビートにも果敢に挑戦したダズなので、ファンクはそうしたサウス仕様の曲が多いが、テクノ的なサウンドが効いた“Callin' My Name”などは楽しめる。

Daz Dillinger

Do You Think About

Tha Dogg Pound Gangsta LP

Gangsta Advisory 2005

ミュージシャンのアイヴァン・ジョンソンをパートナーに迎え、質がいきなり上がった6thアルバム。サウス・セントラル・カーテル“Gangsta Luv”～2パック“Keep Ya Head Up”のリメイク“Do You Think About”、マイケル“Human Nature”とダイアナ・ロス“Mahogany”を合わせた“Do You Know”、ネイトとの爽快な“Come Close”、フレディ・ジャクソン“Rock Me Tonight”ネタの“Rocc Wit Daz”と、メロウな名曲揃い。憧れのジョージ・クリントンとPファンクする“Nothin' Can't Stop Us Now”も良くて、ダズのソロではベスト作か。

DPG 2001

DPG

Dipp Wit Me

Dillinger & Young Gotti

ダズとクラプト、ドッグ・パウンドとしての6年ぶりとなった2ndアルバム。冒頭“Dipp Wit Me”は叩きつけるようなドラムスがダズらしいファンクでファンは涙。続く“We Livin Gangsta Like”も、女声コーラスもメロディアスなノレるファンクの人気曲。Gなファンクの“We About To Get Fucc Up”や“I'ma Gangsta”に“DPG”、テンポ速めのパーティ・ディスコ“Party At My House”、ジャジーでシャレた“Treat Her Like A Lady”などもいい。職人マイク・ディーンとダズによるドラムスが強い、DPGらしいつくりは文句なし。

Death Row 2001

Tha Dogg Pound

Gangsta Rap

2002

リユニオン作に合わせ、シュグ・ナイトが嫌がらせのように出したデス・ロウ時代の未発表曲集。コールド187umが新たにつくり直した曲もあるが、1995～99年の音源で聴きごたえがある。フレッドレック作のスーパー・バンギンなビート上で、ふたりがさすがのフロウでキメまくる人気曲“Gangsta Rap”を始め、やはり重いドラムスが快感の“Just Doggin”や“Feels Good”、客演しているジェイ・Zの曲として先に発表された“Change The Game”など好曲揃い。“Living Tha Gangsta Life”のシンプルな原型Ver.も聴きものだ。

Koch 2006

Tha Dogg Pound

Cali Iz Active

Cali Iz Active

約半数の曲にスヌープも登場、ネイトやRBXも参加と、もともとの、ゆるい集合体だったドッグ・パウンドに近い姿でリリースされた準メジャー発の力作。ユルく、でも盛り上がるバトルキャット作の完璧なウェッサイ・ファンクであるタイトル曲は満点。アイス・キューブ参加のファンク“It's All Hood”、メロウな“Face 2 Face”もバトルキャットによる好曲だ。70年代サントラ調の“Heavyweights”や、懐かしのレイディ・オブ・レイジとかけ合う“Keep It Gangsta”、メロウ・ファンキーな“Thrown Up Da C”など、聴きどころの多い全16曲。

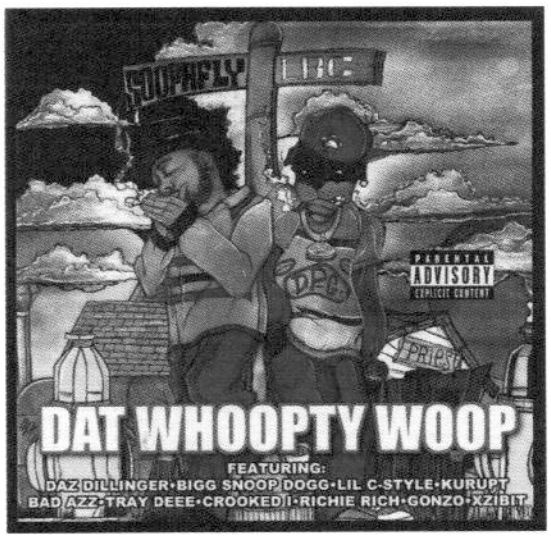

DPG 2001

Soopafly

Like It Or Not

Dat Whoopty Woop

ロングビーチのラップするビート・メイカー、スーパフライの1stアルバム。ダズを始めDPGCメンバーをゲストに呼びつつ、クラプト譲りのラップを全編で披露。全てダズとの共作で、ハード、メロウ両方のウェッサイ・ファンクが揃う。“Y'all Niggaz Betta Reconize”、“This Type Of Flow”と続くバンギンな冒頭2曲や、イグジビットも参加のハマるビートがいい“Bacc 2 L.A.”などは出色の仕上がり。デス・ロウ時代につくったファンキー＆スムーズな名曲“Like It Or Not”がベストか。2007年の2nd『Bangin West Coast』もいい。

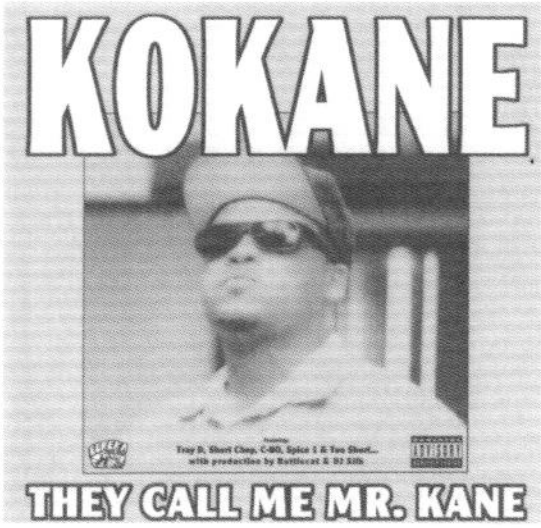

Eureka 1999

Kokane

Breakout

They Call Me Mr. Kane

2000年代はネイト・ドッグと並ぶフック・シンガーとなり、特にスヌープ作品に欠かせない存在となるコケイン。いとこのコールド187umと別れ、創作の自由を得た3rdアルバムは、バトルキャットとDJ・シルクが半数づつ制作。ユルいファンク・ワールドにズブズブとハメられる1枚だ。トレイ・ディーと軽妙にかけ合う"Breakout"や、バトルキャットのビートが絶品な"Sprinkle With Game"、トゥー・ショートと名人芸を披露し合う"Rhyme Slow"などがいい。独自のファンク世界を持つコケインは今もマイペースにアルバム・リリース中。

Loud 2000

Xzibit

X

Restless

ドレー、スヌープの大復活を手助けし、時の人となったイグジビット。3rdアルバムは100万枚売った彼の最大ヒット作だ。『2001』サウンドそのままの"X"や、バンギンな"Front 2 Back"がヒット。バトルキャット作でネイトが歌う"Been A Long Time"や、DJ・クイックによる"Sorry I'm Away So Much"などメロウ曲もいい。"Get Your Walk On"は、スーパー・バンギンなフレッドレックのビート上でWC＆ダズと盛り上がるリミックスVer.が最高なのでぜひそちらを。ギャングスター一辺倒ではないイグジビットはこの後、お茶の間の人気者に。

Dance Plant 2002

King T

Squeeze Yo Ballz

Thy Kingdom Come

コンプトンのOG、キング・Tがアフターマスで制作、1998年に完成させながらオクラ入りした5thアルバム（の後にカナダで発売された正規CD）。『2001』前のドレーが手がけた7曲はバンギンでさすがのサウンドだが華がない。それ以外の曲が良くて、バトルキャットによるクラッピン・ファンク"Squeeze Yo Ballz"や、アント・バンクスによる"Big Boyz"、DJ・クイックならではのメロウ・グルーヴでフロストやエル・デバージと盛り上がる"Let's Make A V"、MC・レンとのパーティ・ファンク"2 G's From Compton"などは名曲。

The Perfection 2002

Foesum

Ain't A Damn Thing Changed

The Foefathers

ロングビーチのパイオニアながら商業的成功とは縁遠かったフォーサムだが、前作同様メンバーのDJ・グレイズが多くを手がけたこの2ndアルバムも、ロングビーチ流儀の爽快なオリジナルGファンクが聴ける好盤だ。メロウで心地いい"Hello"や"Late Night"、オールドスクールなディスコ・ファンク"Doin' It On The Coast"、トゥインズのワイニアックが出戻り客演するバンギンな"Playin' Foe Keeps"と好曲が続き、ボー・ロックが歌うメロウ・ブギー"Ain't A Damn Thing Changed"でとどめ。ロングビーチ好きは外せない。

Priority 2000

Roscoe

I Love Cali

Nuthin' But A Gangsta Party

クラプトの実弟ロスコーは1998年15歳の時、兄の曲“Can't Let That Slide”に客演しレコード・デビュー。1stシングルとなった“I Love Cali”は、後にチカーノ・ラップ界で売れっ子となるフィンガズが手がけ、彼にとっても初のヒットとなった。ハネるビート上での主役の軽快なラップ、トークボックスによるフックもハマった、心地よさ満点のパーティ・アンセムだ。この曲を収録したコンピ『Nuthin' But A Gangsta Party』は、90年代後半の西海岸発ヒット曲を集めたもの。もうひとつの新曲、クラプト“Everybody Knows”もいい。

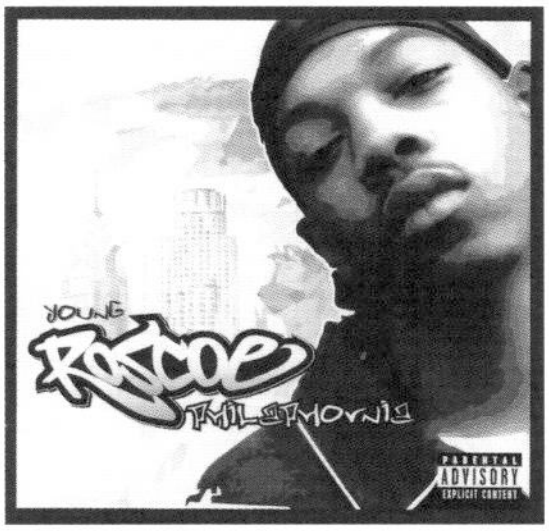

Priority 2003

Roscoe

Smooth Sailin'

Young Roscoe Philaphornia

やはりフィンガズが手がけたメロウ&ファンキーなスムーズ・ビート上でバッド・アズらとかけ合う、2001年の人気曲“Ain't Nothin' To It But To Do It”を経てのロスコーの1stアルバム。EW&Fの人気曲“Brazilian Rhyme”ネタの、まさにスムーズ&メロウなウェッサイ・パーティ・アンセム“Smooth Sailin'”がシングル・ヒット。それ以外は硬派なつくりで、DJ・クイックが手がけたクラップ・ファンク“Get Flipped”や、“Trouble”、兄の曲をリメイクした“I Call Shots, Part 2”など、バンギンなファンクがメインだ。

Streetlight 2006

Roscoe

Summertime Again

I Luv Cali

2ndアルバムは一転、全曲フィンガズが手がけた、100%ウェッサイ・ファンに向けたつくり。トークボックスも効いたメロウなサマー・アンセム“Summertime Again”がヒット。やはりトークボックス入りの“Fuck Buddy”や、“She's On My Mind”も甘いメロウな好曲だ。バンギンなファンクは“Get My Grind On”や“Look How We Do It”などがいい。ラテン味を効かせた“Thats Wassup”や、バウンスをアレンジした“Get High Like An Eagle”、70年代のラテン・ソウル調なメロウ曲“Rain Or Shine”など、ユニークなスタイルの曲も楽しめる。

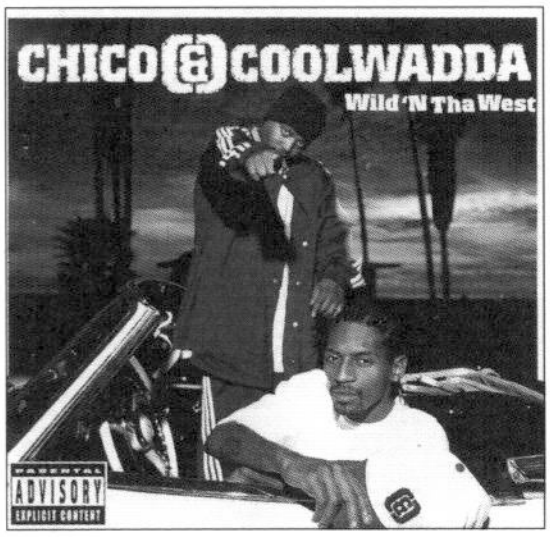

MCA 2001

Chico & Coolwadda

High Come Down

Wild 'N Tha West

80年代から活躍するヴェテランで、Dr.ドレーの右腕時代も長かったクリス“ザ・グローヴ”テイラーがフックアップした2MCズ、チコ&クールワッダの1stアルバム。イヴリン“シャンペン”キングの人気曲“Love Come Down”ネタで、ネイト・ドッグが歌うディスコ・ブギー“High Come Down”がヒット。ミニー・リパートン“Inside My Love”ネタのメロウな“Godzilla Like”も話題を呼んだ。タイトル曲や“Central Bookin'”、“Beach Cruiser”では、クリスがドレーと生み出した『2001』に繋がるタイト&バンギンなファンクが聴ける。

Doggystyle 2001

Bad Azz

How We Get Down

Personal Business

前作に続きスヌープのバックアップの下、DPGCメンバー総出の2ndアルバム。ブラザーズ・ジョンソン“Ain't We Funkin' Now”をバトルキャットが絶妙に調理したパーティ・ファンク“How We Get Down”が日本のクラブでもヒット。スヌープ&クラプトとの“Money 2 Fold”もバトルキャットによるユルくてバンギンなビートが絶品だ。スヌープの『Tha Last Meal』にも収録された“Wrong Idea”はUSのチャートでランクイン。バンギンな本作を締め括る“It's On All Day”は男性Vo.をフィーチャーしたメロウなスロウの好曲だ。

Out Of Bounds 2003

Bad Azz

California Sunshine

Money Run

3rdアルバムは、サクラメント出身で2000年代前半に台頭してきたビート・メイカー、ビッグ・ホリスのレーベルから。ハードボイルドなビートながら、スザンヌ・ヴェガの人気曲“Tom's Diner”を女性Vo.と歌うフックがキャッチーな“California Sunshine”など、全曲を手がけたビッグ・ホリスのビートは手堅いウェッサイ・ファンクでどれも聴きごたえあり。バンギンな“Money Run”などでの主役のフロウはやはりかっこいいし、メロウな“It's A Party”などもいい。残念ながら2019年に、DVにより収監中に急逝してしまった。合掌。

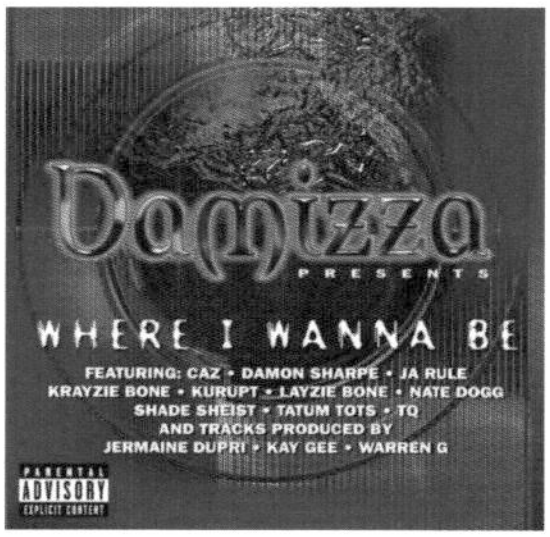

London 2000

Shade Sheist

Where I Wanna Be

Damizza Presents Where I Wanna Be

イングルウッド出身のシェイド・シェイストは、ダンナ声ながらベイビーフェイスなルックスの良さも買われ、LAのラジオ業界の大物ダミザにフックアップされる。デビュー・シングルの“Where I Wanna Be”はノーティ・バイ・ネイチャーのケイ・ジーによる、TOTOの“Waiting For Your Love”を使った極上のスムーズ・ブギーで、しかも客演したネイト・ドッグが主役と言えるつくりで大ヒット。LAのラジオでかかりまくった。この曲を収録したコンピには、シェイドとTQがウォーレン・G作のユルいビートに乗る好曲“Bounce”もあり。

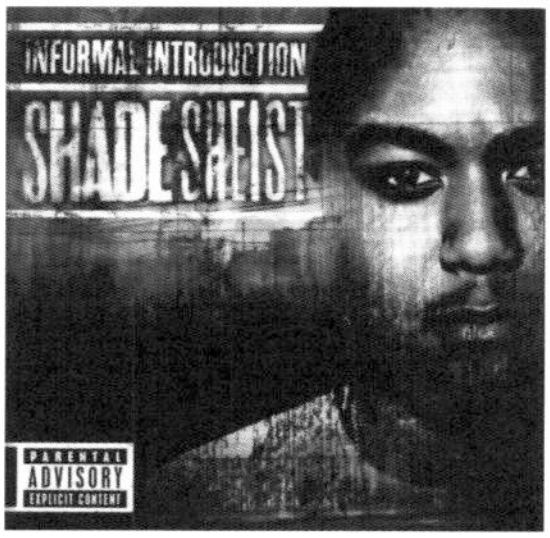

MCA 2002

Shade Sheist

Wake Up

Informal Introduction

20歳で出した1stアルバム。またもケイ・ジーによる、エムトゥーメイ“You Are My Sunshine”を用いたとろけるメロウ・グルーヴ上で、ネイト・ドッグが主役級に歌いウォーレン・Gもラップする“Wake Up”が大ヒット。2002年の夏にLAに行った際は、この曲がず〜っとラジオでかかっていて、LAの夏にとてもハマっていた。他にも女性Vo.をフィーチャーした“Thug Luv”など、メロウな曲がやはり良く、これもネイトが登場する“Walk A Mile”や、“BMF”などもいい。DJ・クイックによるユニークなファンク“John Doe”も聴きものだ。

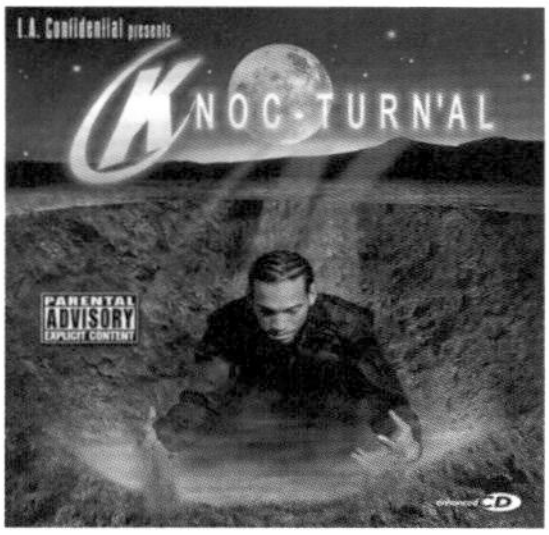

Elektra 2002

Knoc-Turn'al

Str8 Westcoast (Remix)

L.A. Confidential Presents Knoc-Turn'al

ロングビーチの新星としてドレー『2001』への客演で世に出たノクターナル。しかし、ドレー監修のアルバム『Knoc's Landin'』はオクラ入り。6曲を抜粋したこのEPが代わりに出たが、まず“Str8 Westcoast (Remix)”が素晴らしい。ドレー作のバンギンなビート上で、イグジビット、ウォーレン・Gらとマイクをまわし、ネイトが歌う名曲だ。フレッドレックが手がけた“Let's All Roll”も、ジェイヨ・フェロニーらと競演するウェッサイ・ファンク秀曲。そして、メロウ&レイドバックな“LA Nite-N-Day”がこれまた名曲。埋もれた名作だ。

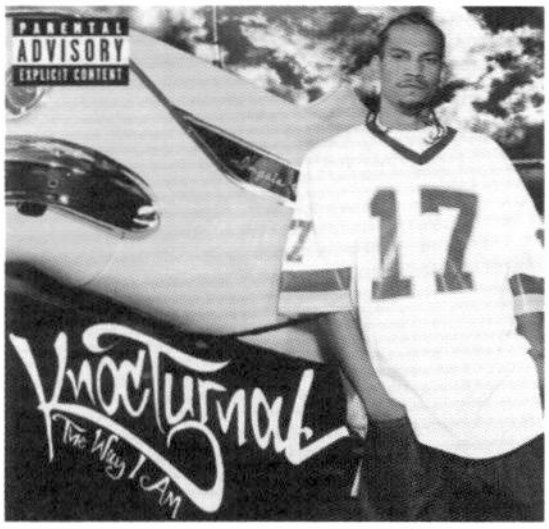

Elektra 2004

Knoc-Turn'al

The Way I Am

The Way I Am

オクラ入り素材を捨て、全てつくり直し出した1stアルバム。『2001』ビートのキーマンのひとり、スコット・ストーチが手がけ、スヌープが客演したバンギン&スリリングなタイトル曲がヒット。イケイケな“Love LA”や、ネイトが歌う“Him Or Me”もウェッサイ・ファンク好曲だ。NWA始め多くのギャングスタ・ラップ名曲のリリックを繋いだ、西海岸ラップ・ファンにはたまらない名曲“Peepin' Tom”も素晴らしい。DJ・クイックによるグルーヴィ&セクシーな“Love Slave”や、イグジビット&ネイトら参加の“What We Do”も味わい深い。

G Unit & Aftermath 2005

The Game

Westside Story

The Documentary

コンプトン出身のブラッズ・メンバー、ザ・ゲーム。JT・ザ・ビガ・フィガに見出され、インディ作品のリリースを重ねた後、ドレーのアフターマス、50セントのG・ユニットとW契約。次世代ギャングスタ・ラップのエースと鳴り物入りで出たメジャー1stアルバムだ。大ヒットしたのは、ドレーによる“How We Do”と、メロディアスな“Hate It Or Love It”。が、ウェッサイ・ファンには、ドレーがハードボイルドに仕上げた“Westside Story”がたまらない。ネイトとシブくキメる“Where I'm From”もいい。とにかく、話題性抜群だった名盤だ。

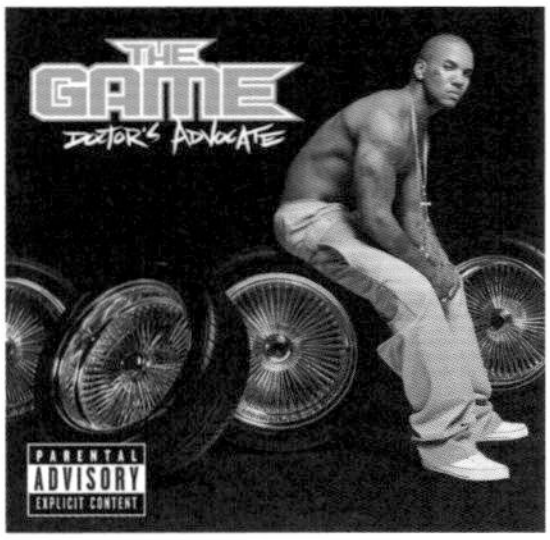

Geffen 2006

The Game

Let's Ride

Doctor's Advocate

G・ユニットとはケンカ別れ、ドレーからも離れ我が道を歩き始めたメジャー2ndアルバム。スコット・ストーチが『2001』直系のビートを用意した“Let's Ride”がヒット。元はルースレスにいたウィル・アイ・アムがスーパー・バンギンに仕上げた“Compton”や、ドッグ・パウンドとの“Bang”など、ウェッサイ・ファン向けのファンクもしっかりある。パブリック・エネミー“Black Steel...”ネタの“Remedy”もかつてのアイス・キューブ路線の好曲。ただ次作からは、すでに多様化していたシーンを反映しさらにノーコーストなつくりが加速していく。

Priority 1999

Ice Cube

You Can Do It

OST: Next Friday

ソロでの活動は停滞していたアイス・キューブが、新たなヒット路線を見出したのは1998年。監督・主演した映画『The Players Club』のサントラ収録曲で、バウンス時代のパーティ・ファンク“We Be Clubbin”がウケると、同年に出した『War & Peace Vol.1』収録の、同路線のパーティ・バウンス“Pushin' Weight”を見事全米ヒットさせた。そうして翌年には映画『Next Friday』用につくった、キューブ流パーティ・バウンスの完成形“You Can Do It”も大ウケ。この曲は今のところ、キューブ最後の全米ヒット曲となっている。

Lench Mob 2000

Ice Cube

Hello

War & Peace Vol.2 (The Peace Disc)

曲調はバラバラで、各曲の質もイマイチだった『Vol.1』から一転、6thアルバムとなった『Vol.2』は冒頭の、ドレー＆MC・レン参加のNWAリユニオン曲“Hello”から聴きごたえある力作。バトルキャット作のハードボイルドな“24 Mo' Hours”、グレン・ジョーンズ“Show Me”ネタのメロウ・グルーヴ上でクレイジー・ボーンとかけ合う“Until We Rich”、マリオ・ワイナンズが手がけたファンキー＆軽快な“Gotta Be Insanity”、1990年の“Jackin' For Beats”の続編的なEPMDネタ曲“Waitin' Ta Hate”など、好曲揃い。

Priority 1999

Westside Connection

Let It Reign

OST: Thicker Than Water

マック10が、ファット・ジョーとともに主演した映画『Thicker Than Water』のサントラ冒頭を飾る“Let It Reign”。クレイジー・トゥーンズによるスーパー・バンギンなウェッサイ・ファンク・ビートも、歌うフロウも織り交ぜたWCのラップが特に最高な3人の押しの強いラップも優勝な、ウェストサイド・コネクションの代表的な人気曲のひとつだ。キューブの代名詞的映画の第3弾『Friday After Next』のサントラ中の“It's The Holidaze”も、パーティ・バウンスとウェッサイ・ファンクをかけ合わせた名曲で大人気だった。

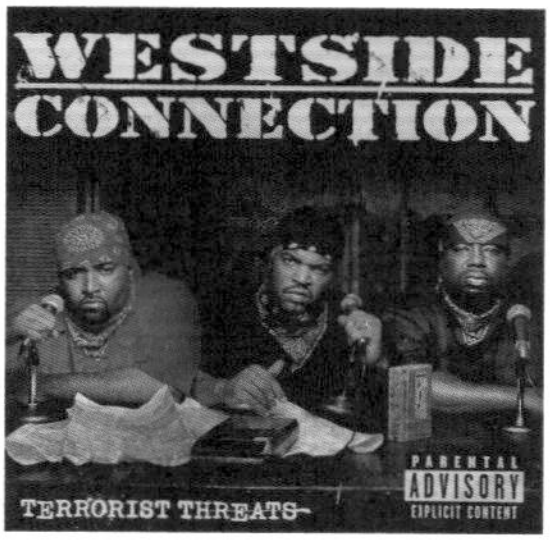

Hoo-Bangin' 2003

Westside Connection

Gangsta Nation

Terrorist Threats

2ndアルバムにして最終作。フレッドレックが手がけたあおるシンセのバンギン・ビート、ネイトが歌うフックが耳に残る“Gangsta Nation”がシングル・ヒット。後ノリのファンク・ビートが心地いい、ノクターナル参加の“Lights Out”も人気のシングル曲だ。グリグリと進む重～い“Potential Victims”や“Get Ignit”、“Bangin At The Party”にタイトル曲なども、この3人ならではのマイク・リレーを堪能できる好曲。ジャ・ルールを始め当時多かった、ラヴソングで売るラッパーをディスした“So Many Rappers In Love”も話題に。

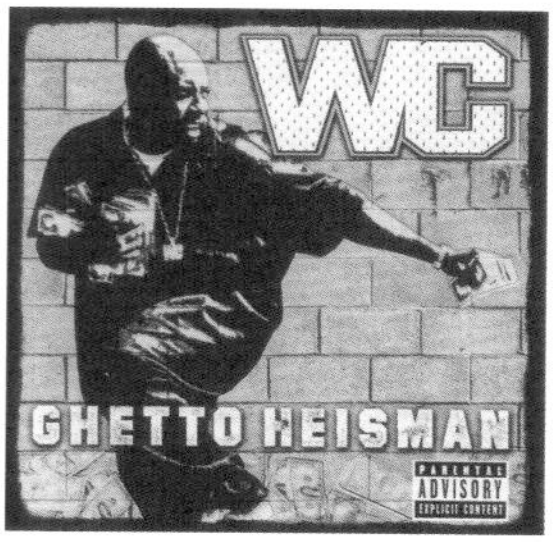

Def Jam 2002

WC

The Streets

Ghetto Heisman

WCの通算5作目。スコット・ストーチによる『2001』直系ビート上でネイトも歌う“The Streets”がシングル・ヒット。バトルキャット作のバンギン・ビートでキューブ&マック10を招いたCウォーク・アンセム“Walk”もDJに人気だ。やはりキューブと、MC・レンも加わる“Wanna Ride”、コケインとの“Bellin'”、リック・ロック作でケイスが歌う“Flirt”といったファンキーでバンギンなファンクは他も全ていい。スカーフェイスとのほっこりした“So Hard”や、バトルキャット作のメロウ“Tears Of A Killa”も好曲。

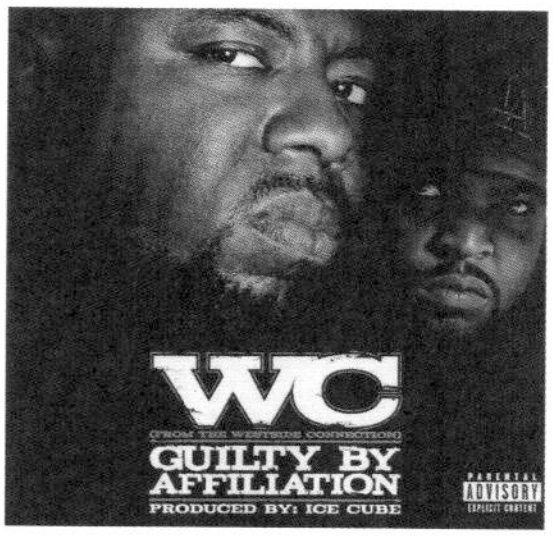

Lench Mob 2007

WC

This Is Los Angeles

Guilty By Affiliation

アイス・キューブが再建したレンチ・モブ・レコーズ発で、そのキューブが多くの曲に客演する通算6作目。冒頭の“This Is Los Angeles”からファンが望む通りのウェッサイ・ギャングスタ・ミュージックで文句なし。続くザ・ゲーム客演の“West Coast Voodoo”も手がけた新鋭、ホールウェイ・プロダクションズのふたりが半数近くを担い、バンギンなファンクに加え、“If You See A Bad Bitch”ではハイフィ調のパーティ・ビートも用意し新風を吹き込んでいる。方向性にブレがなく、常に100%ウェッサイなWCのソロ作にハズレなし。

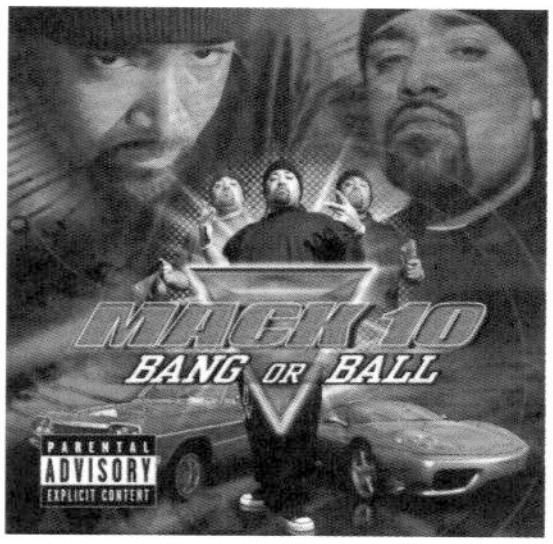

Cash Money 2001

Mack 10

Connected For Life

Bang Or Ball

前年の『The Paper Route』は、当時の奥さんT・ボズ（TLC）も歌う“Tight To Def”を始め狙いの定まらないつくりでイマイチ。続く5thアルバムも、なんとキャッシュ・マネー発でマニー・フレッシュが多くを手がけたサウス志向な1枚。が、そのマニーによるウェッサイ向きのファンク・ビートもいい、キューブ& WC参加の“Connected For Life”は極上のヒット曲で、LAでも大ウケ。この1曲だけでも本作には価値がある。ドレーによる“Hate In Yo Eyes”、バンギンな“Do The Damn Thing”や“Work”などもウェッサイ好きに人気だ。

Hoo Bangin' 2002

Da Hood

Hittin Switches

Mack 10 Presents Da Hood

マック10が、コムラッズのK・マック、LBC・クルーのテクニークら舎弟5人と組んだダ・フッドとしての唯一のアルバム。リル・ジョン参加のクランク“Everyday”とティンバランド作の2曲以外は、バランスを図るようにシリアスなウェッサイ・ギャングスタ・ミュージックを聴かせるつくりでファンは喜んだ。ユルく心地いいクルージング・チューン“Hittin Switches”がシングル・ヒット。バンギン&グルーヴィでノリノリなウェッサイ・ファンクの名曲“L.A. Fo' Ya”や、70年代サントラ調のファンキー&スリリングな“Pay Back”が特にいい。

Mack 10

Get Yo Ride On

Ghetto Gutter & Gangsta

Hoo Bangin' 2003

マック10は半数ほどにしか登場しないコンピ仕様のアルバム。フー・バンギン・ギャングスタズ名義の"Get Yo Ride On"、ダ・フッドの"Please Believe It"はともに、ドレー『2001』調のバンギンなビートのポッセ・カット好曲。5曲あるコンプトンのヤング・ホッグズは、絶品のメロウ・グルーヴで魅せる"Aint Got A Penny To Give"、ザップなファンク"Live Wire"を始めどれも良く主役級の活躍。イングルウッドのレザボア・ドッグズの"S.O.O. W.O.O Remix"も、トークボックス入りのバンギン・ファンクでいい。隠れた好盤。

Road Dawgs

Bouncin

Don't Be Saprize

Noo Trybe 1999

イングルウッドの2MCズ、ロード・ドウグズは、1993年から縁あってノーティ・バイ・ネイチャーの数曲に参加。後にマック10の下でこの唯一のアルバムを出した。自ら手がけた"Bouncin"は、ハイドロ音も楽しいスーパー・バンギンなファンク・ビートが超強力な名曲で、日本のDJにも大人気だった。同じくマック10が客演する"Gangbang Shit"も同路線の好曲だ。キューブやMC・エイトも加わったハードボイルドな"Murderfest 99"、ケイ・ジーらによる"Break Yourself"や、"You Ain't Know"などメロウ曲もいい、隠れた好盤だ。

CJ Mac

King Of LA

Platinum Game

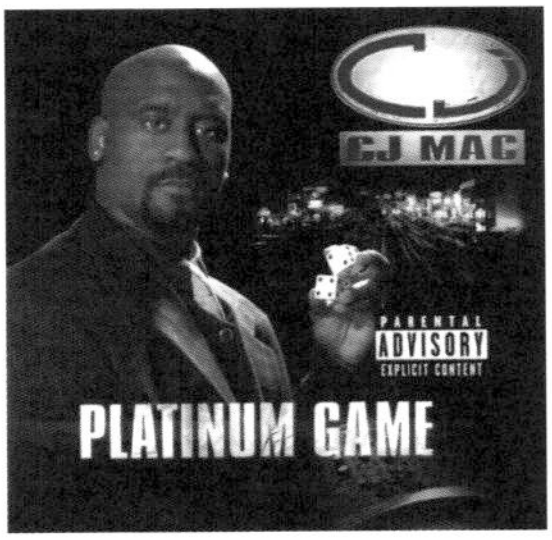

Hoo-Bangin' 1999

フー・バンギン入りしソロ名義で出した2ndアルバム。パーラメント"P-Funk"を溶け込ませたバンギンな"King Of LA"や、ブラザーズ・ジョンソン版の"Strawberry Letter 23"を用いたメロディアスな"Champange Dreams"と好曲多し。デニス・エドワーズの定番ネタ"Don't Look Any Further"を女性Vo.と歌うメロウな"Gangsta Bitch"や、バトルキャットが手がけ男声コーラスをフィーチャーした、フーディーニ"Friends"のリメイク"Ends"もいい。シングルの"Imagine That"がバウンスで古く聞こえるのは残念だが、好盤だ。

C.O.G

Luv At First Sight

Chilldrin Of Da Ghetto

Hoo-Bangin' 1999

シカゴのMC3人組で、1996年、まだ10代の時にPMPからシングルをリリース。この唯一のアルバムは、フー・バンギン入りして出したものなのでここに掲載。メンバーのゴールディーズが全曲をプロデュース、シカゴ・シーン伝統のベース・バウンスにウェッサイ・ファンクを合わせたつくりはどれも高水準。シングルの、女性Vo.も交えてのメロウ＆メロディアスな"Luv At First Sight"や、こちらもメロウな"Choke On"などが特にいい。イケイケに盛り上げる"Party"や、マック10＆MC・エイトとの"Hoo Bangin' C.O.G. Style"も好曲。

Hoo-Bangin' 2000

The Comrads

That There

Wake Up & Ball

コムラッズの2ndアルバムは冒頭、バトルキャット作の"That There"から文句なしのウェッサイ・ファンクが聴ける好盤。ニュークリアス"Jam On It"ネタのエレクトロ味ビートでスヌープとキメる"Speak On It"、トム・トム・クラブ"Genius Of Love"とやはりオールドスクールなネタでウマくファンクする"Click Click Bang"、フレッドレック作の抜いたビートにハマる"Dem Comrads"など、ファンクはどれもいい。ヒートウェイヴの人気曲"Mind Blowing Decisions"ネタのメロウ・グルーヴ"Eazy Breezy"も絶品で、外せない1枚だ。

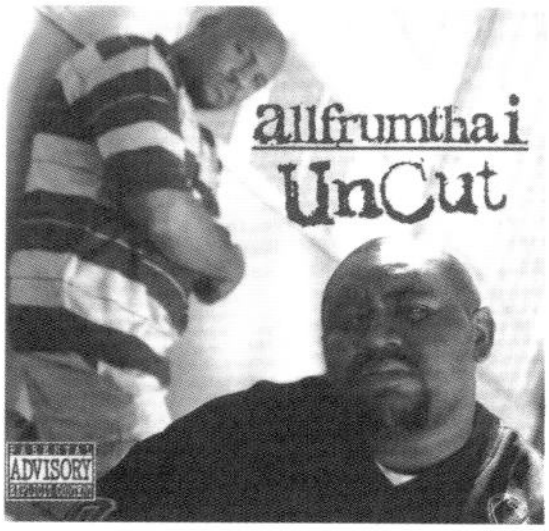

Dedal 2001

AllFrumTha I

Everybody

Uncut

オールフラムジ・アイの2ndアルバムは、マック10の下を離れ自主制作に。それでも、メンバーのビンキーが多くを手がけた、これも期待通りのウェッサイ・ファンクが詰まった好盤だ。重～く、けれどフックは女声Vo.も交えキャッチーにせまる、バッド・アズ客演のシングル"Everybody"が人気に。同じくバンギンな"Get The Paper"や"Like This"、コムラッズとの"And Ahh"などもいい。メロウな名曲"Cali Life"や、ビヨビヨ・シンセを用いたユニークで爽快なグルーヴの"On The Floor"も絶品。聴き逃すのはもったいない1枚だ。

Free Agency 2005

AllFrumTha I

Runnin' This

Larger Than Life

3rdアルバムはビンキーが若手と組み、進化したウェッサイ・ファンクを聴かせる、ものすごい力作。冒頭の"Runnin' This"から、シンセ音は新しくしつつも、バンギンなドラムスが心地いい好曲。ファンキーでノリノリな"Pump Ya Fist"や"Can't Get Enough"、ドラマティックな"Dangerous"、メロウ＆メロディアスな"Why They Wanna Keep Me Down"、バウンスをウマくウェッサイ・ファンクにした"Iz U Wit It"に、"Cognac"などメロウな曲もいい。ラストはスーパー・バンギンなポッセ・カット"12 Barz"でシメ。これも聴き逃せない秀作だ。

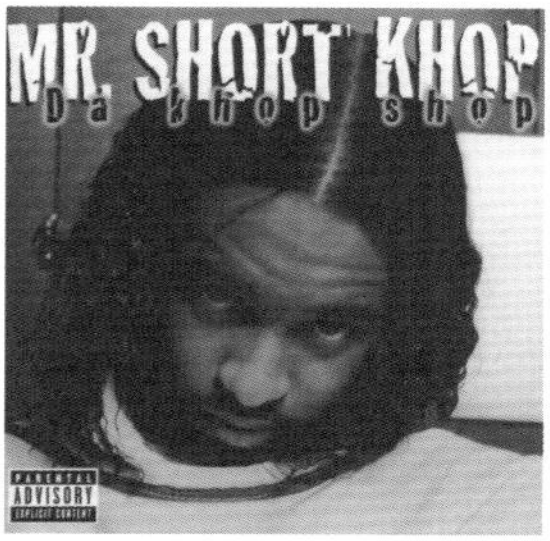

Heavyweight 2001

Mr. Short Khop

Dollaz, Drank & Dank

Da Khop Shop

イングルウッドのMr.ショート・チョップが、アイス・キューブのバックアップを得て出した唯一のアルバム。バトルキャット作でコケインが歌うバンギンなファンク"Dollaz, Drank & Dank"が、鼻声もファンキーな主役に合うPファンク仕様の好曲でシングル・ヒット。同じくバトルキャット作でWC客演の"Dey Trippin'"、NO・ジョーによるファンキー＆スリリングなビート上でキューブとかけ合うシングル曲"One Way To Win"もいい。キューブの代表曲のひとつでもあるNWA"I Ain't Tha 1"をリメイクした"Ya Baby Daddy"も聴きもの。

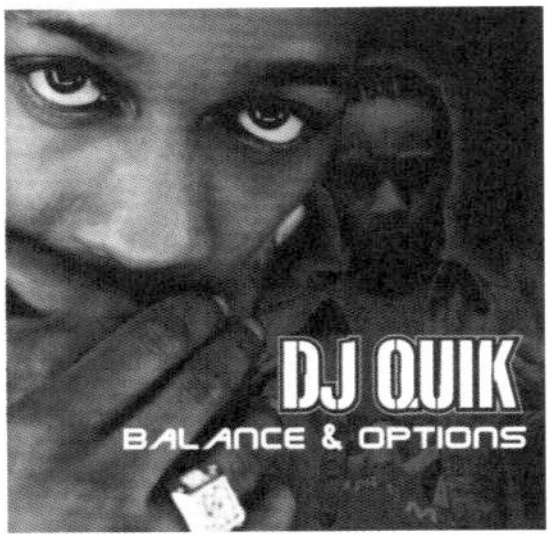

Arista 2000

DJ Quik

Pitch In Ona Party

Balance & Options

メロウ&スムーズなクイック流ファンクを粒ぞろいの曲で聴かせ、デビューからの10年の集大成となった5thアルバム。スムーズ・グルーヴを極めたヒット曲"Pitch In Ona Party"、オーケストラも入れた極上のメロウ・グルーヴでラファエル・サディークが歌う"Well"、ジェイムズ・デバージの歌が主役のこれも極上メロウな"Tha Divorce Song"は絶品。クイック自身のトークボックス入りの"Roger's Groove"と、"Quik's Groove V"のインスト2曲もいい。イージー・E曲のカヴァー"Quikker Said Than Dunn"も楽しい。

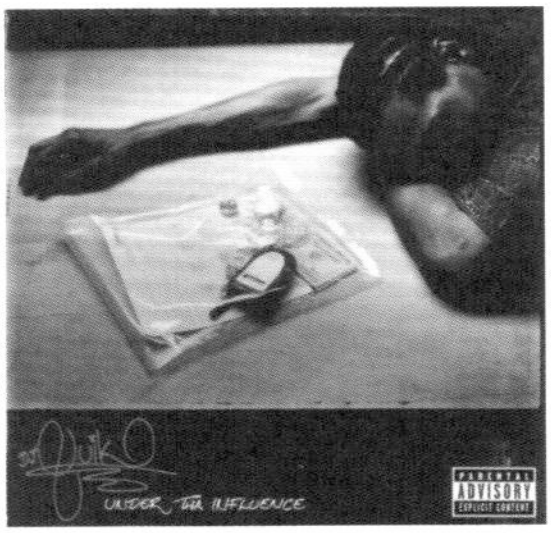

Bungalo 2002

DJ Quik

Trouble

Under Tha Influence

前作で燃え尽きかけたクイックが、"Put It On Me"でのDr.ドレーとの合体などを経て、ネクスト・レヴェルを目指した6thアルバム。ドレー『2001』以降の新型ウェッサイ・ファンク・ビートを、クイックらしくファンキーに表した名曲"Trouble"を始め、前作から一転、バンギンで若々しいクイックが聴けるこれも名盤だ。バンギンかつメロディアスに仕上げた"Murda 1 Case"や、ポール・サイモンの名曲をリメイクした"50 Ways"などもヒップホップ界屈指の音楽家であるクイックならではの秀曲。メロウな"One On 1"も絶品で、全編聴き飽きない。

Arista 1999

2nd II None

Up 'N Da Club

Classic 220

前作から実に8年ぶりの2ndアルバムは、多くを手がけたクイックの『Balance & Options』同様、成熟したメロウ・サウンドが絶品な1枚。スムーズなパーティ・チューン"Up 'N Da Club"や、ジェイムズ・デバージが歌うファンキー&メロウな"Whateva U Want"がシングル・ヒット。メロディアスでポップな"Don't U Hide It"や"Y?"、80年代フュージョン的サウンドの"Pawdy"、メロウ・ディスコな"Back Up Off The Wall"などが特にいい。オトナが聴いても、歳を取っても楽しめるギャングスタ・ミュージックの名盤だ。

Sheppard Lane 2000

Suga Free & Mausberg

Ain't No Doubt

The Konnectid Project Vol. 1

この時期、DJ・クイック、シュガ・フリー、マウスバーグのマネージャーだったシェパード&レーンのレーベルから出た、クイック・ファミリーのコンピ。イグジビットも客演する"In My Face"から、クイック印のスムーズなファンクが楽しめるつくり。軽快なクラッピン・ファンクの"Ain't No Doubt"や"The Rebirth"に"Hotel Motel""If It Ain't Broke"、クイック&ハイ・Cのディスコ・ビートも楽しい"I Wanna See"が特にいい。マウスバーグのバンギンなファンク"Shut Up"や、メロウな"Don't Walk Away"に"Gone"も好曲だ。

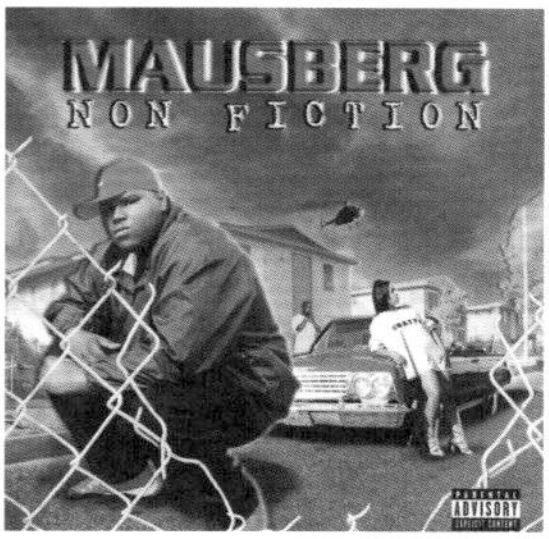

Sheppard Lane 2000

Mausberg

Tha Truth Is...

Non Fiction

コンプトンのマウスバーグは、クイック・ファミリーで最も押しの強いラッパー。惜しくも本作制作中に、21歳の若さで何者かに射殺されたが、クイックが録音済みだった音源を見事に仕上げ、この唯一のアルバムが残された。主役のラップに合わせ、クイックがいつも以上にバンギンなファンク・ビートを用意。スムーズながらドラムスは強い、トークボックスも楽しい“Tha Truth Is...”を始め、スリリングな“Ring King”、“No More Questionz”と好曲が続く。スムーズ・グルーヴの“Any Way U Want 2”や“I Can Feel That”も良くて聴きごたえあり。

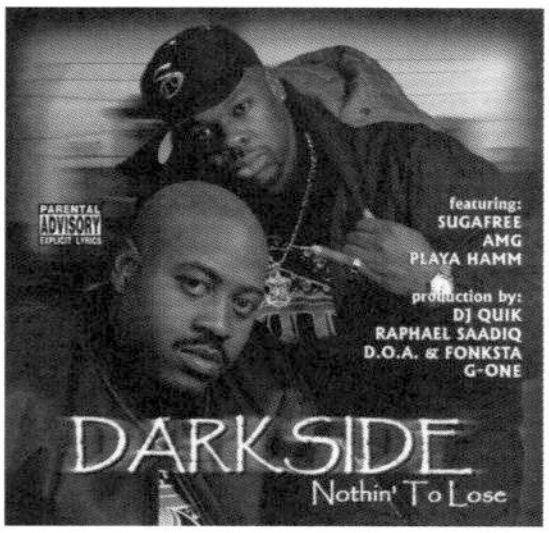

Tic, Tic, Boom!! 2000

Darkside

Another Sumer Day

Nothin' To Lose

サクラメント出身ながら、メロウな音楽志向の2MCズ、ダークサイド。1996年の1stに続くこの2ndアルバムは、DJ・クイック、ロブ・ベーコン、G・ワンが多くを手がけた、クイック・ファミリー印のメロウ&スムーズな好曲が詰まった好盤だ。シングル・ヒットした“Another Sumer Day”を始め、“Phunk Planet”などでクイック調のグルーヴが楽しめる。ファンキーな“Real Playas”や、スリリングな“Ride 2 This”もいい。トニ・トニ・トニのラファエル・サディークが手がけた、ブレイクビーツ使いもクールな“Come With Me”も聴きものだ。

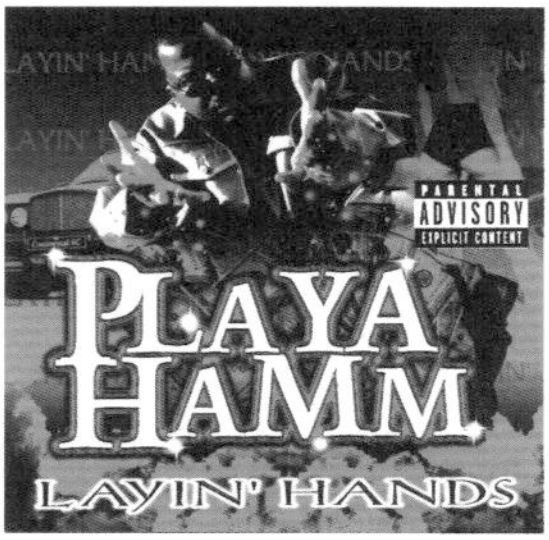

Brainstorm Enterprise 2001

Playa Hamm

Break The Bank

Layin' Hands

ペントハウス・プレイヤーズ・クリックの一員としてのアルバム・リリースから9年を経ての1stソロ・アルバム。クイック関与曲はないが、ブライアン・G作でトークボックス入りの、アイズリー・ブラザーズ“For The Love Of You”モチーフの極上メロウ“Break The Bank”は、クイック・ファミリー作らしい名曲だ。5曲あるバトルキャット制作曲もいい。メロウ&メロディアスに仕上げた“Workin' This Twist”や、ミニー・リパートンの定番ネタ“Inside My Love”を用いた“Sumpn' 2 Do”、バンギンかつ軽快にせまる“Hit Again”と、どれも秀曲。

Rap-A-Lot 2003

Hi-C

Let Me Know

The Hi-Life Hustle

ハイ・Cの、ラップ・ア・ロット発ながらクイック・ファミリー印の好曲が揃った3rdアルバム。クイック作&客演でトークボックス入りの、キュートで楽しい名曲“Let Me Know”がシングル・ヒット。クイックは8分に及ぶパーティ・ファンク・ジャム“Do It”も提供、これもトークボックス入りの楽しい一発だ。多くはハイ・C自身がプロデュースした本作。ネイト・ドッグが歌うタイトな“I Don't Wanna Know”や、ユルくファンキーな“Big Girls Need Love Too”、ジェイムズ・デバージが歌う“So Good”なども聴きごたえありの、これも好盤だ。

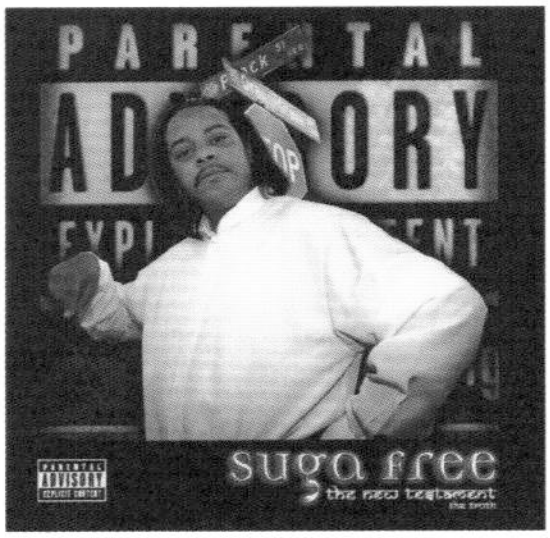

Bungalo 2004

Suga Free

Don't Fight Da Pimpin'

The New Testament (The Truth)

2000年代にはネイト・ドッグ、コケインと並ぶ「フック・シンガー」となり、グッと知名度を上げたところで出した7年ぶりの2ndアルバム。ワン・ウェイ“Don't Fight The Feeling”ネタのエレクトロ味ファンク“Don't Fight Da Pimpin'”がシングル・ヒット。やはりエレクトロなディスコ・ビートの“Get Loose”や、バンギンな“Born Again”もかっこいい。DJ・クイック印のファンキー&スムーズ・グルーヴが心地いい“Thinkin'”や、ザ・タイムを思わせるミネアポリス・ファンク調の“She Get What She Pay Foe”もいい、好盤だ。

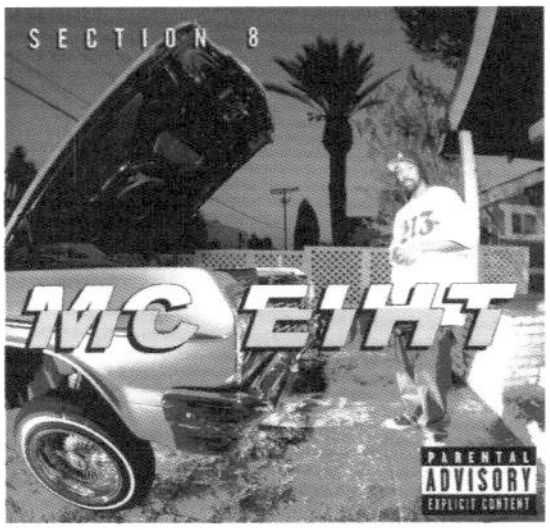

Hoo Bangin' 1999

MC Eiht

Automatic

Section 8

CMW名義を合わせ通算7作目は、なんと敵対してきたブラッズのマック10率いるフー・バンギンから。前作から長年の相棒DJ・スリップのビートにマンネリ感が漂っていたので、ビンキー・マックらフー・バンギンのビート・メイカーと組んだのは大正解だった。シングル・ヒットした、フレッドレック作のスーパー・バンギンな“Automatic”を始め、“Living N' Tha Streetz”や“Caution”などでもバンギンなウェッサイ・ファンク・ビートに乗る、イキイキとしたエイトのラップが楽しめる。メロディアスな“Me & My Bitch”などもいい。

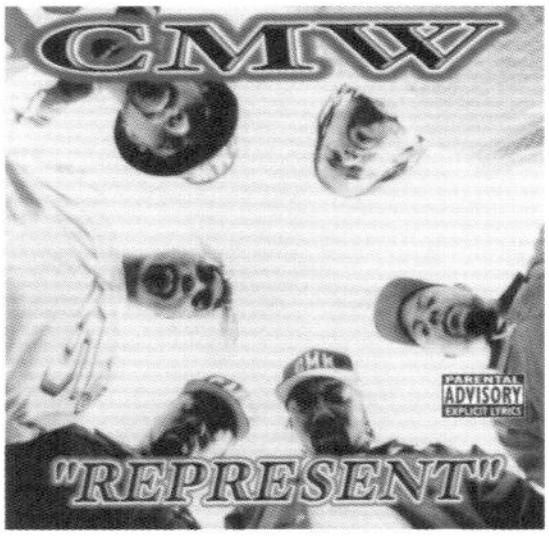

Half-Ounce 2000

CMW

Like Me

Represent

2000年代はリリースが非常に多かったエイト。ソロ作とは別に出たコンプトンズ・モスト・ウォンテッドのリユニオン・アルバムだ。相棒ザ・チルがいると、エイトのラップもさらにイキイキ。ロウ・スティールなる新進ビート・メイカーとスリップが全曲を手がけ、“Get Money”などではドレー『2001』以降のタイトなファンク・ビートを披露する。女性Vo.が歌うスムーズ・グルーヴの“All Around The Hood”や、定番ドラム・ブレイクを組み合わせた“Slang My Keys”などもいい。ベストはバンギンかつメロウな“Like Me”で、これはさすがの名曲。

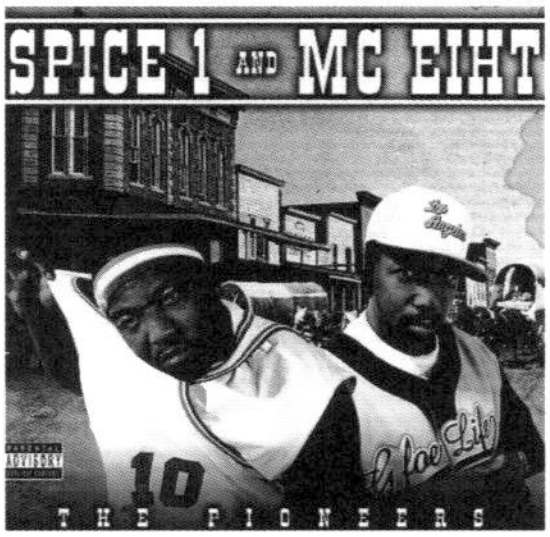

Real Talk 2004

Spice 1 and MC Eiht

That's The Way Life Goes

The Pioneers

以前から共演を重ねてきたふたりの、初のタッグ・アルバム。サクラメントの新進レーベル、リアル・トーク発で、ベイエリアの若手ビート・メイカー3人が手がけているが、LAスタイルも取り入れたウェッサイ・ファンクの好曲が並ぶ好盤だ。メロウ&スムーズな“That's The Way Life Goes”や“So Damn Crazy”、“The Mack”は特にいい。ゴリゴリと進む“We Run The Block”や“Can't Stop Us”、“Been A Long Time”、“West Coast Party”の、バンギンなビートに乗るOGふたりのかけ合いも悪いわけがない。余裕の秀作。

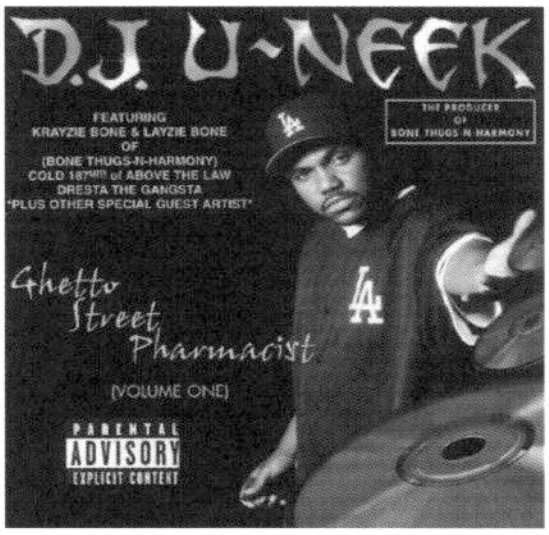

Kingpin 1999

D.J. U-Neek
California Streets

Ghetto Street Pharmacist (Volume 1)

ボーン・サグズン・ハーモニーのヒット曲の数々を手がけ、ビート・メイカー〜プロデューサーとして名を上げたDJ・ユニーク。この唯一のリーダー・アルバムからは"California Streets"が日本のクラブでも大ヒット。2パック"California Love"のオマージュと言えるトークボックスもキャッチーな、バンギンなウェッサイ・ファンクのパーティ・チューン名曲だ。バンギンなファンクではレイジー・ボーン参加の"Murda Murda"や、"Eastsider"も人気。女性Vo.をフィーチャーしたメロウな"Now That I'm Over You"や"Doctor Doctor"もいい。

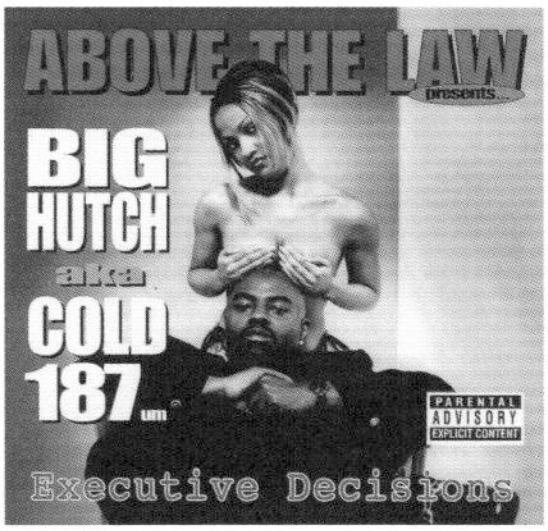

West World 1999

Big Hutch aka Cold 187um
2 Killas

Executive Decisions

コールド187umがビッグ・ハッチを名乗り出した1stソロ・アルバム。同年のひたすら重いアバヴ・ザ・ロウの6thアルバムよりも、ソロ作は肩の力が抜けたか、ビート・メイクを数人で分担していることもあり多彩なつくり。イグジビットとの"2 Killas"や、"Gangsta Shit"、"True Lies"などバンギンな曲や、男性Vo.とかけ合う"My Life"や、"Way 2 Come Up"、"Velvet Lifestyle"、"Just Another Day"などソウルフル、ブルージーな曲に魅せられる全16曲。サフィアーとの幻想的な"Playas, Gangstas, Ballers"も聴きごたえあり。

Kontacc 2001

South Central Cartel
Gangsta Boogie

Gangsta Conversation

2000年代はさらにリリースが多かったサウス・セントラル・カーテル。この5thアルバムは、DJ・クイックの右腕でもあるミュージシャン、ロブ・ベーコンと多くで組み、プロディジーが勢い溢れるビーツを多く用意。冒頭"Do Ya Thang"からイケイケで、"Still Saggin'"や"Dirty South Central"、"Rap Nigga"に"Low-Low"などでバンギンなファンクを楽しめる。もう一方の得意スタイルの、メロウ＆ソウルフルな"Pussy Don't Pay Bills"もいい。ベストはLVが歌う、曲名に反してメロウなスロウの絶品"Gangsta Boogie"。

Kontacc 2002

South Central Cartel
My Hood Yo Hood

We Have The Right To Remain Violent

前作の勢い、スタイルをそのまま持ち込んだ6thアルバム。ダズと盛り上がるバンギンでイケイケなウェッサイ・ファンク"My Hood Yo Hood"がとにかくかっこいい。やはりスーパー・バンギンな"Bacc Up"、トークボックスが効いた"Up In Here"や、"West Coast Riders"、ジェイヨ・フェロニーと盛り上がる"Half Azz Gee"などハードボイルドな曲もいい。エムトゥーメイの定番ネタ"Juicy Fruit"使いの甘い"Shake Em Off"も文句なし。ファンが求めるギャングスタ・ミュージックを聴かせてくれるSCCだが、前作と本作は特に好盤だ。

AMC American Music 2001

Jayo Felony

Hotta Than Fish Grease

Crip Hop

急造作のような1999年の前作に続く4thアルバムは、メジャー・レーベルを離れノビノビと、LA＆ベイエリア（と東海岸）の売れっ子プロデューサーたちと本当にやりたいギャングスタ・ミュージックだけを聴かせる会心の仕上がり。ハードボイルドな“Gang Bangin Shit”に始まり、スーパフライ作のバンギンな“Hurt That Nigga”や、ユルくてもイケイケな“Hotta Than Fish Grease”と好曲が続く。バウンス～プレ・ハイフィーなビートの“Girls & Boys”で聴かせるファスト・フロウもかっこいい。ジェイヨ・フェロニーはもっと売れていい大器だった。

Hub City 2002

The Relativez

Gangsta

The Takeover

ブラッズ＆クリップス『Bangin' On Wax』に参加したイングルウッドのブラッズ、レッド・ラグaka ビッグ・ワイと、ストレッチは、ヤング・ソルジャーズを組み1993年にアルバムをリリース。その後デス・ロウ入りするも芽が出ず、ビッグ・ワイが別のMCと新たに組んだのがレラティヴズだ。2000年の1stもいいが、この2ndアルバムはさらなる秀作。ドレー“Nuthin' But A“G”Thang”をリメイクした“Gangsta”、ラテン味の“Maria”やザップな“Bounce”といったバンギンなファンク、泣きのメロディも効いた“Everyday”などメロウ曲も、どれも粒揃い。

Death Raw 2000

Tupac

Thug Nature

Too Gangsta For Radio

1999年以降に出た2パックの未発表曲で最大のヒットが“Thug Nature”。マイケル・ジャクソン“Human Nature”ネタで、QDIIIが手がけた爽快なグルーヴが心地いい秀曲だ。2パック＋アウトロウズ名義で1999年にリリースされた『Still I Rise』は、95～96年に録った2パックのラップがベース。名盤『Me Against The World』同様にメロウな曲が多く、2パックのラップをじっくりと味わえる好盤だった。中でもサブタイトルにあるように名曲のパート2となる“Baby Don't Cry (Keep Ya Head Up II)”は、メロディアスに仕上げられた名曲だ。

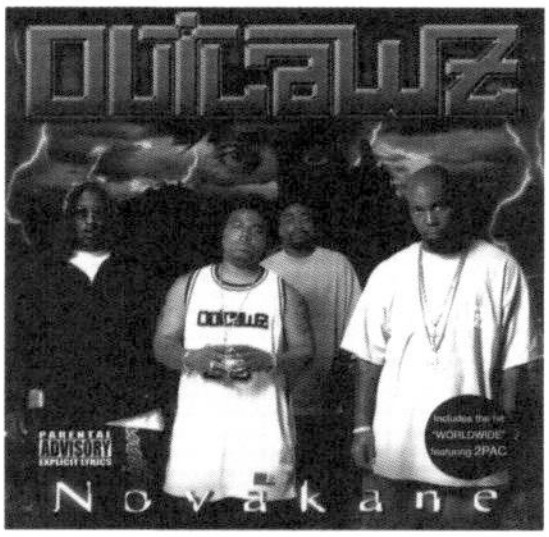

Outlaw 2001

Outlawz

World Wide (Remix)

Novakane

もともとはドラマサイダルと名乗っていたカストロ、カダフィ、ナポレオン、EDIの4MCズに、サグ・ライフの二人、2パックの義兄モプリームとビッグ・サイクらが加わりアウトロウ・イモータルズが誕生。2パックの死後はメンバーも減りアウトロウズとなり、2000年に出した1stに続き、この最も有名な2ndアルバムをリリースした。2パックをフィーチャーした、トークボックスもキャッチーなバウンス・ファンク“World Wide (Remix)”は日本のDJにも人気だった。2パックに学んだ、“Our Life”のようなメロウ＆メロディアスな数曲もいい。

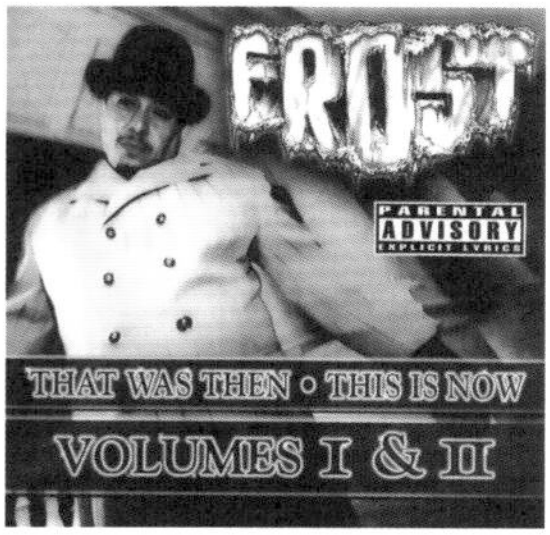

Celeb 2001

Frost

West Coast Lowrider

That Was Then, This Is Now Volumes I & II

1999年、2000年にパート1、2として分けてリリースされた5th、6thアルバムを合わせたCD2枚組。テンポはユルくてもバンギンな“West Coast Lowrider”や、メロウな“Somethin' For The Ridas”などクルージング・チューンの好曲あり。ファンクの“Latin Kings”や甘い“Mamacita”などラテン味の曲も引き続きいい。ハードボイルドな“Outlaws”や“Life Of A G”、“Click Bang”や、バンギンなファンク“Choo Choo Train”や“What These G's Is Cookin'”などのかっこよさも変わらず。全29曲、ものすごい聴き応え。

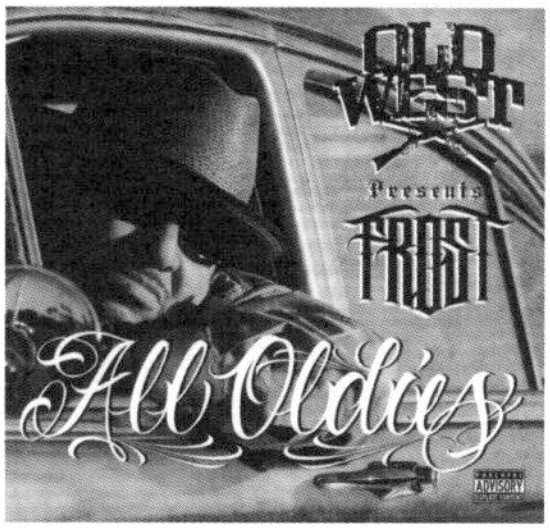

Old West 2011

Frost

East Los West Coast California

All Oldies

チカーノが言うオールディーズ＝1950～70年代の、彼らが愛するソウル、ポップスをサンプリング、そこにラップ、ゲストの歌を合わせたつくりのコンセプト・アルバム。甘酸っぱい、タイムレスな曲のオンパレードで、これが聴きたかったというマニアも多く翌年にはパート2も出た。ミラクルズ“Ooo Baby Baby”をダブ処理して用いた“What A Price To Pay”や、アル・グリーン“Let's Stay Together”のイントロをミニマムにループした“Get It On”など、そのままではなく技を効かせてサンプリングしているので、全22トラックあるが聴き飽きない。

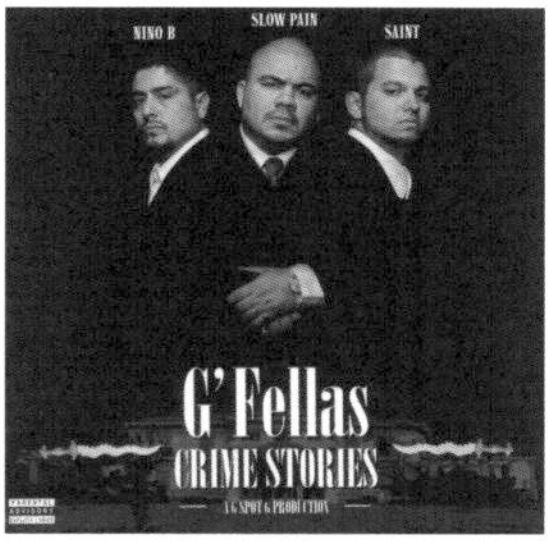

Celeb 1999

G'Fellas

Lowride

Crime Stories

スロウ・ペインが、OGのALT（The Saint）、ニーノ・ブラウンと組んだG・フェラズの1stアルバム。バンギンかつクールなビートでフロストも客演した“Lowride”を始め、Gなシンセがうねる“Don't Slip”、ディスコ・ブギーな“G'Fellas Rap Dirty”、スリリングな“Homies”などと、ジャケット通りのギャングスタ・ミュージックが詰まった快作だ。ハードボイルドな好曲が続いた後は、夕暮れグルーヴが心地いい“Summer Nights”、シャラマー“This Is For The Lover In You”ネタの“Player In You”と続く、女性Vo.が歌う甘い2曲で大満足。

Hit A Lick 2001

G'Fellas

Dreamin On Chrome

Gangster 4 Life

ALTは数曲のゲストに止まり、スロウ・ペインとニーノ・ブラウンのふたり組となって出した2ndアルバム。前作同様ハードボイルドな好曲が詰まった秀作で、冒頭のバンギンな“Gansta 4 Life”のかっこよさでもうノックアウト。ファンキーな“Freeway”や、エレクトロなサウンドの“Low Down Ballers”、ザップなファンクの“Thug Thang”なども絶品の仕上がりだ。その中で、ベティ・ライト“Tonight Is the Night”ネタでヒットしLAの定番曲となったキャンディマン“Knockin' Boots”をリメイクした甘～い“Dreamin On Chrome”が輝く。

Brown Royal 2003

ODM

Get It Started

Shut Yo

ライター・シェイド・オブ・ブラウンの片割れ、ODMの1stソロ・アルバム。シェレールの人気曲“Saturday Love”をネタ使い、女性Vo.をフィーチャーしてメロウ＆スムーズなパーティ・ファンクに仕上げた極上のシングル曲“Get It Started”が日本でもヒット。リル・ロブのヒット“Neighborhood Music”と同じイヴリン・キング“I Think My Heart Is Telling”ネタのメロウな“Rather Be With You”や、フィンガズによるトークボックスと女性Vo.のかけ合いも甘～い“Closer”に、男性Vo.とのラテンでメロウな“Summer Luv”と好曲満載。

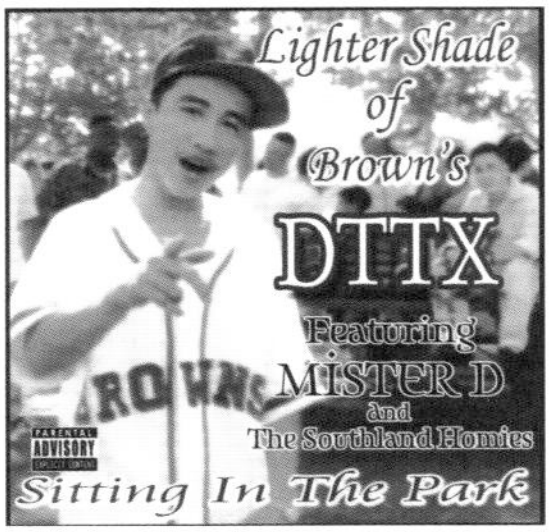

Southland 2006

DTTX

Take A Miracle

Sitting In The Park

ライター・シェイド・オブ・ブラウンのDTTXの3rdソロ・アルバム。ミスター・Dらサウスランド・ギャングスターズを全曲でフィーチャー、彼らと大ネタ使いを楽しんだ快作だ。デバージの同名曲ネタの“I Like It”や、スタイリスティックスの同名曲ネタの“You Are Everything”などに加え、MC・エイトの代表曲“Streiht Up Menace”ネタの“Dead And Gone”やDr.ドレー“The Message”ネタの“So Many Tears”なども。極めつけはオールディーズ人気曲“It's Gonna Take A Miracle”ネタの“Take A Miracle”で、甘～い名曲だ。

40 Ounce 2003

Jay Tee

Baby Girl

High Caliber

ベイエリアのチカーノでNo.1のハスラーとなったジェイ・ティー。N2ディープ、ラティーノ・ヴェルヴェットの作品とともにソロ作も非常に多くリリースした。これは2ndソロ・アルバムで、NB・ライダズのMC・マジック＆ジェミナイとメロウを極めた最大のヒット“Baby Girl”を収録。ドレー『2001』以降のビートを用いた“I Can't Go For That”や、ブリブリなシンセ・サウンドが強力な“Born To Roll”といったクルージング・チューンや、盟友ベイビー・バッシュとのファンキーな“We Bubble”や“What We Do”、メロウな“Youngsta”もいい。

Columbia 2001

Cypress Hill

Lowrider

Stoned Raiders

サイプレス・ヒルの6thアルバム。前作ではヘヴィ・ロックに寄った彼ら。本作も半分はロックな曲だが、ウェッサイ・ファンクの盛り上がりを取り入れた好曲も。“Lowrider”は、ラテン味でGなシンセがなんとも心地いい、テンポも最高なクルージング・チューンの名曲だ。クラプトとの“Kronologik”や、MC・レン＆キング・ティーとの“Southland Killers”といったバンギンなファンクもさすがのかっこよさ。ヒット曲“How I Could Just Kill A Man”をクラプトとバンギンにリメイクした“Here Is Something You Can't Understand”もいい。

Sawed Off 2000

Knightowl
In Love With A Gangsta
Knightmares

90年代半ばにシーンに登場し、ホロウ・ポイントなる自身の軍団作も含め大量のアルバムをリリースしたナイトオウル。これは4thソロ・アルバムで、泣きのメロディに女性コーラスも効いた、代表曲となったヒット“In Love With A Gangsta”を収録。メロウでは、こちらはギャル・チューンの“Be My Girl”もいい。冒頭の“This Be Some Gangsta Shit”や“West Coast Party”などバンギンなファンクや、NWAも使ったOGたちの定番ネタ、ブーツィ・コリンズ“I'd Rather Be With You”ネタの“I Wanna Fuck Me Some Hoes”も聴きごたえあり。

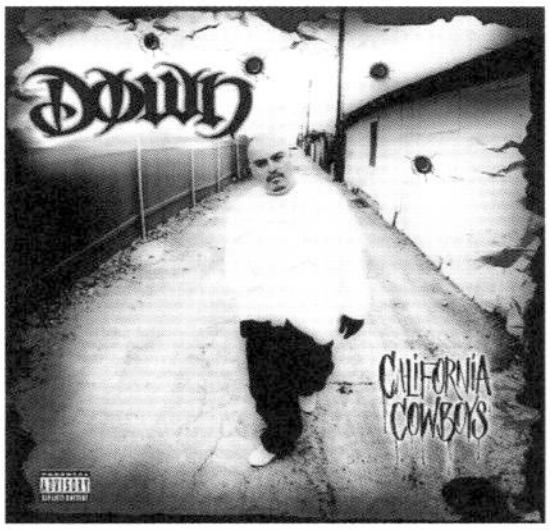

Down By Low 2003

Down
Cali Ways
California Cowboys

ブラウン・インテンションズの一員として1998年にアルバム・デビューした、イージー・E似のラップで魅せるダウンakaキロの1stソロ・アルバム。2パック“California Love”のリメイクを、カム＆シュガ・フリーと聴かせる“Cali Ways”や、スヌープとかけ合うPファンクな“Bosses”など好曲だらけ。DPGCの面々が多くで客演していて、ダズとのブリブリな“Gangsta Summer”、イーストサイダズとのバンギンな“Get Off My Back”、バッド・アズとのどちらもバンギンなタイトル曲や“Jalale”と続く、聴きごたえ満点の硬派な秀作。

Hi Power 2003

Mr. Capone-E
Gangster Lovin'
Dedicated 2 The Oldies

1976年生まれのMr.カポーン・Eは、チカーノ・ラップの第2世代。先輩たちの成功例を参考に、この3rdソロ・アルバムはオールディーズねた使いをコンセプトとし、見事ヒットしたブレイク作だ。TR-808サウンドがたまらない、80年代R&Bをモティーフにした“Gangster Lovin'”や、エスコーツの同名スウィート・ソウル人気曲をネタ使いした“Look Over Your Shoulder”、LAでは常に人気のブレントン・ウッドの同名サーフ・ミュージック曲を、ウッド本人を招いてリメイクした“Take A Chance”など、楽しいつくりの好曲がずらり。

Hi Power 2005

Zapp & Mr. Capone-E
Beware Of My Crew
Ol' Skool Music Vol. 1

自身のレーベル、ハイ・パワーから、軍団員たちとリリースを重ね、2000年代以降大きな成功を収めたMr.カポーン・E。オールディーズねたや、ラヴソング集など、さまざまなコンセプト・アルバムも得意とした彼の、これは全曲で（ロジャー亡き後の、テリーが主導していた）ザップの演奏をバックにラップしたもの。“Heartbreaker”がベースの“Beware Of My Crew”や、“Computer Love”ネタの“Just A Player”などザップ曲を下敷きにした曲はもちろんいい。ザップがループ演奏に徹した曲もさすがの仕上がりで、楽しい1枚だ。

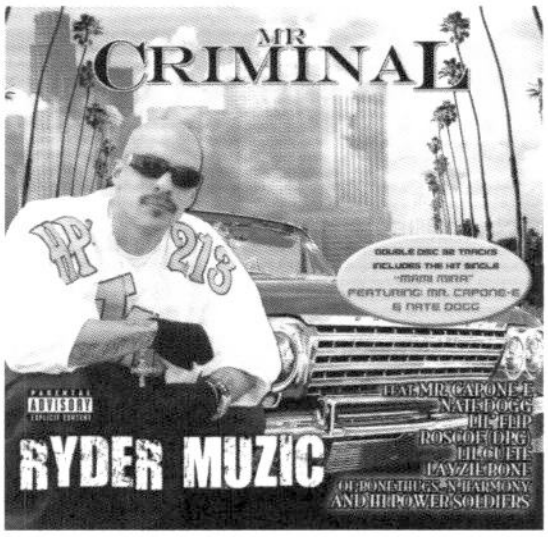

Hi Power 2007

Mr. Criminal

Mami Mira

Ryder Muzic

カポーン・E率いるハイ・パワー・ソルジャーズのNo.2、Mr.クリミナル。2003年のデビュー以降、大量のCDを出しているが、これはCD2枚組で出た人気作。ネイト・ドッグが歌うラテン味を効かせた“Mami Mira”や、冒頭のバンギンでイケイケな“Side 2 Side”がヒット。重くジワジワせまるタイトル曲や“West Coast Shit”、スムーズなグルーヴの“Where's The Party”、フィンガズ作の“Sounds Of Summertime”や、ザップ調の“Ain't Nothing Better Than Summer”や“I Remember”など、トークボックスも効いたメロウな曲など好曲多し。

Silent Giant 2003

Mr. Shadow

West Coast Party

A Name You Kan't Touch

1998年の『Till I Die』でアルバム・デビュー以降、ハードボイルドなラップで人気を集めるMr.シャドウ。この時期のインディでは少ない12インチ・シングルのリリースも多く、日本のDJにも人気のレーベル発となった本作。フィンガズによる、トークボックス入りのノリノリなパーティ・ファンク“West Coast Party”がまずは絶品だ。ダズが客演したブリブリな“Sound Of My Heata”や、ユルさが心地いいクルージング・チューン“Who Wanna Roll”、80年代R&B調のメロディアスな“Take It Off”と、多彩な好曲が聴ける好盤。

Upstairs 2005

Lil Rob

Summer Nights

Twelve Eighteen Part I

1975年生まれの第2世代で、クールなラップで人気を得たリル・ロブ。これは、前年のメロウなヒット“Neighborhood Music”を受け出した最大ヒット作。さらにメロウを極めた“Summer Nights”がチカーノ・ラップでは記録的な全米ヒットに。エレクトロ味が効いたパーティ・チューン“Bring Out The Freak In You”もヒットした。フィンガズがほぼ全曲を手がけていて、ミラクルズの同名曲をリメイクした甘い“Ooh Baby Baby”に、同じくオールディーズねたの“I'm Still Here”や“Rough Neighborhood”と、さすがのキャッチーな好曲揃い。

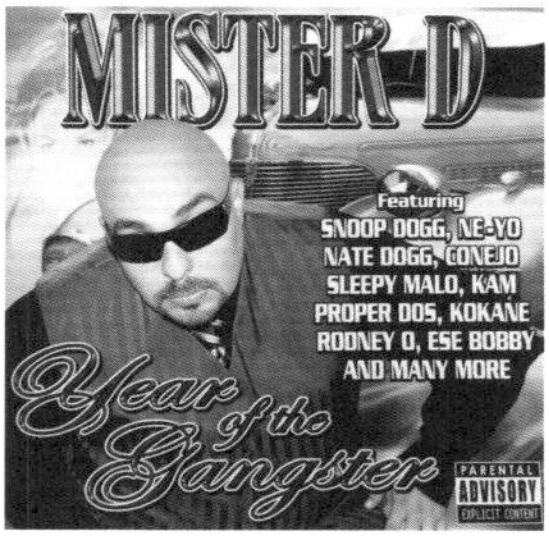

Southland 2009

Mister D

Gangsters Get Lonely Too

Year Of The Gangster

2000年代以降、サウスランド・ギャングスターズを率いて活躍するミスター・D。これは、女性Vo.をフィーチャーした泣きのメロディが際立つ最人気曲“Gangsters Get Lonely Too”をボートラに、その続編“Gangsters Still Get Lonely”も収録し、スヌープやネイトに加えニーヨまでゲストに呼んだ最もメジャーなつくりの力作。そのネイトが歌う味わい深い“Should've Been Mine”や、トークボックス入りのバンギンなディスコ・ファンク“You Know I Want You”、“You Are Everything”ネタの甘い“I'll Ride For You”などがいい。

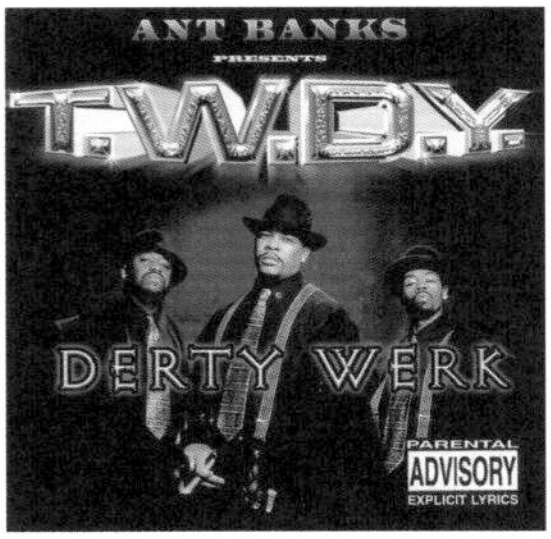

Thump Street 1999

T. W. D. Y.

Players Holiday

Derty Werk

アトランタに移住したトゥー・ショートに代わりベイエリアを束ねたアント・バンクス。ラッピン4テイらと組んだTWDYの1stアルバムは、ベイの仲間が大量参加。ビル・ウィザーズの人気曲“Lovery Day”をユルく用いた“Players Holiday”がヒットした。ショート＆E-40参加のPファンクな“Pervin”など、最高峰のモブ・ミュージックが堪能できる1枚だが、オーティス＆シャグが歌うメロウな“Out 2 Get Mo”もいい。2002年のコンピ『Bay 2 L.A.』収録曲“Lifestyles”も、ボズ・スキャッグズ“Lowdown”使いで人気だ。

Jive 1999

Spice 1

Suckas Do What They Can (Real Playaz)

Immortalized

6thアルバムは前作までの安定路線から脱し、多くでリック・ロックと組み次世代ファンクを聴かせる力作だ。ブリブリと進むファンキーな“Suckas Do What They Can”は、ロジャーのトークボックスも楽しい名パーティ・チューン。アイス・キューブの同名曲をリメイクした“You Can't Fade Me”や、スパニッシュ・ギターでラテン味を出した“Gone With The Wind”、バウンシーなビートでさすがのフロウをキメる“Ride Fo' Mine”や“187 Proof (2 Thougin')”など、聴きごたえ満点。レーベル都合で売れなかったが、隠れた秀作だ。

Realside 2001

Criminalz

Ridaz

Criminal Activity

スパイス・ワンがセリー・セルと組んだクリミナルズの唯一のアルバム。ジェイヨ・フェロニーも準メンバーとして多くに登場。2パックの声ネタが効いた、バンギンでバウンシンな“Ridaz”などでタイトなマイク・リレーを聴かせてくれる。女性Vo.が歌うメロウな名曲“My Life”などでも、3人が競うようにラップしテンションは高く、全編聴き飽きない。メロウ＆スムーズなグルーヴが心地いい“What They Hittin' Fo?”や、こちらもスムーズな“Rollin' Wit My Folks”、スリリングな“Doin' It Big”や“The Real World”もいい。

Sick Wid' It 2000

E-40

Nah, Nah...

Loyalty And Betrayal

1997年以降は全米ヒットがなかったE-40。久々のヒットは、バトルキャット作でネイト・ドッグが歌う、日本でも大人気だった“Nah, Nah...”。この曲を含む6thアルバムは、リック・ロックやボスコらがつくる新型ウェッサイ・ファンクの好曲が詰まった快作に。軽快なクラッピン・ファンク“Lace Me Up”、マック10参加のブリブリな“Nigga Shit”、トークボックス入りの“Like A Jungle”、アイス・キューブ参加の“Behind Gates”と続き耳が離せない。バウンシンなディスコ・ブギーの“Pop Ya Collar”も強力だ。

Romp 1999

Mac Dre

Rapper Gone Bad

Rapper Gone Bad

前年の2nd以上に、マック・ドレーが「ラップの天才ぶり」を見せつけた傑作3rdアルバム。エレクトロを進化させた絶品のビート上で、E-40にも負けないフロウで魅せるタイトル曲や、シンコペイトしまくるビートも楽々と乗りこなす“Fortytwo Fake”など、天才ならではのファンキーすぎる好曲が並ぶ。フーライダズ参加のバンギンなブギー・ファンク“Fuck Off The Party”や、イヴリン・キング“I'm In Love”ネタのディスコ・ファンク“I'm A Thug”も楽しい。ウォーレン・Gとのメロウ&スムーズな“Fast Money”もいい感じ。

West Coast Mafia 2000

C-Bo

Crippin'

Enemy Of The State

自身のレーベル、ウェスト・コースト・マフィアを設立し、LAからも大物ゲストを呼んで、新たなウェッサイ・ファンクの波に乗った6thアルバム。バンギン&クラッピンなビート上でダズとノリノリでかけ合う“Crippin'”がまずは絶品。スムーズにキメる“Death Rider's”や、メロディアスでドラマティックな“Forever Thuggin'”に、WCとの“Ride Til We Die”やCJ・マックとの“C And The Mac”といったタイトなファンクもたまらない。女性Vo.をフィーチャーしたR&B調の“Tycoon”まで、チカラ入りまくりの全18曲。

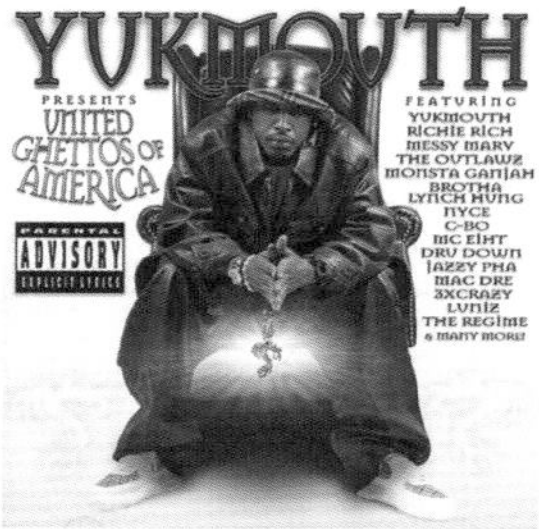

Smoke-A-Lot 2002

Yukmouth

Welcome 2 Da Bay

United Ghettos Of America

2004年にはC-Boと組むサグ・ローズのアルバムも出すなど、すごい数のアルバム・リリースで他を圧倒したヤクマウス。当時多くつくられたドキュメンタリーDVDのサントラだった本作は、ほぼ全曲に大量のゲストを招き盛り上がる1枚。“Welcome 2 Da Bay”は、いいテンポのファンク・ビート上でマック・ドレーらとはじけるベイエリア・アンセムでヒット。ドゥルー・ダウン&リッチー・リッチとのハスラー・アンセム“I'm So Cool”はジャジーでかっこいい。ブリブリなエレクトロ“Datz Gangsta”なども盛り上がるポッセ・カット好曲だ。

Get Low 2002

JT The Bigga Figga

California

Hustle Relentless

ダズやジュヴィナイルといったベイエリア以外のスターとのコラボ作も多く、やはり大量のアルバム・リリースでシーンをリードしたJT・ザ・ビガ・フィガ。ゲストを身内に絞った本作は、トークボックスとハイドロ音が耳を引くウェッサイならではのクルージング・チューンで、レイ・ラヴらとかけ合う名曲“California”を収録。自ら発掘したザ・ゲームをフィーチャーした“Neighborhood Supastar”や、ミシシッピが歌うラテン味哀愁ビートの“On The Run”、システム“Don't Disturb This Groove”ネタの“Just Hustlin”などもいい。

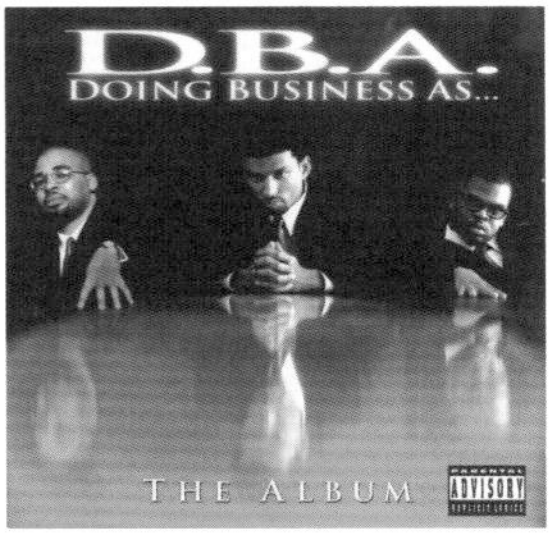

Hollywood 1999

D.B.A.

All I Know

The Album

売れっ子となったボスコが、ポートランド時代からの盟友クール・ナッツに、ポッパ・LQと組んだDBAの唯一のアルバム。バトルキャットやリック・ロックとともに、ドレー『2001』以降のウェッサイ・ファンクを代表するビート・メイカーとなったボスコが全曲を手がけた、極上ビートの数々を堪能できる1枚だ。E-40参加の洗練されたブリブリ・ファンク“All I Know”を始め、クラプト＆WCとの“Fa Shiesty Cats”や、高度なリズム感覚に唸る“Naw!”、銃声をドラムに用いたハードボイルドな“City Life”など、聴きどころ満載の秀作。

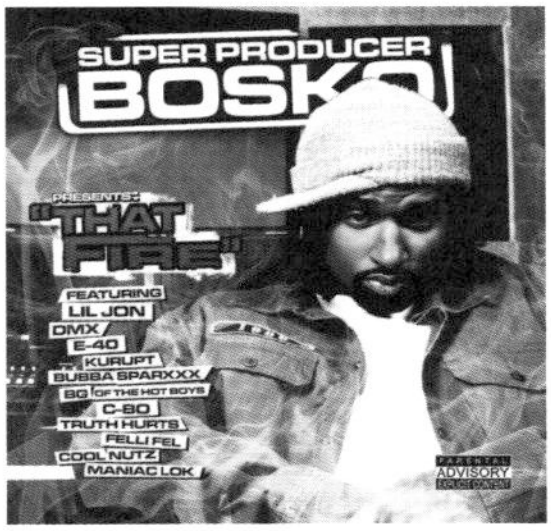

Jus Family 2005

Bosko

She's Mine

That Fire

ボスコが厳選したゲストとつくったリーダー・アルバムで、やはり最高のビートを味わえる秀作（これは前年リリース版を改訂した2ndエディション）。ドレー“Xxplosive”をメロウにしたようなスムーズ＆メロディアスな“She's Mine”は、トークボックスと男女Vo.入りで、E-40のさすがのフロウも絶品な名曲。クラップも心地いい、これもスムーズなビートでクラプトがラップする“Heat Rocks”も秀曲だ。2001年には聴けたDBAのブリブリなパーティ・ファンク名曲“Walk To This”も、“What You Got”もバンギンで極上。

Sick Wid' It 2001

The Mossie

Break Bad

Point Seen, Money Gone

モッシーの2ndアルバムも、ドレー『2001』以降のウェッサイ・ファンクが満載の好盤。ブリブリでバンギンなビート上で、E-40とかけ合い、レヴィッティも歌うパーティ・ファンク“Break Bad”を始め、こちらもE-40とのディスコ・ファンク“Boss Up”、ボスコ作のクールなファンク・ビートにシビれる“Guest List Hoes”など、勢いあふれる3人のかけ合いラップも盛り上がるノリノリな曲揃い。5年後の3rd『Soil Savvy』は若い3人がさらにノリまくる、当時絶頂だったハイフィー一色の快作。アンセムとなった“Go Ignit”など、すごい。

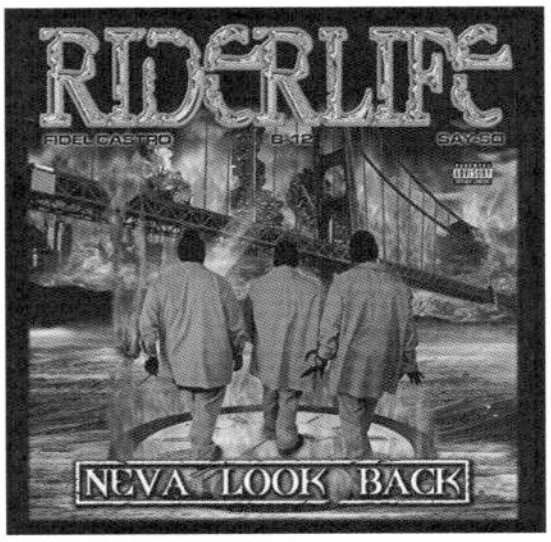

Bay Rider 2001

Riderlife

Another Weekend

Neva Look Back

チカーノ、アフリカ系の混成3MCズ、ライダーライフの唯一のアルバム。N2Deepのヒット“The Weekend”をジェイ・ティー本人とリメイクし、マドンナ“Holiday”を歌う女性Vo.も加えた“Another Weekend”が日本のDJにもウケた。Gなシンセがうねるスリリングなビート上でサン・クインらと吠える“Mashin'”や、ブー・ヤー・トライブとまったりと盛り上がる、重さが魅力の“Ooh Wee”などもいい。アイズリー・ブラザーズ“Groove With You”モチーフで、男性コーラスも入れたメロウな“Dayz Like This”も好曲だ。

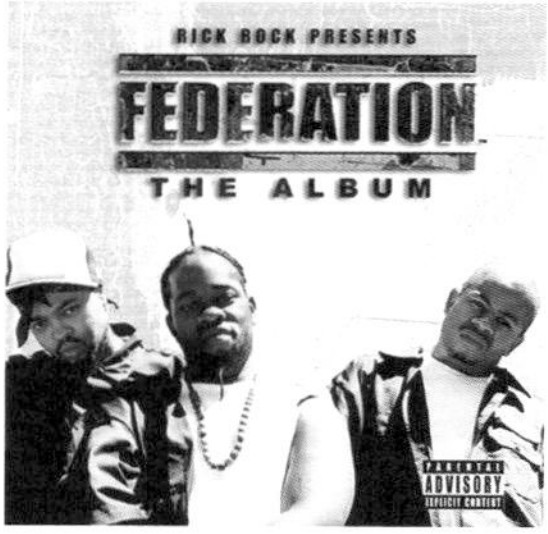

Virgin 2004

Federation

Hyphy

The Album

コズミック・スロップ・ショップのリック・ロックとドゥーニー・ベイビーが、新たに2MCズを加えて組んだフェデレーション。アトランタのクランクに対しベイエリアで生まれた、とにかく盛り上がるためのスタイル、ハイフィーの人気を決定づけたアンセム"Hyphy"と、2ndヒットとなった"Go Dumb"が文句なしのかっこよさ。極限までバンギンでシンプルなドラムスと、エレクトロなサウンドを合わせたファンクは、ヒップホップに久々に現れた飛躍的に新しいスタイルだった。この後数年、ベイエリアはハイフィー熱で絶好調に。

Represe 2007

Federation

18 Dummy

It's Whateva

ハイフィーの火付け役が、勢いに乗り出した2ndアルバム。世界の音楽シーンにエレクトロ・ブームを巻き起こしたアフリカ・バンバーターの名曲"Planet Rock"を思い出させる、真に先進的なビートの"18 Dummy"がとにかく強力。スカスカなサウンドの心地よさに溢れる"Scraper 2 A Benz"もすごい。アル・B・シュア！のメロウなヒット"Nite & Day"をリメイクした"My Rimz"や、バウンシンな"Happy I Met You"などはテディ・ライリー〜ネプチューンズのレヴェルの名曲で、本作は2000年代を代表するファンクの傑作のひとつだ。

Thizz 2004

Mac Dre

Fellin' Myself

Ronald Dregan: Dreganomics

1999年に立ち上げた自身のレーベル、シズ・エンタテインメントをベースに、舎弟たちと次代のベイエリア・ファンクを模索したマック・ドレー。死去の4ヵ月前、7月に出した本作の1曲目"Fellin' Myself"は、ハイフィー・アンセムのひとつになった、ベイエリアの偉人マック・ドレー最後のヒット曲。ハジケすぎないクールなファンクが持ち味で、リズムのセンスの良さが炸裂した"Witme??"や、とことん後ノリのビートが心地いい"Get Stupid"などシビれるかっこよさ。ふざけたジャケットに反して、真に先進的なファンクが聴ける快作だ。

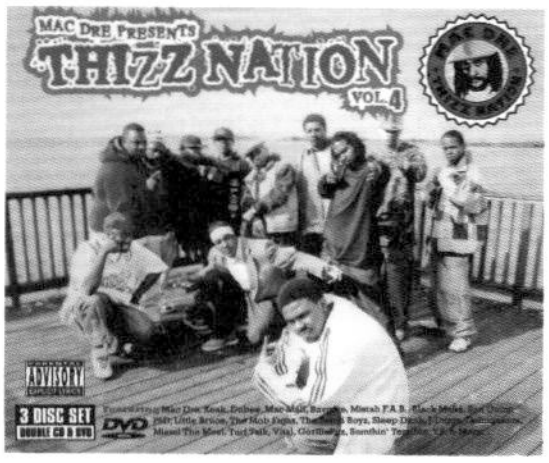

Thizz 2005

Ca$h, Mac Mall & Bavgate

Midnight On The Bay

Thizz Nation Vol. 4

マック・ドレーの死後も各種のアルバム・リリースでベイエリアに君臨したシズ帝国。多くの地元MCが参加したコンピ・シリーズの第4弾はCD2枚組。スティルス・ヤング・バンドの同名曲を速まわしで用いた"Midnight On The Bay"は、メロウ＆メランコリックなビート上でマック・モールらが優しく語りかける泣きの名曲だ。そのマック・モールの"Tropical Goodz"や、レイ・ラヴの"Gotta Get It"などラテンな曲もおもしろい。キーク・ダ・スニークらによるトークボックスが効いたバンギンなファンク"Undaworld Tiez"などもいい。

Thizz 2005

Mistah F.A.B.

Super Sic Wit It

Son Of A Pimp

シズが生んだスターで、今も活躍中のミスタ・FAB。シズでの初アルバムとなった本作は、ハイフィー時代のベイエリアを代表する大傑作のひとつ。E-40が客演、その息子ドゥループ・Eが手がけた“Super Sic Wit It”は、ゲーム音楽的な次世代ファンク・ビートもスーパー・クールな人気曲だ。バンギンかつクールな新時代のオークランド・アンセム“N.E.W. Oakland”や、スリリングな“City Limits”もシビれるかっこよさ。メロウでサイケデリックな“Call Heaven”や、ポップなつくりの“Hoodlife”なども、全曲聴き逃せないすごい1枚。

Moe Doe 2005

The Team

It's Getting Hot

World Premiere

この後ザ・ゲームのレーベル入り、ギャングスタ・ラップの次世代スターと目されるもブレイクしきれなかったクライド・カーソン。彼が仲間ふたりと組んでいたザ・チームの最終作は、ハイフィーなビートとギャングスタ・リリックを融合した快作と高く評価された。バンギンかつクールなビート上でスリリングなマイク・リレーをキメる“It's Getting Hot”がヒット。ゲーム的なサウンドも耳に残る新世代らしいパーティ・ファンク“Hyphy Juice”もかっこいい。メロウでサイケデリックな“Touch The Sky”などは後のトラップにも繋がる秀曲だ。

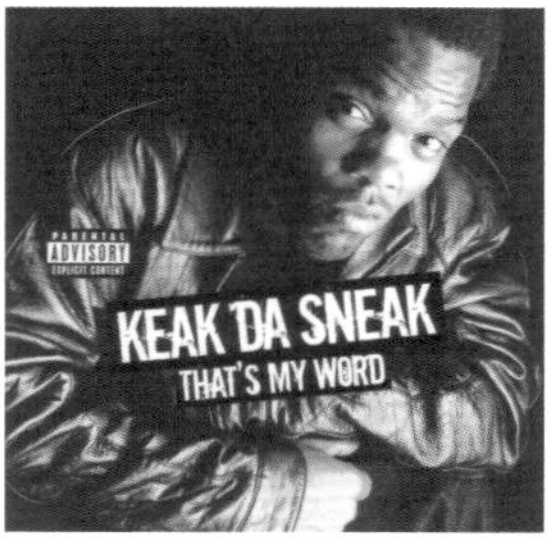

Rah 2005

Keak Da Sneak

Super Hyphie

That's My Word

3Xクレイジーでの活動を経てソロに転向後、エネルギッシュなラップのおもしろさでMr.ハイフィーとなったキーク・ダ・スニーク。ムーヴメントを代表するヒットのひとつ“Super Hyphie”は、ベース・ミュージック直系の太い低音とスカスカなシンセ・サウンドがクラブで映える、極上のパーティ・チューン。しゃがれ声で緩急自在のフロウをキメていく主役のラップは、“Touch On Me”などイケイケな曲でも、“Oh Girl”のような洗練されたスカスカ・サウンドでもかっこいい。これもハイフィー時代のベイエリア・シーンを代表するファンク好盤だ。

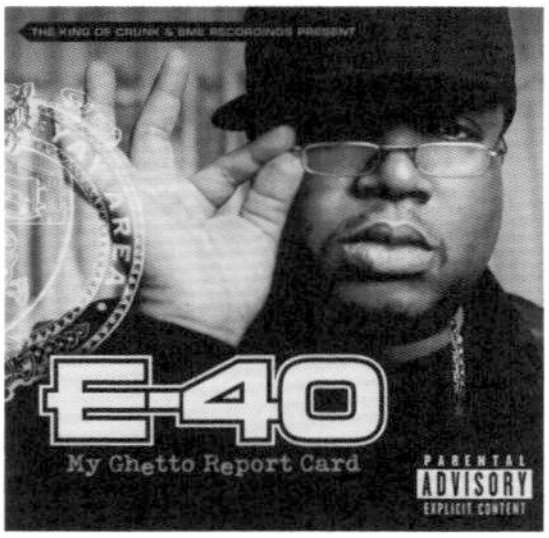

Sick Wid' It 2006

E-40

Tell Me When To Go

My Ghetto Report Card

ベイエリアの大将がハイフィー＝リック・ロック制作曲と、クランク＝リル・ジョン制作曲を半数づつ収録し出した9thアルバムは、全米3位に輝きE-40最大のヒット作に。全米で大ヒットしたのはT・ペインの歌が耳に残る“U And Dat”だが、ハイフィー・アンセム“Tell Me When To Go”がシビれるかっこよさ。ディガブル・プラネッツ曲を用いた“Yay Area”や、ブギー・ボーイズのクラシック“A Fly Girl”をリメイクした“White Gurl”も含め、ハイフィー時代ならではのハイテンションで先進的なファンクが堪能できる、シーンが誇る名盤だ。

Part 4
2012 -

西海岸ギャングスタ・ラップの新時代

ビート、サウンドも、つくり方も聴き方も、完全にデジタル化した2010年代。新時代のビート・メイク法、そして何より新たな聴き方に最も合うトラップが主流となって、シーンは世代交代を果たした。そんな中、西海岸のギャングスタ・ラップ〜聖地コンプトンに全米の目を再び集めた才能がふたり。ケンドリック・ラマーと、YGが示した新時代のギャングスタ・ラップのカタチは、『The Chronic』以降に生まれた第4、第5世代により、さらにクレヴァーに、スタイリッシュに進化し続ける。

Kendrick Lamar

Compton

Good Kid, M.A.A.d City

Aftermath 2012

EDMのブームとも交わりヒップホップがまた大きく変容した2010年前後。西海岸のシーンは流行りに乗れず、表舞台から遠のいていた。そんな中、Dr. ドレーが送り出したのがケンドリック・ラマーの2nd、メジャーでの1stアルバムだった。良い子＝K・ドット（ラマーのかつてのMCネーム）の1日を通して、狂気の街＝コンプトンを描いたコンセプト・アルバム。ドレーやアイス・キューブ、2パックを始めギャングスタではない「ギャングスタ・ラッパー」は多いが、彼らはギャングスタに成りきってラップしてきた。対してラマーは、メジャー作品ではほとんど初めて良い子の視点からのギャングスタ・（ライフを描写した）ラップで全米を魅了した。この、新時代のギャングスタ・ラップのすごさを誰よりも理解し、喜んだのはドレーだ（ドレーがアルバム単位でバックアップしたラップ作品はこれが最後）。ここまでの30余年のLAシーンを踏まえた上で2010年代仕様にしたビートも1曲毎に秀逸。これでコンプトンの、西海岸のギャングスタ・ラップは再び表舞台に返り咲いた。

YG
My Nigga
My Krazy Life

CTE World 2014

ケンドリック・ラマーより3年遅い1990年、コンプトンで生まれ育ち、ブラッズの一員となったヤング・ギャングスター＝YG。同じ歳のDJ・マスタードと組み19歳で出した『4 Fingaz』からのミックステープ数枚は、アイドルっぽさもあるルックスと、ラチェット・ミュージックと呼ばれた次世代ビート人気があっての全米ヒットだった。が、24歳になり満を持してリリースしたこの1stアルバムは、聖地コンプトンの王道ギャングスタ・ラップを継ぐ者として格の違いを見せつけた大傑作だ。ルーニーズ“I Got 5 On It”を思わせるシンセが耳を引く、これぞギャングスタ・ミュージックな大ヒット“My Nigga”や、トゥワーク（ダンス）・アンセムの“Left, Right”、ボムプトン（コンプトン）・アンセムの“BPT”など、マスタードが手がけた新たなウェッサイ・ファンクはクールかつ洗練された絶品だ。“Do It To Ya”でドッグ・パウンド“Let's Play House”をリメイクするなど、レガシーの用い方もファン心をくすぐる。これが、2010年代のLAのギャングスタ・ラップを代表するアルバムだ。

4Hunnid 2016

YG
FDT (Fuck Donald Trump)
Still Brazy

2ndアルバムは、一時的に不仲となっていたDJ・マスタードが不参加。90年代のGファンクそのままな“Twist My Fingaz”を始め、よりウェッサイのレガシーを継ぐような曲も多く、これはこれで楽しい。LA新世代ジャズの要人でもあるテラス・マーティン作のビートは味わい深く、“Bool, Balm & Bollective”もハマる好曲だ。ドレー『2001』サウンドを思わせる“Who Shot Me?”もいい。全米ヒットしたのはドレイク客演の“Why You Always Hatin?”だが、本作の目玉は“FDT”。「ファック！」を連呼する、反・トランプ大統領派のアンセムだ。

4Hunnid 2019

YG
Go Loko
4Real 4Real

再びマスタードと組んだ3rd『Stay Dangerous』からは“Big Bank”が全米ヒット。その9ヵ月後に早くも出た4thアルバム。ヒスパニックがLA圏人口の50％近くにまで増え（アフリカ系は10％ほど）メキシコ化するフッドを反映した、マリアッチ・サウンドの“Go Loko”が大ヒット。カースワードの連呼でギャングスタ・ラップをデフォルメしたような“Stop Snitchin”もヒットし、再びシーンをリードする先進的な存在に。2パック曲のリメイク“Keshia Had A Baby”や、クラッピン・ファンクの“Do Yo Dance”などウェッサイらしい好曲も多い大傑作だ。

All Money In No Money Out　2010

Nipsey Hussle
I Dont Give A Fucc
The Marathon (Music)

クレンショウのクリップス、ニプシー・ハッスル。19歳の時、父親の故郷アフリカはエリトリアで多くの経験を積んだこともあり、後に社会貢献活動にも注力、LAでは英雄として絶大な人気を誇る。ラッパーとしては、スタジオ・アルバムを出さず、2005年からミックステープだけでシーンのトップに君臨。これは5作目で、QDIII作の泣きのビート上で「知ったことじゃねえ」と繰り返す“I Dont Give A Fucc”が人気を呼び、彼の代名詞的な1曲に。コケインとの“Mr.Untouchable”など、普遍的なウェッサイ・ファンク曲でも人気を集めた。

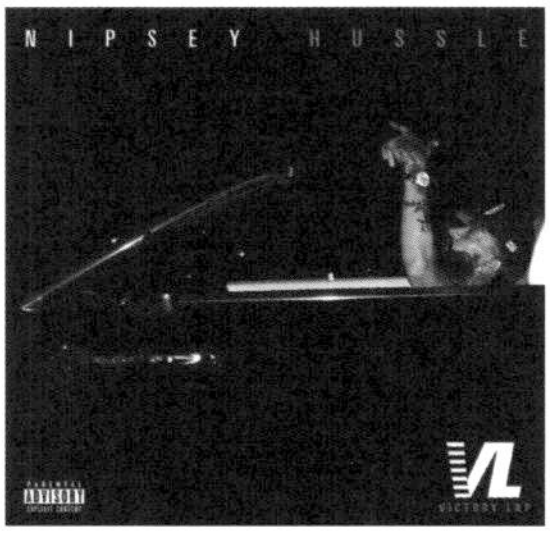

All Money In No Money Out　2018

Nipsey Hussle
Last Time That I Checc'd
Victory Lap

前年に自身のクロージング・ブランドを立ち上げ、地元クレンショウにショップもオープン。フッドの活動家としても成功したところで、キャリア13年目に初めて出した、そして遺作となった唯一のスタジオ・アルバム。客演するYGの“My Nigga”も思わせるシングル・ヒット“Last Time That I Checc'd”は、クールなエレクトロ・ファンクのシビれる名曲。K・ラマーとの“Dedication”や、ジェイ・Z“Hard Knock Life”モチーフの“Hussle & Motivate”なども、クールな熱い想いに溢れる力作だ。2019年、何者かに射殺され33歳で逝った。

The OpM Company　2011

Dom Kennedy
When I Come Around
From The Westside With Love II

1984年生まれのドム・ケネディは、自身はギャングスタではないが、LAのフッドを語るにギャングスタも欠かせない要素とごく自然にリリックにする、新しいスタイルのMC。強すぎるウェッサイ愛をタイトルにも表したこの1stアルバムは、ミックステープだった前年のVol.1に続き、80年代後半のTR-808サウンドが残るLAギャングスタ・ラップのビートを今にアップデイトしたようなつくりで人気に。クラップ音も心地いい“When I Come Around”を始め、エレクトロ味が効いたスムーズ&メロウな曲のオンパレードで、好き者にはたまらない快作だ。

The OpM Company　2013

Dom Kennedy
South Central Love
Get Home Safely

2ndアルバムは、前作ほど80年代リヴァイヴァルなサウンドではないが、やはりスムーズ&メロウに2010年代のウェッサイ・ビートで楽しませる好盤。アイス・キューブ〜映画『Friday』愛を爆発させたような、レイドバ〜ックした“South Central Love”や、男性Vo.とセクシーにせまる“Still Callin”、メロウで浮遊感溢れるサウンドの“Black Bentleys”など、チルアウトな好曲が並ぶ。ニプシー・ハッスルと熱く語る“Pleeze”や、定番ドラムスをフレッシュに用いた“A.M.N.I.G.z”、マスタード作の“Nothin Like Me”などもいい。

Top Dawg 2014

Schoolboy Q
Collard Greens

Oxymoron

アメフト選手として活躍する裏で、クリップス入りしヤクの売人をしていたスクールボーイ・Q。これは3rdアルバムにしてメジャー初作で、ブラック・ヒッピーを組む仲間のケンドリック・ラマーが先にブレイクしたこともあり、全米1位を記録するヒット作に。タイトルは、自身が売っていたドラッグの名と、「ばか」を合わせた造語。“Blind Threats”に客演するレイクォンらNYのラッパーにも学んだ、新世代のハスラー・ラップがウケた。ラマーとの“Collard Greens”など、クールでバンギンなギャングスタ・ミュージックが聴ける快作だ。

Top Dawg 2018

Jay Rock
King's Dead

Redemption

ワッツのブラッズ、ジェイ・ロックは、ブラック・ヒッピーで最初にメジャー・デビュー。その後もアルバム毎に評価を上げ、『Black Panther』のサントラにも収録された“King's Dead”を全米ヒットさせた。この3rdアルバムは、バウンシンなヒット“Win”や、よりトラップのスタイルに近づいた“Knock It Off”など、ウェッサイなスタイルにこだわらないビートの曲も多い意欲作。ラマーとの“Wow Freestyle”や、J・コールとの“OSOM”ではトップMCのふたりを相手にスキルを見せつけてもいる。SZAが歌うメロウなタイトル曲もいい。

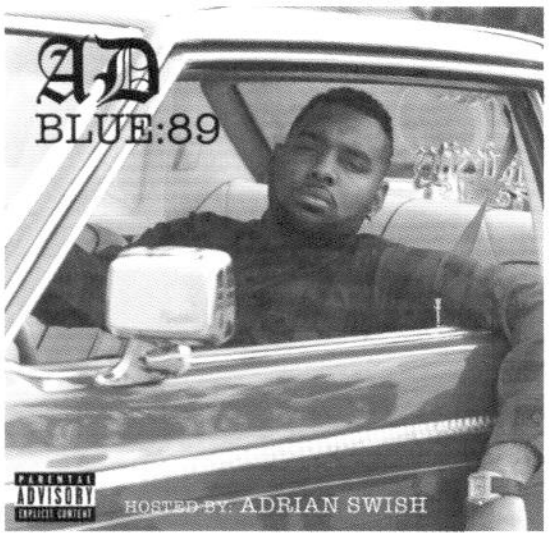

Swish MGMT 2015

AD
Juice

Blue: 89

2012年からの客演と、ミックステープのリリースで名を上げた、コンプトンのAD。NWAの、ギャングスタ・ラップのレガシーに意識的な彼の、初のヒット曲が“Juice”。1992年の2パック主演同名映画を思い出させるタイトルの、ウェッサイ伝統のエレクトロ・ファンク最新形だ。シャウトする、昔ながらのパワフルなラップは“Westside Errb”などでも迫力満点。これを手がけたラリー・ジェイはあのLVの息子で、本ミックステープのメイン・プロデューサーを務める。“Ain't Wit It”などでもバンギンな、トラップ時代のウェッサイ・ファンクを聴かせてくれる。

ARTium Recordings 2015

Vince Staples
Norf Norf

Summertime '06

ロングビーチのノース（フ）サイドで育ったヴィンス・ステイプルズ。スヌープのアメフト・チームにも在籍した彼は、オッド・フューチャーと出会いラッパーを志す。前年のEP『Hell Can Wait』に続く1stアルバムは、ジャケットがジョイ・ディヴィジョン『Unknown Pleasures』モチーフであり、まさに新世代なビートで聴かせるギャングスタ・ミュージックだ。地元を謳った“Norf Norf”を始め、ジェネイ・アイコとの“Lemme Know”や、エレクトロ・ファンクを進化させた“Senorita”など、オッド・フューチャーにも通じる多様性、ドラマ性がクセになる。

So Way Out Tha Innerprize　2016

G Perico

Bout It

Shit Don't Stop

サウスセントラルのG·ペリコの、ブレイク作となったミックステープ。DJ・クイック、それにトゥー・ショートを思わせる声、フロウで、伝統的なギャングスタ・ラップのスタイルを意識的に受け継ぐ。クラップ音と太いベースが効いた2010年型のウェッサイ・ファンク・ビートに乗り、イケイケなタイトル曲や“South Central”などでは、たたみかけるようなフロウで魅了。“Nothin' But Love”や“Next 100,000”などメロウな曲もいい。最も耳に残るのは、Gなシンセも強烈なTRU（マスター・P他）“I'm Bout It, Bout It”のリメイク“Bout It”。

Fool's Gold　2017

G-Worthy

Never Miss

G-Worthy

G·ペリコが、コンプトンのMC、ジェイ·ワーシー、ビート·メイカーのカルドと組んだG・ワーシー。2日でつくったこの7曲入りEPが唯一の作品だが、90年代のサウンドを意識的に用いた、特にジェイが得意なコンセプト・アルバム的なつくりでマニアにウケた。Gなシンセもメロウな人気曲“Never Miss”や“Foolish”を始め、R&B調でメロディアスな“Ain't Trippin'”や、TR-808サウンドも効いたエレクトロな“Scandalous”に“Get Mine”と全てが好曲。フワフワなサウンドで浮遊感たっぷりなマリファナ・アンセム“Getting High”も楽しい。

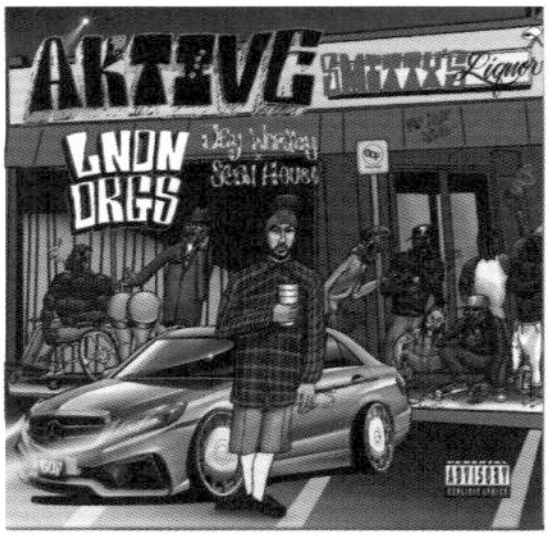

GDF　2015

LNDN DRGS

Susan

Aktive

ジェイ・ワーシーが、ビート・メイカーのショーン・ハウスと組むロンドン・ドラッグズ。もとはヴァンクーヴァー出身のふたりは、80～90年代のスタイルをアップデイトして聴かせるというコンセプトありきの、確信犯なギャングスタ·ユニット。そのあり方は現代的でもあり、そして何より曲の良さで人気を得ている。“Susan”や“Plug B4”にタイトル曲など80年代R&Bネタのメロウな、強すぎないエレクトロなサウンドが売りとなる曲がメインで、ブギー～シティ・ソウルのファンにもアピールするつくり。“Uza Trikk”などとろけるメロウもいい。

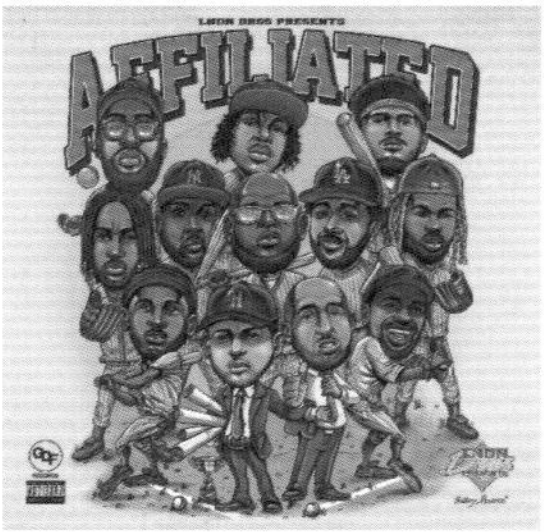

GDF　2019

LNDN DRGS

I Want U

Affiliated

ジェイとアルケミストの、和モノねただけでつくった『Fantasy Island』などを経ての2ndアルバム。バーバラ・メイソン“Another Man”ネタの“I Want U”や、ポール・ハードキャッスル“King Tut”ネタの“Hussle”など、特に80年代半ばの人気曲をそのまま用いたカラオケ状態のつくりは、ソウル・バーなどでもウケそう。ディスコなファンクに加え、“Another One”や“Hurt My Hand”などメロウ曲もそのまま80年代R&Bだ。その中で、70年代のスウィート名曲＝ブルー・マジックの同名曲を用いた“Sideshow”もたまらない。

Empire 2017

Mozzy
Sleep Walkin
1 Up Top AHK

ブラック・パンサー党員の祖母に育てられ、ラッパーである叔父GPをマネてラップし始めたモジー。故郷サクラメントの伝統を受け継ぐ特にハードでヘヴィなリリックで注目され、2015年の『Bladahdah』でブレイク。LAに移住して、このアルバムから全米シーンに向かっていった。音数の少ないシンプルなビートで時にシリアスに、時にストリングスなどを用いてドラマティックに、ジワリジワリとクールにストリート・ライフを語る。“Sleep Walkin”を始めジェイ・ロックとの“Momma We Made It”など、思わず引きこまれる曲が並ぶ。

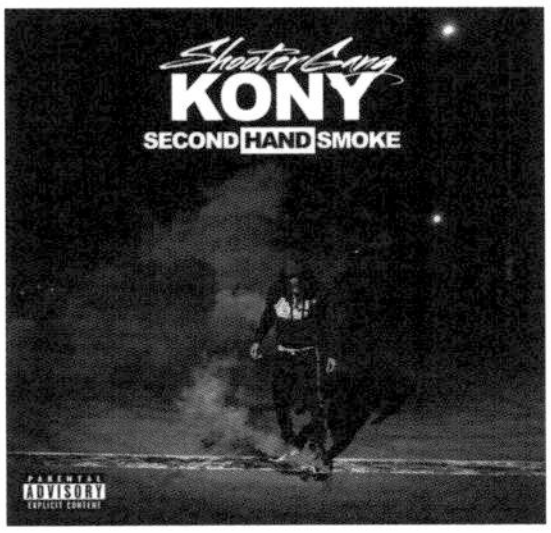

Empire 2019

ShooterGang Kony
Charlie
Second Hand Smoke

アフリカから来たシングル・マザーに育てられるも、兄4人が殺害された故郷サクラメントを絶望の街と言うシューターギャング・コニー。「15歳までに誰もが刑務所行きになる」というハードなストリート・ライフを、モジー同様に生々しくラップ。ブラザ・リンチ・ハングを継ぐ者とも言われ注目を集めている。“Charlie”は、ハネるクラッピン・ファンクのハマるビートに乗り、スムーズなフロウをキメていく人気曲。ネフ・ザ・ファラオらが加わったそのパート2も収録したこのミックステープには、他にも中毒性の高いビートの好曲多し。

Alamo 2019

03 Greedo
Trap House
Still Summer In The Projects

早くに父親を亡くし、ドラッグ・ディーラーとしてハッスルした03グリード。ワッツに移住した後、ミックステープ・シリーズ『Purple Summer』でブレイクすると、マスタードと組みこのスタジオ・アルバムをリリース。ヒットした“Trap House”は、浮遊感のあるシンセとクラップ音が心地いいメロウなビート上で、オートチューン声でラップするキャッチーな一発だ。マスタードはネクスト・レヴェルなビートを本作では用意していて、爽快ブリージーな“10 Purple Summers”、メロウでメロディアスな“Loaded”など全曲が聴きどころ。

Shady 2019

Boogie
Soho
Everythings For Sale

コンプトンのブギーは、2014年からミックステープで注目を集め、エミネムのシェイディ・レコーズとの契約を勝ち取り、この1stアルバムをリリース。小さな頃はゴスペル・クワイアで歌っていた彼は、コンプトンでのストラグルを、ゴスペルの祈りや、ブルースの諦観も交えてラップし聴くものの耳を引きつける。女性Vo.とかけ合うメロウな“Swap Meet”や“Skydive II”、ジャジーな“Lolsmh”や“Live 95”、アフリカン・チャントのような“Soho”に、エミネムとのトラップな“Rainy Days”など、曲調は幅広く飽きずに1枚聴かせる。

Dream Chasers 2019

Roddy Ricch
The Box
Please Excuse Me For Being Antisocial

コンプトンのクリップス、ロディ・リッチ。1998年生まれで、アトランタでの生活経験もある彼はトラップと、YG以降のLAギャングスタ・スタイルをミックスし若手のホープに。この1stアルバムは全米1位を記録し大ヒットした。やはり全米1位となったシングル"The Box"は、ギャング話とエロ話をダブルミーニングで聴かせるリリックもウマい名曲。マスタードとの"High Fashion"はレイディース・キラーなメロウ曲でこれもヒット。ブンブン鳴る低音に惹かれる"Start Wit Me"や、ラテン味を効かせた"Peta"なども、聴きごたえあり。

no label 2019

Doggystyleeee
Born & Raised
Into Something Volume 1

LAの北東に位置するサンバーナーディノ郡出身で、現在25歳のドギースタイリー。明らかなスヌープ・フォロワーである彼の、主に90年代のGファンクをアップデイトし効かせるこのミックステープは一部で大きな話題に。"Ain't No Fun"そのままの"Deez Nutz"やイーストサイダズ"G'd Up"な"Retaliation"などビート・ジャックものも楽しい。が、"What's My Name?"モチーフの"Born & Raised"や、ドレー"Let Me Ride"使いの"In My 64"など、今のサウンドでリメイクしたGファンク曲がいい。Vol.2も好盤。

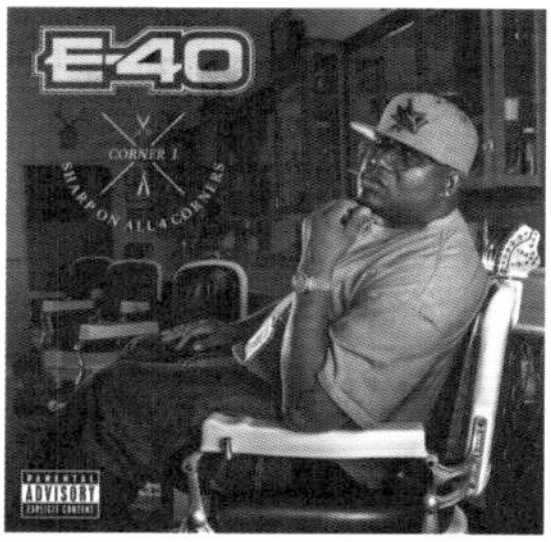

Heavy On The Grind 2014

E-40
Choice (Yup)
Sharp On All 4 Corners: Corner 1

2010年代は16枚ものアルバムを出し、OGでは最も現役感のあるE-40。造語も含む言葉遊びと、変幻自在なフロウのマスターは、もはや別格のラップ・キング。ノー、イエスを繰り返すフックがTik Tokのネタとなり、日本の女子高生の間でもバカウケした全米ヒット"Choice (Yup)"を始め、E-40のリリック、曲づくりのセンスにようやく時代が追いついた感さえある。全米ヒット曲では2012年の、YGらと盛り上がるイケイケな"Function"もいい。ハイフィー以降もずっと、進化を続けるベイエリア・ファンクが聴けるE-40の作品にハズレなし。

Mad Science 2014

DJ Quik
Fuck All Night
The Midnight Life

DJ・マスタードが新たなウェッサイ・ファンク・ビートをヒットさせる中で出たDJ・クイックの9thアルバム。音の処理やビートの間などで今のスタイルを取り入れつつも、前2作のような迷いなく、ヒップホップ界屈指の音楽家であるクイックらしいウェッサイ・ファンクを聴かせてくれる快作だ。スーパー・バンギンなドラムスにシビれる冒頭"That Nigga'z Crazy"から、スペシャルなサウンドの良さがすごい。クイックならではのスムーズ&メロウな"Pet Semetary"や"Fuck All Night"、爽快グルーヴの"Life Jacket"など極上だ。

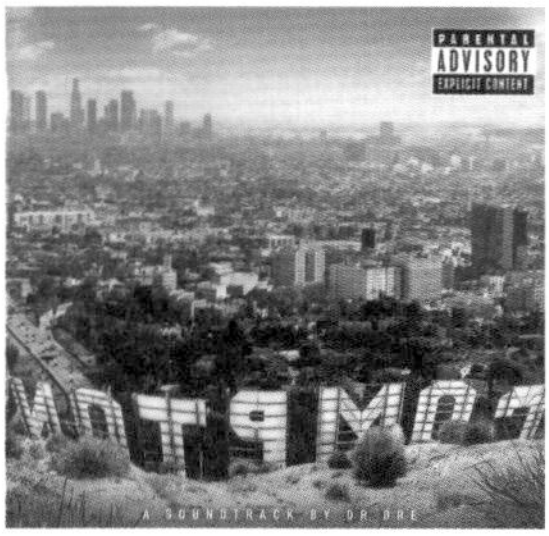

Aftermath 2015

Dr. Dre

Genocide

Compton

NWAの伝記映画『Straight Outta Compton』に触発されつくった故郷コンプトンのサウンドトラックであり、自身の最終作だというドレーの3rdアルバム。今のコンプトンをYGとともに代表するケンドリック・ラマーも参加した“Genocide”のサウンドは、ヒップホップ史上最高の音職人だったドレーの到達点。ミックスだけの曲も多いが、ドレー・マジックがかかった作品は他とは聴こえが違う。アイス・キューブとの“Issues”やスヌープとの“Satisfiction”、ボンサグの同名曲を下敷きにイージー・Eに捧げた“For The Love Of Money”など、シビれる。

Blood Money 2016

The Game

Bompton

1992

ウェッサイ人気が全米では落ち着いていた2000年代後半〜2010年代前半も、シーンの最前線で踏ん張り続けコンプトン〜LAをレペゼンし続けたザ・ゲーム。K・ラマーやYGら後輩の活躍に安心したか、ドレーに続いて自身のコンプトン・ライフを振り返るアルバムを出した。LA暴動があった、彼個人としても重大な年だった1992年をタイトルにした本作。アイス・T“Colors”ネタの“True Colors”や、ザ・DOC“It's Funky Enough”ネタの“Bompton”なども楽しい、OGとなったザ・ゲームならではのウェッサイ・ファンに向けたつくりが嬉しい1枚だ。

Doggystyle 2017

Snoop Dogg

Moment I Feared

Neva Left

全米シーンの前線でリリースを続けてきたスヌープもウェッサイ回帰。ジャケットに1992年撮影の写真を用いたこのアルバムは、原点回帰、90年代回帰も企図している。リック・ロック作のクールでもクラッピン音でノセる“Moment I Feared”や、TR-808サウンド全開のエレクトロなファンク“Promise You This”など、キラーなスヌープが聴ける好曲が並ぶ。後半にはバトルキャット作の5曲が。フーディーニ曲使いの“Big Mouth”や、1996年にも聴かせた“Vapors”のリメイク、そしてOGの余裕たっぷりな“Still Here”がいい。

Lench Mob 2018

Ice Cube

Ain't Got No Haters

Everythang's Corrupt

8年前の前作『I Am The West』からオレは別格と宣言していたアイス・キューブ。「すべてが汚ねぇことばかり」とのタイトルの本作では、トランプを逮捕しろと言う“Arrest The President”に始まり、原点回帰とも思える攻撃的なラップでアメリカの問題をえぐる。“Good Cop Bad Cop”などは1992年に続いてまたも、暴動に先駆けて問題を告発していた。ただお楽しみもあり、ファンカデリック“Knee Deep”似のパーティ・ファンク“That New Funkadelic”、そして、デレゲイション“Oh Honey”ネタの“Ain't Got No Haters”が絶品だ。

ギャングスタ・ラップの生まれる大きな要因となった、ブラックパンサー党の話。

〜ゲットーにおける自衛と、地域主義、助け合いのはじまり〜

文・野田努

2016年のNFL優勝決定戦、スーパー・ボウルのハーフタイムのこと。ビヨンセのパフォーマンスはたんなる音楽のショーを越えて社会／政治の次元でニュースになったものだが、このとき彼女はただ演奏したのではない。引き連れてきたダンサーたちにブラックパンサー党のコスチューム（アフロヘアに黒い革の上下）をまとわせたばかりか、コブシを上に突き上げるデモストレーションまでした。コブシ……反レイシズムのアクションとして公民権運動のときに生まれた示威行動で、最近ではブラック・ライヴズ・マターのデモの現場でも見られるあのコブシがそれだ。

このときのビヨンセのパフォーマンスには、直後のライヴが中止に追い込まるほど多くの抗議が寄せられているが、それもそのはず、“ブラックパンサー”という記号はアメリカにとってはそのぐらいインパクトがある。強いて喩えるなら——あまり良い喩えではないのだが——宇多田ヒカルがバックダンサーに連合赤軍の格好をさせながらゲバ棒を持って踊るようなもので、さすがにこれは世間を騒がせるには十分だ。ビヨンセもよくそんなリスキーな表現をやったものだとあらためて思う。

だが、連合赤軍とは違ってブラックパンサー党が黒人文化に与えた影響は大きく、実はヒップホップ・カルチャーの土台にも影響を与えている。ギャングスタ・ラップの基礎を構成する大きな一要素になっていたりもするのである。

ブラックパンサー党は、黒人たちが市民として白人と同等の権利を求めた公民権運動の後半、マルコムX暗殺後の1966年にアメリカ西海岸オークランドにて結成された。ヒューイ・P・ニュートンとボビー・シールがその発起人で、一時期はストークリー・カーマイケル（ニーナ・シモンと交流のあった黒人ラディカルのひとり）も関わっていた。同じように一時期党員だった活動家のアンジェラ・デイヴィスは、ジョン・レノンやハービー・ハンコック、サンタナらの曲の主題にもなっている。

都市部ゲットーのコミュニティにおける警官からの蛮行を自衛する組織として生まれたが、目的のためなら暴力も辞さないというブラックパンサー党の思想は、武装蜂起を呼びかける革命思想でもあった。この黒い過激な思想は、1968年のキング牧師暗殺事件によって大衆の支持を得るにいたる。この年、ブラックパンサー党の党員は5000人にもおよび、全国40箇所にその支部があったという。その5000人のなかにはフリージャズ・シーンに属する演奏家もいたが、左翼思想を持った黒人以外でも、多くのギャングたちも党に身を置いたと言われている。後にトゥパック・アマル・シャクールの両親になる2人やカニエ・ウェストの父親も元党員だったりする。

暴力やその過激な側面——警察との銃撃戦、警察ビルの爆破計画、大統領暗殺計画など——ばかりが語られがちなブラックパンサー党ではあるが、実際のところポジティヴな影響も多々ある。功績のひとつは地域主義という、いうなれば地元意識を根付かせたことで、さらに貧困家庭への無料の食事配給や医療、教育といったコミュニティのための社会奉仕活動が挙げられる。これを契機に芽生えた地元意識は「ヒップホップ・ジャーナリストのゴッドファーザー」ことグレッグ・テイトの解説によればクール・ハーク登場の背景にもあるそうで、たしかにヒップホップ以前の黒人音楽に「地元コミュニティ」感はそれほど顕在化されていない。

とはいえ、ブラックパンサー党はそのラディカルな左翼思想ゆえ、アメリカ政府からもっとも危険視されていたことも事実だ。FBIからも徹底的に狙われていたし、主要党員の多くは警官に射殺されている。そして多くの党員は投獄されているが、西海岸ではやがてそれがギャングや刑務所の文化と融合し、ギャングスタ・ラップへと繋がっている——とグレッグ・テイトは言っている。そういえば、マルコムXも刑務所内でネイション・オブ・イスラムの男から社会を学び、政治に目覚めているし……。

ちなみに、ギャングスタ・ラップを有名にしたアーティストのひとり、アイス・キューブのインタヴューを読むと、父は風景画家で母はUCLAの図書館勤めという、決して悪くはない家庭で育っている。とくに問題児だったわけでもなく、警察よりも父のほうが恐かったとキューブは述懐している。また、学校で憶えたのはマーティン・ルーサー・キングとH・タブマン(先駆的奴隷解放運動家)のふたつしかないと語っているように、彼のなかに社会意識があるのはたしかなのだろう。暴力やドラッグなどのリリックで批判され続けているギャングスタ・ラップにおいて、とりわけ女性蔑視の言葉はつねに問題視されているが、キューブはもっとも早い時期に女性の地位向上を訴えた女性ラッパー、ヨー・ヨーをデビューさせている。

Chapter 3
SOUTHSIDE
アメリカ南部のギャングスタ・ラップ

サウスのシーンは始まりこそ遅かったが、ラテン気質のパーティ・タウン、マイアミではベース・ミュージックとして独自に発展。その波はアトランタにも飛び火する。そしてヒューストンで、サウスのヒップホップの父と言えるJ・プリンスがラップ・ア・ロットを立ち上げ、シーンをつくりあげたことで、1990年前後にようやく盛り上がりが本格化。すると、ラップのネタになるハードなゲットー・ライフはNYやLA以上という中で、ギャングスタ・ラッパーが次々に登場。「音楽の都」と呼ばれるニューオーリンズや、サザン・ソウルの聖地であるメンフィスでも独自のサウンド、スタイルを持ったスターが生まれる。成り上がるための手段としても、音楽を必要とする者がより多いこと。そして音楽的な伝統の豊潤さが突出していることなどから、2000年代半ばにはサウスこそがギャングスタ・ラップの、ヒップホップの中心地となった。とにかく、プレイヤーの層の厚さは圧倒的だ。

Part 1
1989 - 1992

サウス・シーンの勃興

NYで始まり、まず西海岸に広まり、その後で南部にも届いたヒップホップの盛り上がり。なのでサウス・シーンの始まりは遅く、ラン・DMCや、NWAのマネから始まったために、全米で聴かれるようになるには時間を要した。そんな状況を一変させた、ゲトー・ボーイズが生んだ、オリジナル性に溢れたヒット“Mind Playing Tricks On Me”と、その曲を収録したアルバム『We Can't Be Stopped』の存在はとてつもなく大きい。

Geto Boys
Mind Playing Tricks On Me
We Can't Be Stopped

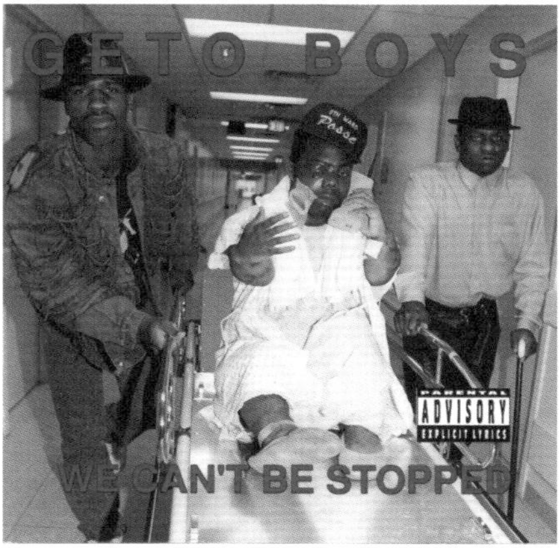

Rap-A-Lot 1991

「これがオレたちのヒップホップ」と、ヒューストン～サウスの人々が初めて誇れた、始まりの1枚となった真に特別な1枚。ジェイムズ・プリンスがラップ・ア・ロットを立ち上げ、ゲトー・ボーイズをデビューさせたのが1987年。当初は別のメンバーで、ラン・DMCのマネから始めたグループが、スカーフェイス、ブッシュウィック・ビル、ウィリー・Dの3MCズとなって、ついに出した全米ヒットが“Mind Playing Tricks On Me”だった。「オレの心が、オレをもてあそびやがる」といったタイトルで、誰かに殺られるかも知れないというパラノイアックな思いをラップしたこの曲は、死が身近な、ハードなサウスのゲットーをレペゼンしたもの。ホラーコアの先駆けとされる、ディープな現実、精神世界の描写は以降常に注目を集め、ナズや2パックを始めラッパー連中にも大きな影響を与える。またこの曲のサザン・ソウル味の強い、レイドバックした後ノリのユルいテンポはヒューストンのラップのトレードマークに。B・ビルの代名詞となる、映画『チャイルド・プレイ』から生まれた“Chuckie”も重要だ。

Rap-A-Lot 1989

Ghetto Boys

Do It Like A G.O.

Grip It! On That Other Level

元はダンサーだったB・ビルに、スカーフェイス、ウィリー・Dが加わり3MCズとなり、DJ・レディ・レッドも合わせ4人組となっての2ndアルバム。"Apache"とカーティス・メイフィールド"Superfly"を合わせた"Do It Like A G.O."に始まり、スティーヴ・ミラー"The Joker"ネタの"Gangsta Of Love"、パーラメント"The Big Bang Theory"ネタの"Life In The Fast Lane"と続く、ファンキーな快作だ。キング・カーティス"Memphis Soul Stew"そのままの"Trigga Happy Nigga"と、"Mind Of A Lunatic"はホラーコアなリリックの人気曲。

Rap-A-Lot 1992

Geto Boys

Damn It Feels Good To Be A Gangsta

Uncut Dope

『We Can't Be Stopped』の大ヒットを受けリリースされたベスト盤。"Damn It Feels Good To Be A Gangsta"は新曲で、"Mind Playin' Tricks On Me"に次ぐ人気曲。「リアルなギャングスタとは」を3人が説き、本物でいられたら心地いいと語るギャングスタ賛歌だ。グラウンド・ビートと同じドラム・ブレイクで、ピアノ、ギターがレイドバック感を演出するビートも絶品。"Action Speaks Louder Than Words"も新曲で、サイケデリックでケムたいファンク・ビートがドープ。この曲を最後にウィリー・Dは一時期、グループを脱退する。

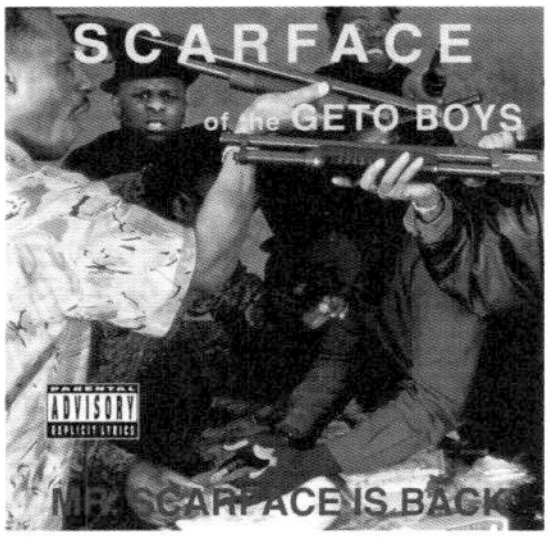

Rap-A-Lot 1991

Scarface

A Minute To Pray And A Second To Die

Mr. Scarface Is Back

『We Can't Be Stopped』の3ヵ月後に出され、50万枚を売るヒットとなったスカーフェイスの1stソロ・アルバム。史上最高のリリシスト、MCのひとりという評価が今は定まった彼。チャック・DやMC・レンにも似た声での、押しの強いストロング・スタイルのラップは普遍的な魅力を放つ。ゴリゴリとファンキーな"Mr. Scarface"に始まり、マーヴィン・ゲイ"Inner City Blues"のビート上でクールに語る"A Minute To Pray And A Second To Die"まで、この時代ならではのサンプリング・ビートのおもしろさもあって、退屈な曲などひとつもない。

Rap-A-Lot 1992

Bushwick Bill

Ever So Clear

Little Big Man

ディープなゲットー描写とユーモアも冴えたラップで人気を集めた小さな巨人、ブッシュウィック・ビルの1stソロ・アルバム。『We Can't Be Stopped』のジャケット写真は、ビルが女性とモメて錯乱、自身の眼を撃ち病院に運ばれたところを写したものだが、その事件についてラップした"Ever So Clear"がヒット。ホラーコア・ラップの同志ギャングスタ・ニップが客演した"Chuckwick"も人気を集めた。ジャマイカ生まれらしい、レゲエ・フロウも聴かせる冒頭のタイトル曲や、"Funky Worm"を用いた"Dollars And Sense"のファンキーさもすごい。

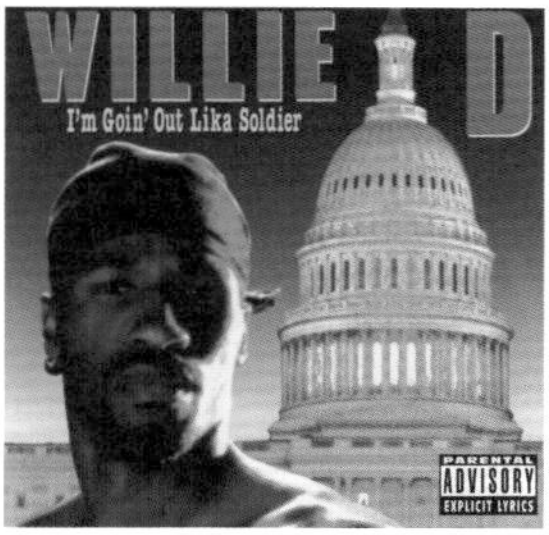

Rap-A-Lot 1992

Willie D

Clean Up Man

I'm Goin' Out Lika Soldier

ボクシングでテキサス地区チャンピオンにもなったウィリー・Dは、そのストレートなラップ・スタイルを買われゲトー・ボーイズ入り。この2ndソロ・アルバムでも、明るいギャングスタ・ラップで楽しませる。ベティ・ライトの人気曲“Clean Up Woman”に乗せて、男女の話をおもしろく聴かせる“Clean Up Man”がヒット。ファスト・フロウの連打で聴くものをノックアウトするタイトル曲や、NWA“100 Miles...”を用いてロドニー・キング事件について訴える“Rodney K.”もいい。スクリュー&チョップ味のある“Die”にも注目。

Rap-A-Lot 1991

Convicts

This Is For The Convicts

Convicts

ともに、後にソロで活躍するビッグ・マイクと、3-2が組んだコンヴィクツの唯一のアルバム。押しの強いストロング・スタイルのMCふたりに合わせた、この時代ならではのサンプリングによるファンキー・ビートが存分に楽しめるつくり。ジェイムズ・ブラウン曲のドラムスを混ぜ合わせた“This Is For The Convicts”を始め、MC毎に切り替わるビート上でゲトー・ボーイズとかけ合う、7分に及ぶメガミックス的大作“1-900-Dial-A-Crook”など聴きどころ満載。やはりこの時代の流行りだったレゲエ調の“Fuck School”もいい。

Rap-A-Lot 1991

The Terrorists

Blow Dem Hoes Up

Terror Strikes - Always Bizness, Never Personal

ともにK・リノ率いるサウス・パーク・コアリションのメンバーである、ドープ・Eとエジプト・Eが組んだテロリスツの1stアルバム。ビートも全てふたりで手がけたもので、NWAなどを参考にしつつ、スリリングなギャングスタ・ミュージックをうまく演出。Gなサウンドが効いた“Cloud On Suckas”、ローファイなサウンドが味わい深い“Blow Dem Hoes Up”や“Bomb Threat”などは後のシーンへの影響も大。ポイント・ブランクとのホラーコアな“Dead Bodies”、クルー総登場のポッセ・カット“South Park Coalition”と好曲が続く。

Luke 1992

Poison Clan

Action

Poisonous Mentality

マイアミからも1枚。後にソロとなるJT・マネーが在籍したポイズン・クランの2ndアルバム。1stはエロも多いが、ベース・ミュージック的要素を減らした本作は、マイアミ初のギャングスタ・ラップ・アルバムといえるつくりに。サザン・ソウルな人気曲“Action”を始め、サンプリングによるファンキー・ビートは全て高水準。バンギンな“Fugitive”や、定番“Cramp Your Style”ドラムスの“Somethin' 4 You Raggedy Ho's”は特にいい。やはりオールドスクールな、フリーダム“Get Up And Dance”ネタの“Rough Nigga Gettin' Busy”も楽しい。

Part 2
1992 - 1996

Gファンク時代のサウス・シーン

1992年、Dr.ドレー『The Chronic』がモンスター・ヒットとなり、ギャングスタ・ラップの売れる型が明確になると、サウスでもそのスタイルが一気に広まった。もともとレイドバックしたファンクを好んだヒューストンでは、チョップド＆スクリュードなる独自の型も生まれ、シーンは一気に盛り上がる。そしてメンフィスでも、もともとあったソウル／ファンクの伝統を継いだような作品が登場し、シーンがジワジワと拡大していった。

Scarface

I Seen A Man Die

The Diary

Rap-A-Lot 1994

100万枚を売り、最も権威のあった専門誌『The Source』で満点＝マイク5本評価を得て、スカーフェイスがその存在を絶対的なものとした3rdソロ・アルバム。サウスのゲットーに生き、ハードな環境の中でうつ病を抱え、10代の頃には自殺を図ったこともあるスカーフェイス。本作での、彼ならではの死についての深い言葉は、史上最高のリリシストのひとりとの称号をもたらした。病院にいる人々を描写した“The White Sheet”に始まり、聴く者に死とは何かを深く知らしめる名曲“I Seen A Man Die”や、ゲトー・ボーイズのヒット曲をひとりで再構築した“Mind Playin' Tricks 94”など、哲学の域にまで達しているラップがリスナーの心を震わせる。音楽的な魅力も文句なし。ドラムスやギターもうまいミュージシャンであるスカーフェイスが指揮をとり、マイク・ディーン、NO・ジョーとがっちり組んでつくりあげたビートの数々。Dr.ドレーやDJ・スリップらのGファンクをHタウン流に昇華したもので、トータル・アルバムとしての聴きごたえも満点。これを知らないヒップホップ・ファンは、モグリだ。

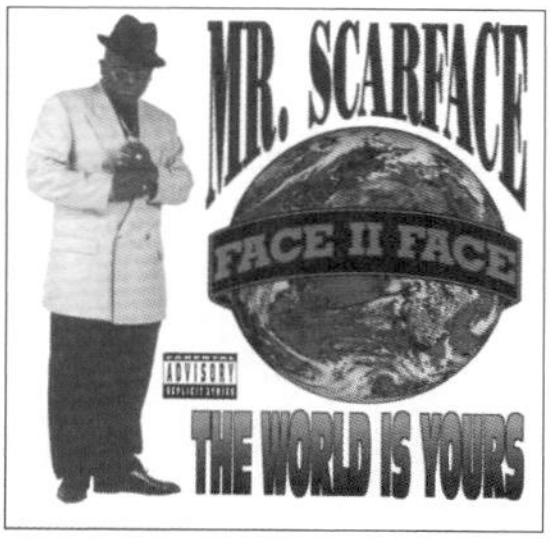

Rap-A-Lot 1993

Mr. Scarface
Let Me Roll
The World Is Yours

主にNO・ジョーと組み、Hタウンならではのテンポのゆるい、それでいてファンキーなノリは強烈なサザン・ファンクを聴かせた2ndソロ・アルバム。スクリュー&チョップにも似た味わいが漂う"Lettin"Em Know"や"The Wall"、"Still That Aggin"に、Pファンク度の高い"Strictly For The Funk Lovers"は好きモノにはたまらない中毒性の高さ。トゥー・ショート&アント・バンクスのモブ・ミュージックに習ったようなシングル曲"Let Me Roll"のファンキーさもたまらない。EW&Fの人気曲"Devotion"をモチーフにしたメロウな"Now I Feel Ya"もいい。

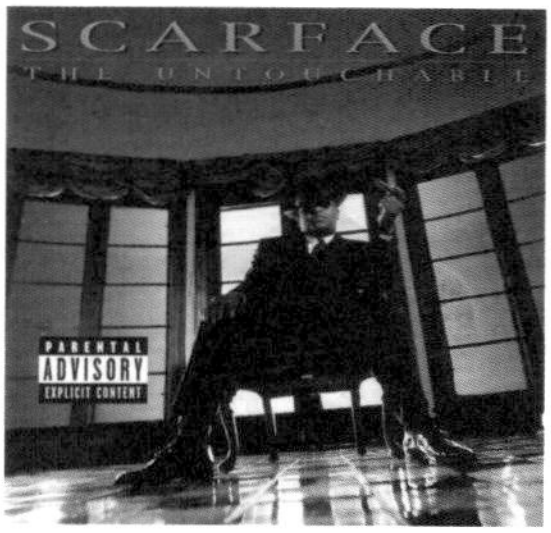

Rap-A-Lot 1997

Scarface
Smile
The Untouchable

全米チャート初登場1位を記録、ヒップホップ界のキングとなり発表した4thソロ・アルバム。2パック客演の"Smile"は彼の死後リリースとなるも、メロウ&レイドバックしたビート上でジョニー・Pの歌も交えつつマイクを交わす名曲。同様にスロウ&スムーズなビートの曲が多い本作。ダズ&デヴィンとユルくかけ合う"Money Makes The World Go 'Round"や、メロディアスな"Mary Jane"、「燃えよドラゴンのテーマ」をマッタリとループさせたビート上でDr. ドレー&トゥー・ショートと合体した"Game Over"などは、年月を経た今、聴いた方が味わい深い。

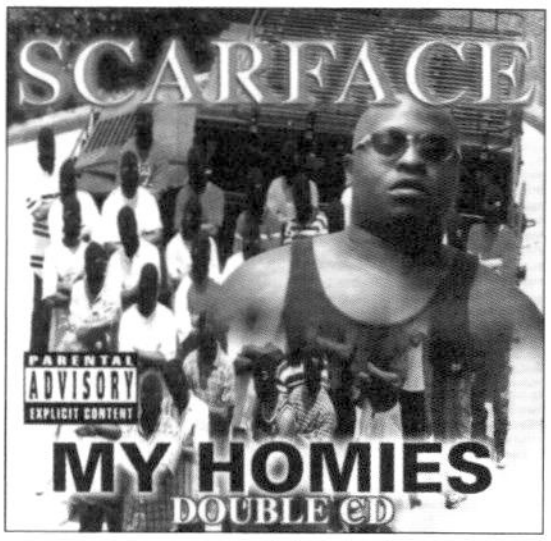

Rap-A-Lot 1998

Scarface
Fuck Faces
My Homies

CD2枚組で30曲入りだがスカーフェイスは半数の曲にしか登場しない。ホーミーズが多数参加した、コンピのようなアルバムだ。それでも、メロウ&スムーズ路線を極めた幻想的なビートに乗りトゥー・ショート&デヴィンとかけ合うシングル"Fuck Faces"は絶品。2パックのヴァースは後から加えたものながら、マスター・Pも交えエモくキメる"Homies & Thuggs (The Remix)"も人気だった。その2パックの"California Love"をリメイクした"Southside: Houston, Texas"も今聴けば楽しい。UGKと合体した、いぶし銀の"2 Real"もいい。

Def Jam South 2002

Scarface
My Block
The Fix

一度は引退するも、デフ・ジャム・サウス社長として復帰、リリースした特別な傑作。カニエ・ウェスト作でジェイ・Zらとかけ合う"Guess Who's Back"や、これもカニエ作の"In Cold Blood"、ナズ客演の"In Between Us"に、ネプチューンズ作でフェイス・エヴァンス(故ビギーの奥さん)が歌うメロウな"Someday"など、本作でしか聴けない共演曲がずらり。どれも主役に合わせた、ソウルフルでオトナな味わいの好曲ばかりだ。ベストは、MOP"World Famous"のDJ・プレミア作ビートをリサイクルした"My Block"。御大の「オレのフッド」語りに涙。

Rap-A-Lot 1993

Geto Boys
Six Feet Deep
Till Death Do Us Part

4thは、ウィリー・Dの代わりにビッグ・マイクがメンバーを務めた唯一のアルバム。アメリカで棺を埋葬する深さを曲名にした“Six Feet Deep”は、コモドアーズの人気曲“Easy”を用いた情感豊かなビート上でゲットーの死についてラップした、ゲトー・ボーイズの代表的な名曲のひとつ。この深みはスカーフェイスたちにしか出せない。主にNO・ジョーが、マイク・ディーンと手がけた本作のビートはHタウン流Gファンクのひとつの完成形。“Straight Gangsterism”や警官に物申す“Crooked Officer”、8分に及ぶポッセ・カット“Bring It On”まで好曲揃い。

Rap-A-Lot 1998

Geto Boys
Gangsta (Put Me Down)
Da Good Da Bad & Da Ugly

地味だった5thより多彩なつくりの6thアルバム。ブッシュウィック・ビルが不在だが、DMG始め多くのゲストと盛り上げる。ボブ・ジェイムズ“Look-Alike”ネタの心地いいメロウ・ビート上で、同郷のデスティニーズ・チャイルドがフックを歌う“Gangsta”は隠れた人気曲。テラとの“B's & H's”や、デヴィンとの“Like Some H's”に“Free”など、メロウ&スムーズな曲の味わい深さはやはり格別。“They B's”といったバンギンな曲もいい。ミーターズ曲ネタの“Do Yo Time”など、流行りのニューオーリンズ・バウンスを意識した曲もいくつかあり楽しめる。

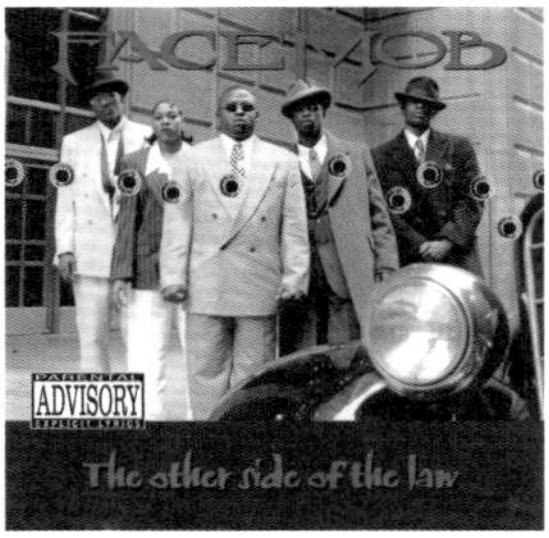

Rap-A-Lot 1996

Facemob
Tales From Tha Hood
The Other Side Of The Law

スカーフェイス監督の下で結成された、デヴィン、DMGを始め出身郡の異なる男性4人、女性ひとりのMCからなるユニット、フェイスモブの1stアルバム(ジャケットに映るのは内4人とスカーフェイス)。スカーフェイスがマイク・ディーンらとほぼ全曲をプロデュースし、リリックにも関与している本作。「銀行強盗」なるそのものズバリなタイトルの曲もあるが、ギャングに成りきるマフィオソ・ラップ的な世界を全編通して貫いたつくりだ。劇画的でスリリングなビートに乗り、ボスのスカーフェイスも交えてマイク・リレーを繰り広げていくハードコアな1枚。

Rap-A-Lot 1995

Bushwick Bill
Only God Knows
Phantom Of The Rapra

前作の好評を受けての2ndソロ・アルバムは、有名なミュージカル『オペラ座の怪人』をモジったタイトル、ジャケットも、リスナーが求めるブッシュウィック・ビル像を演じるようで、彼のエンタテイナー魂がよく表れたつくり。レーベルメイトだったCJ・マック作のメロウな“Only God Knows”や“Time Is Hard”、バンギンな“Who's The Biggest”は、LAスタイルのGファンクが主役のクールなラップにハマった好曲。Hタウン・スタイルのファンクも、グリグリと進む“Wha Cha Gonna Do?”や、スクリュー味もある“Already Dead”など好曲あり。

Rap-A-Lot 1994

Big Mike

Playa Playa

Somethin' Serious

コンヴィクツ、ゲトー・ボーイズの一員としてのリリースを経ての、ビッグ・マイクの1stソロ・アルバム。アル・グリーン“What A Wonderful Thing Love Is”ネタのメロウでソウルフルな“Playa Playa”がヒット。ヒューストン育ちながら生まれはニューオーリンズで、ミーターズ曲ネタの“Southern Thang”ではセカンドライン・ファンクとの相性の良さも聴かせる。ギャップ・バンド“Outstanding”ネタのタイトル曲や、トム・ブラウン“Funkin' For Jamaica”ネタの“Get Over That”なども楽しい。ヒップホップ世代のサザン・ソウルマンによる人気作だ。

Rap-A-Lot 1997

Big Mike

'Burban & Impalas

Still Serious

前作からの3年のブランクをものともせず、やはりソウルフルな、楽しめるつくりで人気を博した2ndソロ・アルバム。エムトゥーメイの定番人気曲“Juicy Fruit”ネタのメロウ・グルーヴ“'Burban & Impalas”がヒット。これも手がけた、トリニティ・ガーデン・カーテルなどに関与してきたマイク・バンクス作の、楽器演奏を多用したビートが新味になっている。ファンキーかつスムーズな“Candy's 4 Babies”も秀曲だ。マイク・ディーン作のメロウでファンキーな“Grey Skies”や“Southern Comfort”も良くて、ビッグ・マイクの作品にハズレなし。

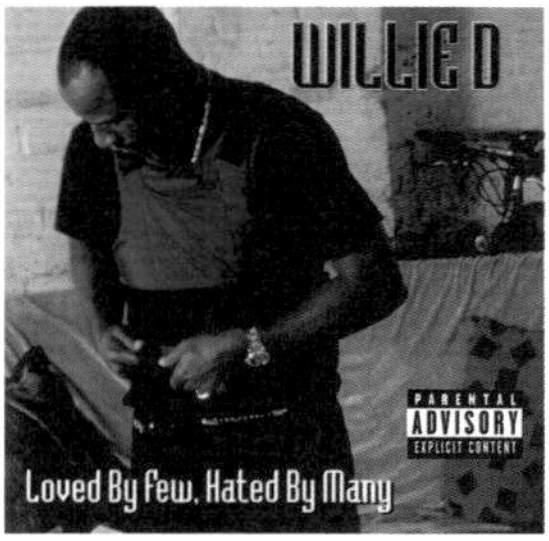

Rap-A-Lot 2000

Willie D

Dem Boyz

Loved By Few, Hated By Many

1994年の非ラップ・ア・ロット作リリース後はボクシングを再開、試合にも出ていたというウィリー・Dの4thソロ・アルバム。アグレッシヴな彼らしく、ニューオーリンズのプリサイズが手がけたバウンス・ビートの“Gun Talk”で始まる。じっくりと聴かせる“Lil' Killaz”や、サザン・ソウル調の“Dear God”に“It Ain't Easy”、メロウな“U Special”もいいが、ベストはリル・ウェイン&スカーフェイスとユルく、けれどファンキーにキメる“Dem Boyz”だ。UGKのピンプ・Cが制作&客演したナスティな“Freaky Deaky”もファンキーな仕上がりで素晴らしい。

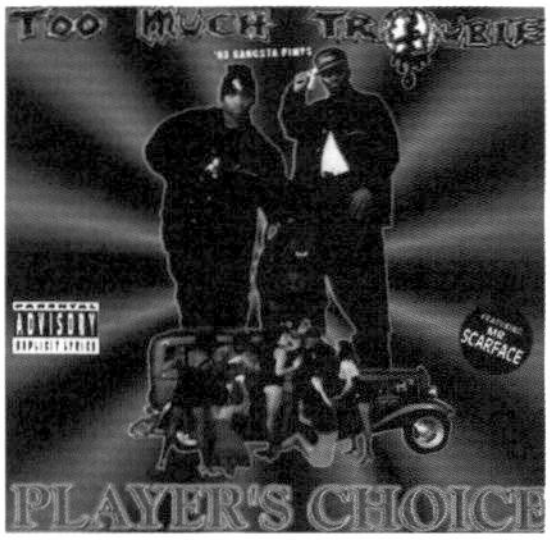

Rap-A-Lot 1993

Too Much Trouble

Break Yourself

Player's Choice

「ベイビー・ゲトー・ボーイズ」の謳い文句で1992年にデビューした4MCズ、トゥー・マッチ・トラブルの2ndアルバム。ひとり立ちを果たし、NO・ジョーらが手がけたソウルフルなビートに乗って、ピンプ・スタイルで魅せるつくりがウケた。ブルージーな“Break Yourself”、ほっこりしたオールディーズ調の“If You Ain't Suckin'”や“Family”、スライ&ザ・ファミリー・ストーン“Sing A Simple Song”ネタのバンギンな“How Much Ghetto Can You Take”と、硬軟織り交ぜて楽しませる。カースワード連発は未熟さも感じさせるが、若さゆえか。

UGK
Pocket Full Of Stones
Too Hard To Swallow

Bigtyme 1992

バン・Bと、ビート・メイクも手がけるピンプ・Cはヒューストンの東に位置するポートアーサー出身。それでもテキサス、さらにはサウスを代表するチームのひとつになったUGKの1stアルバム。この半年前にテープで出した初作『The Southern Way』に5曲加えたものだが、そのひとつ“Pocket Full Of Stones”は、後のHタウン・スタイル＝チョップド＆スクリュードの先駆けとなった名曲にして重要曲だ。テキサスの広大な土地をドライヴするのに適した、後ノリを強調したユルいビートと、レゲエのダブにも通じるようなドラッギーなサウンド処理は真にオリジナル。タイトル曲や“Feel Like I'm The One Who's Doin' Dope”でもこのスーパー・ドープなスタイルが早くも聴ける。音楽一家に育ち、教会などで早くから楽器演奏をマスターしたピンプ・C。“I'm So Bad”なども、サザン・ソウルの旨味が滲み出るようで楽しい。ルーファスの人気曲を用いた“Something Good”や、アイズリーズ“Between The Sheets”ネタの“Cramping My Style”も文句なし。最初から格の違いを見せつけた傑作。

UGK
Front, Back & Side To Side
Super Tight...

Jive 1994

全曲をピンプ・Cが手がけた2ndアルバムも傑作。彼の教会ルーツを表し、「ヒップホップとゴスペルを繋ぐもの」だと言うオルガンの音はUGKのシグニチャー・サウンドだが、冒頭“Return”からそのソウルフルな響きにヤラれる。チョップド＆スクリュードそのままな“Front, Back & Side To Side”や、ブルージーな“Feds In Town”もオルガンの音が効いた名曲だ。プレジャーの定番ネタ“Thoughts Of Old Flames”使いのメロウなシングル・ヒット“It's Supposed To Bubble”や、ブッ飛んだノリの“Stoned Junkee”もいい。

UGK
One Day
Ridin' Dirty

Jive 1996

前2作はセールス面ではイマイチだったからか、NO・ジョーと組み全米向けの曲を増やした3rgアルバム。ロニー・スペンサーがネタ曲のロナルド・アイズリーそっくりに歌うブルース“One Day”や、カーティス・メイフィールド“Future Shock”ネタのピンプ・ソング“Pinky Ring”、Dr.ドレー的なGファンク・サウンドを用いた“That's Why I Carry”などはわかりやすいギャングスタ・ミュージックで、見事80万枚超を売り彼ら最大のヒット作に。C・ノートとのシリアスなギャングスタ語り“3 In The Mornin”などもシビれるかっこよさ。

Bigtyme 1995

DJ Screw

Pimp Tha Pen

3 'N The Mornin' (Part Two)

ヒューストンのサウスサイドに育ったDJ·スクリューは、1993年からミックステープを売り始める。ゆったりとしたドライヴに合う、また、咳止めシロップ＝コデインでつくるリーンと呼ぶ、飲むドラッグにも合う遅まわしとダブ処理をチョップド&スクリュードなる芸として確立。オリジナル・スタイルを生むとNo.1 DJとなり、彼の下にはMCが集い、スクリュード・アップ・クリックを形づくった。本作はCD化され全米で売れた、内容的にもベストと言われるスクリューのミックステープの代表作。クルーの人気曲を繋いで、唯一無二の世界へぶっ飛ばしてくれる。

Perrion 1994

E.S.G.

Swangin And Bangin (Screwed)

Ocean Of Funk

2000年に急逝したDJ・スクリューの参加作は限られる。本作は彼が手がけたスクリュードVer.を最初に収録したレコードとしても歴史に名を残す。スクリュード・アップ・クリック（SUC）の一員、ESG＝エヴリデイ・ストリート・ギャングスタの1stアルバムで、件の“Swangin' And Bangin'（Screwed）"”はESGの代名詞になった。そのオリジナルVer.や、定番ネタ“Summer Madness”使いの“Crooked Streets”、アイズリーズ“Voyage To Atlantis”ネタの“Birdies That Don't Chirp”に“Smoke On”なども、メロウで情感豊かな名曲だ。

E.S.G.

Swangin' And Bangin'

Sailin' Da South

Perrion 1995

『Ocean Of Funk』の数曲を差し替え、リミックスしたメジャー配給出し直し盤だが、これが素晴らしい。“Swangin' And Bangin'”は、TR-808のドラムスとGなシンセを強調することで、ブルージーなオリジナルをモダンで軽やかな味わいにアップデイト。全米でヒットしたのはこちらのVer.だ。甘茶ラップの定番ネタ＝フローターズ“Float On”ネタの“Smoke On”も、Gなシンセなどを加えることでさらにとろける味わいに。イントロ扱いのタイトル曲や続く“187 Skillz”から、Dr.ドレーのGファンクをさらに取り入れたつくりだが、Hタウンならではのユルいテンポと、Gなシンセは想像以上に相性が良く、心地いい曲が連発。ブリブリな“Beauty And The Beast”や、特にレイドバックした“G-Ride”なども、LA産に負けないクルージング・チューンだ。メロディアスなR&Bスタイルの“R.I.P.”や、男性Vo.を加えたモダンなサザン・ソウル・スタイルの“Let 'Em Know”もいい。サザンGファンクの最高傑作のひとつ。そしてジャケットも、ペン&ピクセル・グラフィックスの初期の傑作。これぞ名盤。

Rap-A-Lot 1992

Big Mello
Love Don't Love Nobody
Bone Hard Zaggin

SUCにも出入りしていたビッグ・メローの1stアルバム。SCC“U Gotta Deal Wit Dis (Gangsta Luv)”のビートをいただいた“Love Don't Love Nobody”や、ギャップ・バンド“Yearning For Your Love”ネタのビートがナズ“Life's A Bitch”で流用された“Gank Move”など、話題性たっぷりなビートを手がけたのはクレイジー・C。メロウな曲では“Prime Time Live”や、バリー・ホワイトの定番“Playing Your Game”ネタの“Playin' The Game”も好曲。バンギンな“Bone Hard Niggaz”などもいい、初期のHタウン・シーンを代表する名盤のひとつだ。

Rap-A-Lot 1994

Big Mello
Funkwichamind
Wegonefunkwichamind

1stもこれぞギャングスタ・ミュージックというつくりだったが、楽器演奏も多用した70年代のブラック・ムーヴィ的音世界と、Gファンクのスタイルを合わせたこの2ndアルバムも傑作。ウィリアム・ディヴォーンの人気曲“Be Thankful For What You Got”を歌う“Afro's & 84's”に始まり、ホーンが効いた“Back Do Akshun”、スレイヴ“Slide”ネタのブギー“No Hidin Place”ときて、Gファンクの“Charge It 2 Da Game”、“Funkwichamind”と続く展開にシビれる。ボズ・スキャッグズ“Lowdown”ネタの“Dat Killa”も、“So Much Love”もいい。

Jam Down 1997

Lil Keke
South Side
Don't Mess Wit Texas

SUCのオリジナル・メンバーとして名高いリル・キキの1stアルバム。フーディーニ“Friends”ネタの地元レペゼン曲“South Side”がヒット。DJ・スクリューが手がけた“Still Pimpin Pens (Screwed)”で始まる本作は、ジョージ・ベンソン“Turn Your Love Around”ネタの“Bounce And Turn”や、フローターズ“Float On”ネタの“If You Wanna”、メロディアスな“Can You Feel Me”など、彼らが心底愛する80年代サウンドのメロウな好曲が満載。男性Vo.が歌う冒頭の“Don't You Know”からシメの“All In The Game”まで文句なし。

In The Paint 2001

Lil Keke
Platinum In Da Ghetto
Platinum In Da Ghetto

準メジャーのコッチ配給で全米リリースされた唯一の作で、国内盤も出たため日本でも注目された5thアルバム。ビリー・クックの歌も印象的な、メロディアスで盛り上がるキャッチーなタイトル曲がヒット。ESG＆スリム・サグと息もぴったりにかけ合う“Love For Ya”や、Z・ローとスリリングにキメる“Mr. D.J.”、ファンキー・ビートも楽しいパーティ・チューン“What I Wanna Do”など、いつものHタウン・スタイルの曲もいい。全米向けということで、いかにもサウスなわかりやすいバウンス・チューンもいつになく多いが、出来は悪くない。

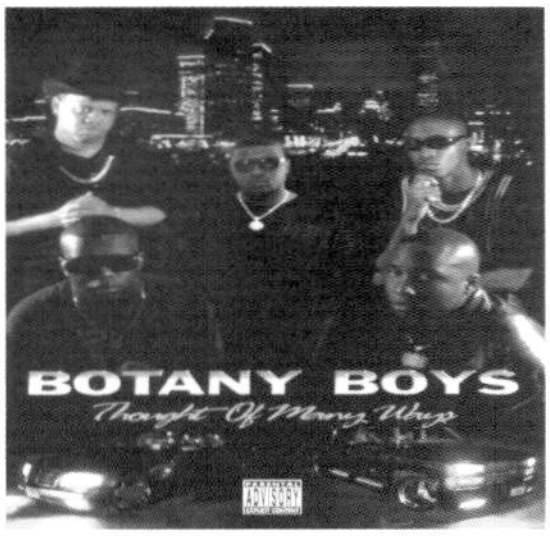

Big Shot 1997

Botany Boys

Thought Of Many Ways

Thought Of Many Ways

後にソロで名を上げるC・ノートら、ヒューストンのサウスサイド、クローヴァーランド地区に所縁のあるMCズが組んだグループ。その名は、地元のボタニー通りにちなんでいる。1995年のEP収録曲も含む、CD2枚組で出たこの1stアルバムは、初期のSUCを代表するヒット“Cloverland”や、“Smokin' N Lean'n”を始め名曲揃い。バンギンなザップ調ファンクで人気のタイトル曲などは、LAのGファンクの取り入れ方もうまい。ビッグ・モーらとの“H-Town”に、“I'm Jus A.G.”や“Ups N' Downs”などメロウな秀曲もあって、これも外せない名盤だ。

Dead End 1998

Dead End Alliance

Heart Of A Hustler

Screwed For Life

SUCのコア・メンバーだったホークとファット・パット兄弟が、DJ・スクリュー、ケイ・Kと組んだデッド・エンド・アライアンスの唯一のアルバム。スクリューはビート・メイクはしないので、レーベルの共同経営者コールドジャックらが手がけているが、準メンバーのリル・キキらクルー多数も参加し、1998年のSUCを代表する秀曲を聴かせてくれる。ユルいテンポがこれぞHタウン・ファンクな“Get Up Off Your Rump”や、NWA“Niggaz 4 life”をリメイクしたタイトル曲、、泣きのメロディが冴え渡る“Heart Of A Hustler”など名曲揃い。

Wreckshop 1998

Fat Pat

Tops Drop

Ghetto Dreams

SUC最強のMCとも言われたファット・パットだが、1998年2月、何者かに射殺されてしまう。その1ヵ月後にリリースされた1stソロ・アルバムは、すでに完成していたという、主役のラップを存分に味わえる秀作。ディスコ人気曲使いのシングル“Tops Drop”や、メイズ“Before I Let Go”ネタの“I'm The Man”などパーティ・ファンクがヒット。ロニー・スペンサーがフックを歌う“Peepin' Me”や、ルース・エンズ“Nights Of Pleasure”ネタの“Superstar”などメロウな曲もいい。仲間のラップを加え仕上げられた『Throwed In Da Game』もマスト。

Dead End 2000

H.A.W.K.

H.A.W.K.

Under H.A.W.K.'s Wings

トラヴィス・スコットの2018年のNo.1ヒット“Sicko Mode”でその声が用いられ、あらためて名を上げた（ビッグ・）ホーク。SUCのリーダー格だった彼の1stソロ・アルバムは、全曲にクルー多数が客演した大充実作。イヴリン・キング“Love Come Down”ネタの“Hater Luv It”、ネイト・ドッグ“Just Another Day”をビッグ・モーとリメイクした“H.A.W.K.”、ザップなファンク“I Can Meke You Dance”と好曲が並ぶ。また名曲“Heart Of A Hustler”はここにも収録されている。弟を追うように、2006年には何者かに射たれ急逝してしまった。

Chevis 1999

Big Pokey

Ballin' Parlay

Hardest Pit In The Litter

SUCのオリジナル・メンバーのひとり、ビッグ・ポーキーのようやくの1stアルバム。スライ・ストーン“If You Want Me To Stay”のベースを用いたグルーヴィな“Ballin' Parlay”や、アイズリーズの名曲“Coolin' Me Out ”ネタで、ロナルドそっくりにロニー・スペンサーが歌うメロウな“Trippin' Me Out”、こちらもメロウでソウルフルな“Shady Game”など、Hタウンらしい、ほっこりした曲が楽しい本作。太い声の旦那キャラは、バンギンな“It's Like That”や“Leave Us Alone“といったHタウン・ファンクにももちろんよくハマっている。

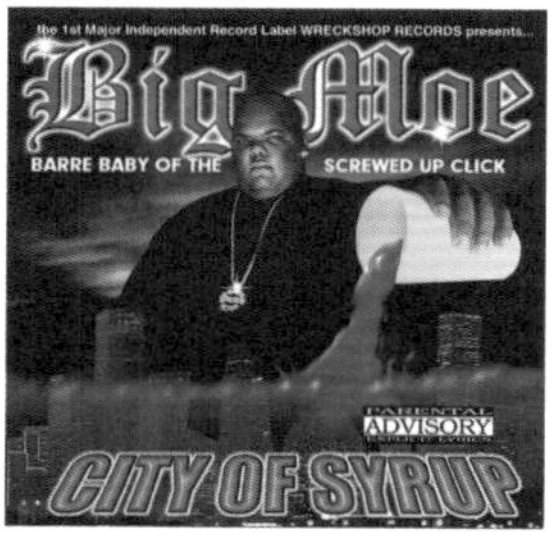

Wreckshop 2000

Big Moe

City Of Syrup

City Of Syrup

SUCのオリジナル・メンバーであり、巨漢ならではのソウルフルな歌とラップで人気を集めたビッグ・モー。パープル・ドラッグとも呼ばれるリーン（コデインを混ぜてつくる合法ドラッグ）をタイトルとジャケットで表した1stアルバムは、彼の魅力全開の人気作だ。ザップ“Doo Wa Ditty”をリメイクしたタイトル曲や、プリンス“Pop Life”ネタの“Choppaz”など楽し～いパーティ・ファンクも、“Get Back”や“I'll Do It”、リサ・リサ“I Wonder If I Take You Home”ネタの“I Wonder”などメロウ&スムーズな曲も絶品。ネイト・ドッグ好きもマスト。

Wreckshop 2002

Big Moe

Confidential Playa

Purple World

2ndアルバムは全米29位まで上がった、ビッグ・モー最大のヒット作。定番人気曲“Just The Two Of Us”ネタの“S.U.C.”に、ロナルド・アイズリーと化したロニー・スペンサーと歌いまくる名曲“Confidential Playa”と続く2曲や、“Dime Piece”はメロウでスムーズな絶品。“Purple Stuff”など楽しいパーティ・ファンクもいい。翌年の『Moe Life』も“Shorty”や“My Girl”に、ネイト・ドッグ曲をリメイクした“Leave Drank Alone”などメロウな好曲揃いの秀作。あまりの巨漢ゆえ、心臓発作により2007年、わずか33歳で逝ってしまったのが悲しい。

Game Face 2000

Lil O

Back Back

Da Fat Rat Wit Da Cheeze

やはりSUCのオリジナル・メンバーであるリル・O。1997年に、ルース・エンズ“Hangin' On A String”ネタで、同郷のデスティニーズ・チャイルドが歌う“Can' Stop”でメジャー・デビューするも、アルバムはオクラ入り。インディで仕切り直し、前年の1stに続くこの2ndアルバムから、バウンス・ビートのパーティ・チューン“Back Back”がヒットし再び名を上げた。SUCメンバーが大量参加した本作には、“Ooh Wee”や“Slow Down”、トークボックス入りの“We Ain't Broke No Mo”などメロウ&スムーズな好曲も多い。好盤。

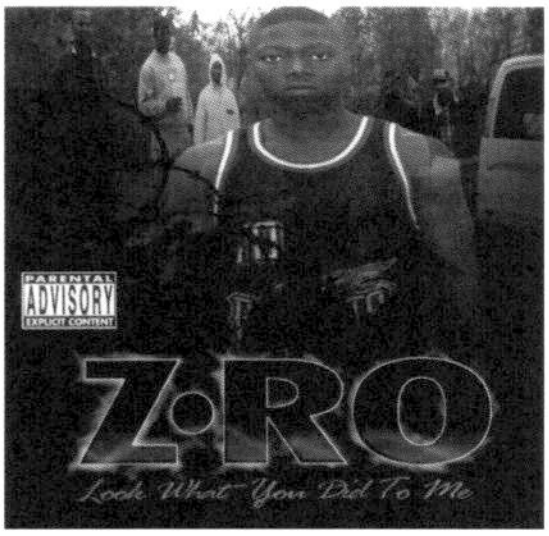

Fisherboy 1998

Z-Ro

Life Story

Look What You Did To Me

1977年生まれ、Hタウン・シーン第2世代の注目株となるZ・ロウが、21歳で出した1stアルバム。発声の似た2パックや、ボーン・サグズン・ハーモニーにも影響されたというそのラップは、SUCきってのタン・トゥイスティン・フロウが光る、全米レヴェルで高く評価されるもの。2パック“Keep Ya Head Up”を模した“Lord Tell Me Why”や、メロディアスでポップな“Pimp On”など、歌うようなフロウで魅せる曲は唯一無二の良さ。とにかく声がいいので、ドラマティックな“Life Story”なども思わず引き込まれる。人気者の記念すべき最初の一歩だ。

Resurrection 1999

Guerilla Maab

Keep Watching Me

Rise

Z・ロウがトレイ・ザ・トゥルース、ダウジー・D、タズと組んでいたゲリラ・マーブの1stアルバム。トレイは1980年生まれであり、若い彼らのクールなセンスが特に光る1枚だ。女性Vo.もフィーチャーした1曲目“Keep Watching Me”から、メロウでレイドバックした、洗練されたつくりに惹かれる。しっとりと聴かせるタイトル曲や、フーディーニの定番“Friends”ネタの“Endz”、ラテン味も取り入れた“Not My Home”や“Live My Life”など飽きさせないつくりもいい。Z・ロウと、タイプの違うトレイたちのマイク・リレーも楽しめる好盤。

Sucka Free 2000

Lil' Flip

I Can Do Dat

The Leprechaun

クローヴァーランド地区出身の「フリースタイル・キング」リル・フリップ。1981年生まれで次世代のビジネス・センスも持つ彼は、シーン随一の成功を収めた。Hタウン・ファンクとバウンスのおもしろさを合わせたようなビートに、今に続くフック連呼型のラップを乗せた“I Can Do Dat”がヒットしたこの1stアルバムは、後にメジャーで再発されいきなりブレイク。メロウなR&B調の“Everyday”や“Realest Rhymin'”などで、後に続くポップ路線も聴かせていたが、DJ・スクリューが直々にミックスした“Lil' Flip”などもさすがのかっこよさだ。

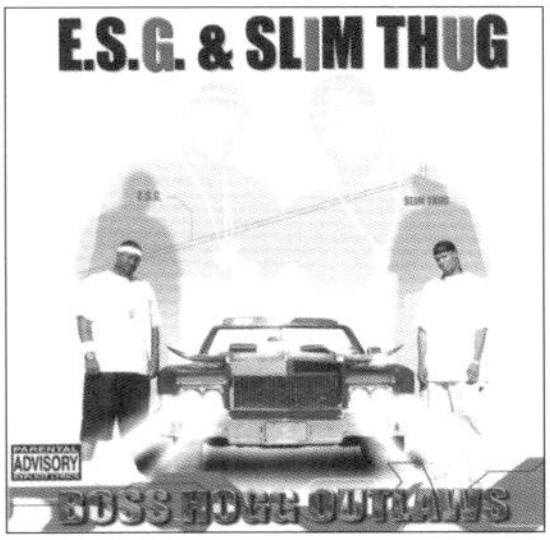

S.E.S. 2002

E.S.G. & Slim Thug

Rollin'

Boss Hogg Outlaws

1980年生まれで、HタウンNo.1のダンナ・キャラとなるスリム・サグ。ヒューストンのノースサイド生まれの彼は、DJ・スクリューに次いでチョップド&スクリュードの名人となったマイケル“5000”ワッツ率いるスウィシャハウスの一員としてミックステープでブレイク。これはESGと組んだ、初期の人気アルバムのひとつだ。“I'm The Boss”や“Rollin'”、ダズが参加した“Ride With You”など、LAテイストのメロウ&スムーズなファンクが目立つつくり。バンギンな“Street Millionaire”や、定番ネタ使いの“Watch Out!”もいい。

Rap-A-Lot 1992

Ganksta N-I-P
Psycho
The South Park Psycho

ヒューストンのサウスパーク地区に育ったギャングスタ・NIP。同郷のK・リノとサウス・パーク・コアリションを立ち上げ、ラップし始めると、ゲトー・ボーイズのヒット“Chuckie”のリリックスを書いたことで名を上げ、この1stアルバムをリリースした。西海岸のブラザ・リンチ・ハングと並んで「ホラーコア・ラップ」の元祖と呼ばれ、血みどろな描写が多くのラッパーに影響を与えた彼。同時期のラップ・ア・ロット作品同様、サンプリングを用いたファンキーなビートが主体だが、“Psycho”を始めスリリングな演出は本作ならではのものだ。

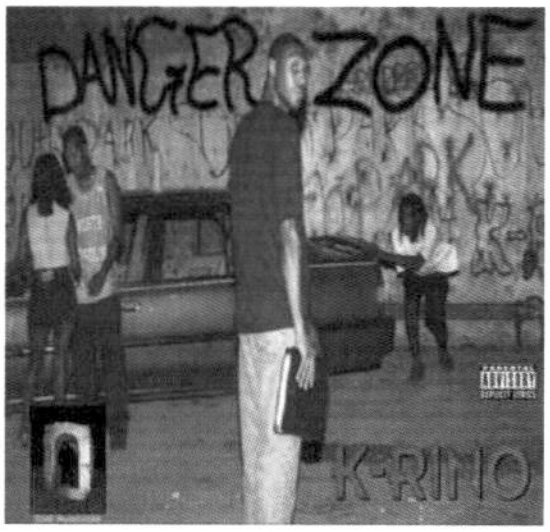

Electric City 1995

K-Rino
Illusions
Danger Zone

サウス・パーク・コアリション（SPC）のボスとして大量のリリースを続け、今も活躍中のK・リノ。1993年の1stに続くこの2ndアルバムは、話題豊富でコンシャスな面もある彼のラップの魅力が発揮された初期の人気作。泣きのメロディアスなビート上で淡々と語り聞かせる“Illusions”や、ドラマ仕立てのスリリングな“I Got Pimped”、うねるGなシンセがクセになる“Danger Zone”、ギャングスタ・NIPらとの“Stalking”や、“Who's The Man”といったホラーコアなビートの曲と、1枚通してのつくりのうまさも光る秀作だ。

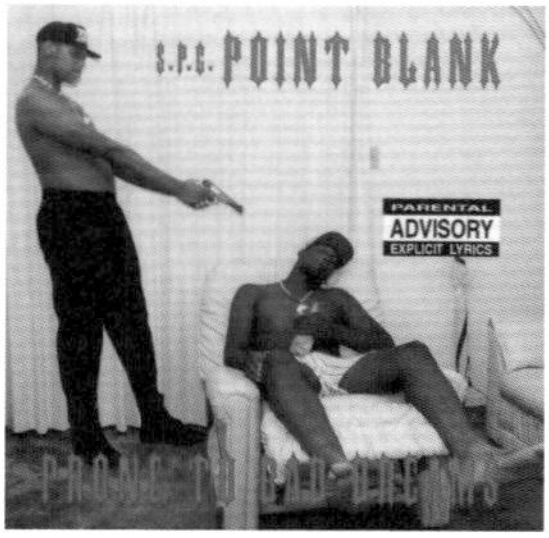

Bigtyme 1992

Point Blank
After I Die
Prone To Bad Dreams

シカゴで育ち、1990年にヒューストンに移住、SPC入りしたポイント・ブランク。1stアルバムは、前半がシカゴ、後半はヒューストンが舞台。ドラマ仕立てで死を語る“After I Die”、ラティモアのヒット曲を用いた“Straighten It Out”、ファンキーな“Knock Dem Hoes Out The Box”と続く前半。ギャングスタ・NIPらとホラーコアにせまる“Wreckless”、K・リノとシリアスに語るタイトル曲、SPCの面々とマイクをリレーするポッセ・カット“Nuttin Ass Bitch”と続く後半。ラフでタフな魅力に溢れる、90年代初頭ならではの人気作だ。

Cartel 1992

Trinity Garden Cartel
Dyme Bagg
The Ghetto My Hood

ヒューストンの北東に位置するトリニティガーデンを拠点とし、ビート・メイクも担うダレル“D”ウィリアムズを中心とするグループの1stアルバム。カーティス・メイフィールド“Hard Times”ネタの“Dyme Bagg”を始め、独特なノリのサンプリング・ビートが病みつきに。泣きのメロディが効いたタイトル曲や、ピアノとGなシンセが耳に残る“What's Your Name”、ソウルフルにせまる“Only Failures Lay It Down”に“Talk Your Ass Off”と、Hタウンらしい後ノリの曲に惹かれる。ザップなファンク“Nines Kept Loaded”も楽しい人気作だ。

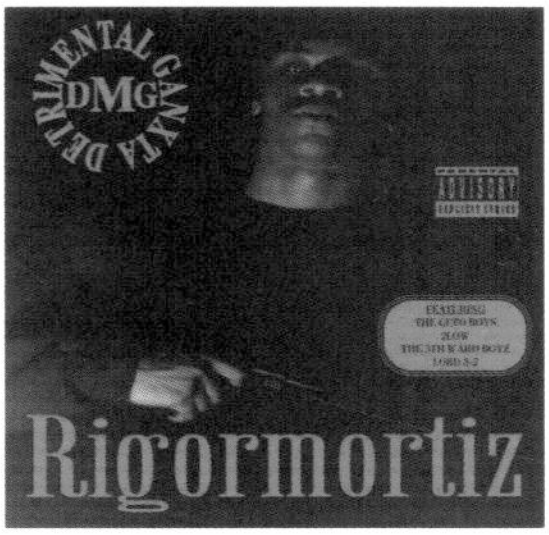

Rap-A-Lot 1993

DMG

Prelude To A Murdah

Rigormortiz

ミネアポリスに近いセントポール生まれと中西部出身ながら、スカーフェイスに見出されこの1stアルバムを出したDMG。クーリオの大ヒット“Gangsta's Paradise”より2年早くスティーヴィ・ワンダー“Pastime Paradise”ネタのビートでギャングスタ語りを聴かせていた名曲“Prelude To A Murdah”はマスト。グウェン・マクレーの定番ネタ曲“90% Of Me Is You”使 い の“You Don't Hear Me Doe”や、“One In The Chamba”などマイク・ディーン＆NO・ジョーらがつくるサザン・ソウルなビート上での、親分譲りのシブい語りが魅力的な1枚だ。

Rap-A-Lot 1994

5th Ward Boyz

Once Again It's On

Gangsta Funk

ヒューストンの中心に近いフィフスワード出身3MCズの、ゲトー・ボーイズの成功を追って出した前年の1stに続く2ndアルバム。8曲入りで新曲は6つのみながら、マイク・ディーン＆NO・ジョーのビート・メイクも冴えた人気作だ。Gなシンセがウネるイントロから大盛り上がりなバンギン・ファンク“Once Again It's On”は日本のクラブでもヒット。同じくDJにも人気のタイトル曲は、ドレー“Nuthin' But A 'G' Thang”にも似た後ノリの心地いいクルージング・チューンだ。やはりGファンクな“Reason”なども、好曲揃い。

Youngsta 1994

P.K.O.

Gonna Be Alright

Tha Good, Tha Bad, Tha Mafia

ソロでも活躍したニーノと、K・サム兄弟を中心に、ダラスのMCズも交えてヒューストンの西、サンアントニオで結成されたPKO。1990年にアルバム・デビューした彼らの3rdで、サンプリング・ワークも楽しい最人気作だ。デレゲイション“Oh Honey”ネタの“Gonna Be Alright”、フェイズ・Oの同名曲ネタの“Ridin High”、ジューシー“Sugar Free”ネタの“All Day Sunday”と続く定番メロウ曲使いのスムーズ・チューンで知られる。加えて“Shoot 'Em Up”や“Havin' Thangz”“Lickshot”などGなファンクも好曲揃い。

Rap-A-Lot 1996

3–2

Hit The Highway

The Wicked Buddah Baby

コンヴィクツ解散後、1994年にはブラック・モンクスを組みアルバムを出していた3-2の、待望の1stソロ・アルバム。トゥー・ショート、8ボール＆MJGとマイクをまわす、メロウでレイドバックしたクルージング・チューン“Hit The Highway”がヒット。西海岸のスタイル、特にダズがつくるメロウでスモーキーなビートにも似た心地いい曲が並ぶ本作。アイズリーズ曲使いの“Dressed 2 Kill”や、チルアウト・ソング“My Sweet Trick”、サウスサイド・プレイヤズとのポッセ・カット“Turning Lane”、UGKとの“You Wanna Ride”もいい、人気作だ。

Suave 1995

South Circle
New Day
Anotha Day Anotha Balla

ヒューストンの2MCズ、Mr.マイクとソロウが組んだサウス・サークル唯一のアルバム。ヒューストン拠点ながら、メンフィスの8ボール＆MJGが看板アクトだったレーベル、スアーヴ・ハウス発で、同レーベルお抱えのプロデュース・チームが全曲を制作。アトランタのオーガナイズド・ノイズ作にも似た、ケムたい、ソウルフルなビートが病みつきになる“New Day”と、70年代ソウル・サウンドを用いたスムーズな“Attitudes”がシングル・ヒット。Gなシンセも心地いいクルージング・チューン“It's Going Down”や、“Pimp Thang”なども秀曲だ。

Suave House 1996

Mr. Mike
Where Ya Love At
Wicked Wayz

Mr.マイクの1stソロ・アルバムで、ベイエリアの売れっこEA・スキー＆CMTも6曲を制作。ドッグ・パウンドのヒット“Let's Play House”に似た“Where Ya Love At”や、“Southwest”“G's Perspective”などふたりが手がけたGファンクは文句なしの仕上がり。メロウ＆スムーズな“Untouchable”や、8ボール＆MJG参加のスモーキー＆ソウルフルな“Stop Lying”など、サウス・サークルでの前作を受け継ぐスタイルの秀曲も聴きもの。アイス・キューブ参加のバンギンな“Wicked Wayz”や、“Da Boogie Man”などもいい。

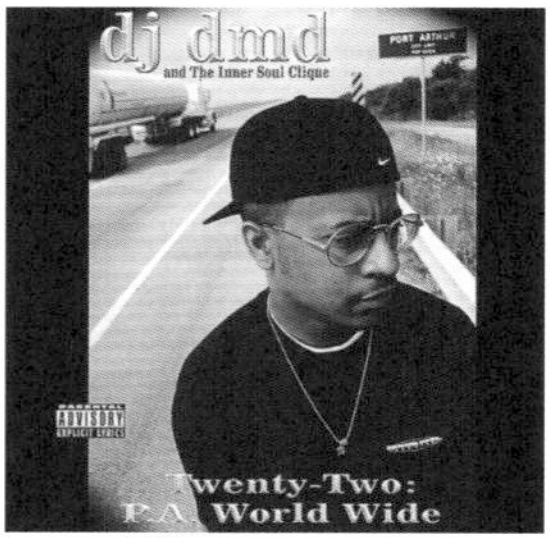

Inner Soul 1998

DJ DMD
25 Lighters
Twenty-Two: P.A. World Wide

ポートアーサー～ヒューストンで活躍し、“オリジナル”ポイント・ブランクの一員として90年代初頭にアルバムを残した後、DJ、ビート・メイカーとして名を上げたDMD。この2ndリード・アルバムからは、リル・キキと故ファット・パット参加で、アル・B・シュアの人気曲“Nite And Day”ネタの“25 Lighters”がヒット。K・ラマーやトラヴィス・スコットにリメイクされたこの曲は外せないHタウン・アンセムのひとつだ。“Shinin'”や“Makin Moves”など定番ネタ使いのメロウ曲や、ソウルフルな“Out There On That Corner”などもいい。

Short Stop 1999

Lil' Troy
Wanna Be A Baller
Sittin' Fat Down South

クリーヴランドからヒューストンに移住してきたハスラーで、ラップするビジネスマンだったリル・トロイ。自らのレーベル、ショート・ストップから出した1stアルバムはコンピ的なつくりで、ファット・パットやホークらがラップする（トロイ自身は登場しない）“Wanna Be A Baller”が全米でヒット。プリンス“Little Red Corvette”を遅まわしししたビート上で成功を謳うギャングスタ・アンセムで、これもHタウンの外せないクラシックのひとつだ。ロジャー“I Want To Be Your Man”ネタの“Where's The Love”も人気が高い。

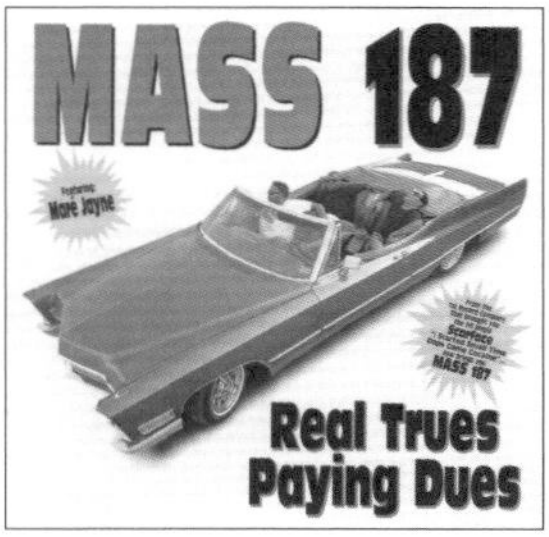

Short Stop 1995

Mass 187

Gangsta Strut

Real Trues Paying Dues

中西部はカンザスシティ出身の3MCズ、マス187。地元にはシーンがないからか、ヒューストンのグリムがプロデュースし、ショート・ストップから出した1stアルバム。もろにドレーのGファンクな“187 4 Life”に始まり、ザップなファンク“G's 2 Tha Heart”、メロウな“South Side”と好曲が続く人気盤だ。メアリ・ジェイン嬢が歌う、ギル・スコット・ヘロン“Angel Dust”ネタのメロウなクルージング・チューン“Gangsta Strut”が一番人気だが、Hタウンとしいいとこ取りなGファンク・アルバムで全編が聴きもの。なによりも、ジャケットが満点。

Street Flavor 1994

Pistol

Rolling In My '64

Hittin' Like A Bullet

テネシー州はナッシュヴィルのピストル。やはり地元にシーンがなかった彼の1stアルバムは、ルースレス配給ながらLAテイスト以上に、Hタウンのノリ、スタイルに倣ったつくり。スモーキー・ロビンソン“Crusin'”他を使ったメロウでゆ〜ったりとした大陸ノリのクルージング・チューン“Rolling In My '64”は、超音波Gシンセもハマった名曲中の名曲。アイズリーズ“Groove With You”ネタの“Big Dope Dealer”や、フローターズの定番“Float On”ネタの“Hard To Say”なども、カントリーの聖地らしいレイドバックしたつくりがさすがの秀作だ。

Nastyboy 1997

Nastyboy Klick

Down For Yours (NBK Mix)

Tha 1st Chapter

LAの東、アリゾナ州フェニックスが拠点ながら、ヒューストンのチカーノ・シーンとの繋がりで知られたナスティボーイ・クリック（NBK）、後のNB・ライダズ。中心メンバーのMC・マジックがほぼ全曲をプロデュースした1stアルバムからは、メロウを極めた“Down For Yours (NBK Mix)”がヒット。メロディアスなビートで、ロジャーのトークボックスと女性Vo.をフィーチャーした、必殺のスウィート・チカーノ・ラップ名曲だ。男性Vo.が歌う“Summertime”も、翌年の2ndアルバム『The Second Coming』も、メロウなチカーノ・ラップ好きはマスト。

Dope House 1997

South Park Mexican

Mary-Go-Round

Hustle Town

ヒューストンはサウスパークに生きるメキシカン、SPMは、兄たちとレーベル、ドープ・ハウスを立ち上げ、Hタウンのチカーノ・シーンを代表するラッパーとして活躍。ブレイク作となったこの2ndアルバムは、スクリュード、ホラーコア、Gファンクを取り入れた哀感の強いスタイルで人気を集めた。グルグルと深みにハマって行くようなヒット曲“Mary-Go-Round”を始め、マリファナをキメて聴くことで、強烈なダウナー感を味わうのが彼のスタイルだろう。ホラーなシンセも効かせた“Night Shift”など、おどろおどろしさに溢れた怪作だ。

Suave 1993

Eightball & MJG

Comin' Out Hard

Comin' Out Hard

ブルース、ソウルを生んだブラック・ミュージックの聖地メンフィスで、パイオニアとなったエイトボール& MJG。この1stアルバムは、シンプリー・レッドの人気曲“Holding Back The Years”を用いたタイトル曲を始め、70年代のサザン・ソウル・テイストを受け継ぎつつ、シャレたセンスも感じさせる好曲が満載。同じくモダンなソウル・センスに溢れる“Pimps”、「スパイ大作戦のテーマ」ネタの“Armed Robbery”などもいい。連打ハイハットが耳を奪うバウンスの元祖的な“Mr.Big”、ホラーコアな“Nigga's Like Us”も重要。

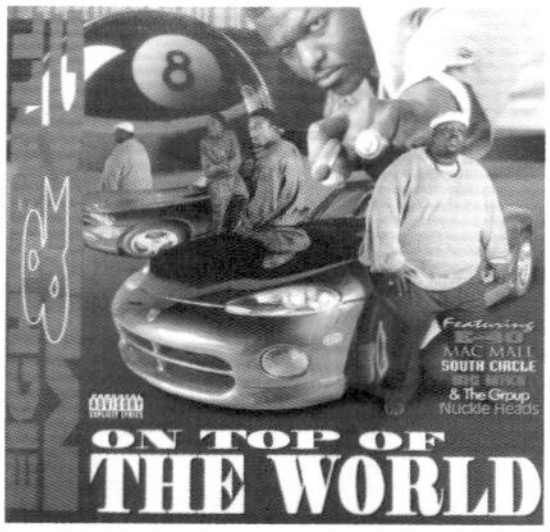

Suave House 1995

Eightball & MJG

Space Age Pimpin'

On Top Of The World

全米でヒットした3rdアルバムは、ヒューストンのレーベルであるスアーヴ・ハウスお抱えのT・ミックスによるビート・メイクも冴えた傑作。バンド・サウンドをベースにしたサザン・ソウル味のGファンクは、この時期ならではの味わいで絶品だ。女性Vo.も交えた、セクシー&スウィートな名曲であり彼らの代表曲となった“Space Age Pimpin'”や、ヴォコーダーも効いたスペース・ファンクの“Top Of The World”、サザン・ソウルの旨味たっぷりな“Kick That Shit”や“Hand Of The Devil”など、90年代メンフィス・ラップを代表する好曲揃い。

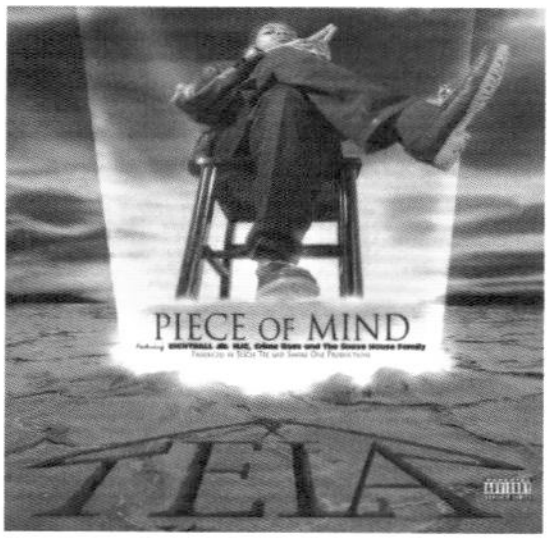

Suave House 1996

Tela

Sho Nuff

Piece Of Mind

メンフィスのテラの1stアルバム。レジェンド・ファンク・バンド＝バーケイズのメンバーを父に持ち、後にヒット・メイカーとなるジャジィ・フェイのブレイク作としても知られる本作。彼がプロデュース&コーラスで客演した、サザン風味全開のブルース“Sho Nuff”は全米でヒットした。同じくフェイが手がけた“Tired Of Ballin'”や、ディープな男性Vo.が歌う“Blackhaven”などサザン・ソウル色の強い曲が目立つ。ラン・DMC“Rock Box”をリメイクした“Twisted”や、フェイズ・O“Riding High”ネタのメロウなタイトル曲などもいい。

Suave 1995

Crime Boss

Put 'Em Up

All In The Game

ヒューストン出身ながらエイトボール& MJGに見出され、メンフィス・スタイルで人気を博したクライム・ボス。T・ミックスがビートを手がけたこの1stアルバムはサザン・ソウルと、ホラーコア・テイストをベースに、主役のコワモテかつファンキーな語り口を活かした人気作だ。ジワジワとせまるGなファンク“Put 'Em Up”が人気だが、男性Vo.をフィーチャーした“Big Chiefing”や、“The Chick”などソウル味が溢れ出る曲もいい。Pファンクねたの“Recognize”を始めドレーのGファンクそのままなタイトル曲や“Point Of No Return”も聴きもの。

Three 6 Mafia

Da Summa

Mystic Stylez

Prophet 1995

雨が多く、陰鬱な土地柄でもあるというメンフィスの裏の顔を代表したグループ、スリー6マフィア。ホラー映画好きのDJ・ポールとその兄ロード・インファマスが、ジューシー・Jと組んだのが始まり。後に多くのメンバー交代を繰り返す彼らだが、ギャングスタ・ブーを含む3人のMCを加えて出したのがこの1stアルバムだ。ポールとJが全曲のビート・メイクも担い、ダークサイド・メンフィスをホラー＆ソウルフルなサウンドで表現。世界観が最初から確立された、今聴けば高い完成度に驚く本作で、サウスでの人気を早くも確かなものに。

Kingpin Skinny Pimp

One Life 2 Live

King Of Da Playaz Ball

Prophet 1996

メンフィス・シーンの古株のひとり、キングピン・スキニー・ピンプが、ポールとJのレーベルだったプロフェットから、全曲ふたりのプロデュースでリリースした唯一のアルバム。客演陣を始めスリー6マフィア仕様な1枚で、連打ハイハットが効いた“Y'all Ain't No Killaz”などプレ・バウンスなホラーコア・テイスト曲が並ぶ。バンギンな“We Ain't No Playa Hatas”や“Don't Test Me”などがあおる、後半のたたみかける展開もかっこいい。そんな中、プレイヤ・Gが客演＆キーボードも弾く“Midnight Hoes”のメロウさが際立つ。

Gangsta Blac

Ain't No Love

Can It Be?

Prophet 1996

メンフィスのギャングスタ・ブラックが、ポール＆Jとがっちり組んで出した、やはり唯一のアルバム（特にポールはビジネス面ではシビアな模様で、関係が長続きしない）。キングピン・スキニー・ピンプ作よりオールドスクールなソウル志向も聴かれ、アイズリー・ブラザーズ“Make Me Say It Again Girl”ネタの“Ain't No Love”や、こちらもアイズリーズ“For The Love Of You”ネタの“Ain't No Thang”などメロウ＆スムーズな好曲も多い。“Where I Dwell”や“Life's A Bitch”なども、メンフィス産らしいソウル味がいい。

Playa G

Something To Ride To

*Pimp Sh*t*

East Wood 1996

プロフェットで裏方として学んだ後に、セルフ・プロデュースでつくり上げたプレイヤ・Gの1stアルバム。『Gangsta Luv』で推された、日本でもカルト人気を誇る秀作だ。ほとんどの曲が1970～80年代ソウル名曲を下敷きにしていて、アイズリー・ブラザーズ版の“Summer Breeze”を用いた“Same Ol' Game”などメロウ＆スムーズな曲が並ぶ。レイドバックしたテンポも、Gなシンセも心地いいクルージング・チューン“Something To Ride To”や、80年代サウンドの“Late Nite”の良さも特筆もの。2年後の『U Not My Lady』も合わせてマスト。

Part 3
1996 - 2011

バウンス、クランク、そしてトラップの時代へ

ニューオーリンズでは、1992年のDJ・ジミ"Where They At"などからすでに盛り上がり始めていたバウンス。伝統のセカンドライン・ファンクと、ベース・ミュージックを合わせたような、世界有数のリズム先進地であるアメリカ南部の人々のためのビートは、偉大なゲットー・ビジネスマン、マスター・Pによって世界中でブレイク。次いで、アトランタからリル・ジョンによるクランクが、そしてトラップが登場し、全米を魅了する。

Master P

Bout It Bout It II

Ice Cream Man

No Limit 1996

5人兄弟の長男として、ニューオーリンズに生まれたマスター・P。経営を学ぶためにオークランドの大学へ行き、そこで祖父の遺産を手にすると、同じベイエリアのリッチモンドにレコード店ノー・リミットをオープン。後には同名のレーベルも立ち上げ、1991年から自身の作品を出し始める。この前年にすぐ下の弟が殺されていて、そのことがマスター・Pの成功への意欲に大きく影響している。1995年にはニューオーリンズへ戻り、いとこのモ・B・ディックらにプロデュース・チーム、ビーツ・バイ・ザ・パウンドを結成させると、サウスの時代の波に乗る。1997～99年には、ノー・リミット軍団のアルバムを年に20枚出し全米シーンを席巻するが、快進撃の口火を切ったヒット作が大将マスター・Pの、全米チャート26位を記録したこの5thアルバムだ。TRUの前年作に入っていた"I'm Bout' It, Bout It"のパート2"Bout It Bout It II"は、Gなシンセと、「バリバリ」と繰り返されるフックが耳に残る人気曲。ドラッグ・ディーラーを意味するタイトル曲も、メロウな語りがウケてヒットした。

No Limit 1997

Master P
I Miss My Homies
Ghetto D

全米1位を記録し300万枚以上を売った、マスター・Pの代表作である6thアルバム。オージェイズの人気曲“Brandy”に乗せて、亡き弟を、2パックを偲ぶ“I Miss My Homies”がヒット。「ア〜〜ン！」といううなりは、モーンと呼ばれるブルースの時代から聴かれる魂の叫びであり、マスター・Pのトレードマークになる。全米16位となった大ヒット“Make 'Em Say Uhh!”は、1982年のラップ・クラシック、マスタードン・コミッティ“Funkbox Party”ネタのパーティ・チューン。全米でヒットした最初のバウンス曲だ。

No Limit 1997

TRU
I Always Feel Like...
Tru 2 Da Game

TRU（ザ・リアル・アンタッチャブルズ）は、もとはノー・リミットのコア・メンバーが集結した看板ユニットだったが、CD2枚組で出たこの4thアルバムからはマスター・Pと、弟のC・マーダー＆シルク・ザ・ショッカーの3人組に。「いつも誰かに監視されている」とゲットーの闇をラップする“I Always Feel Like...”がヒット。キャミオのヒット“Candy”ネタの“I Got Candy”や、定番ネタ“Summer Breeze”使いの“Smoking Green”、リヴァートのR&Bクラシックを用いたメロウな“Pop Goes My 9”など、バウンス曲の他にも好曲あり。

No Limit 1999

TRU
Hoody Hooo
Da Crime Family

前作に続きCD2枚組で出たTRUの5thアルバム。タイトルの連呼もキャッチーなパーティ・バウンス“Hoody Hooo”がヒット。TR-808サウンドも効いた“Miller Boyz”なども、すでに完成の域にあったノー・リミット・バウンスの数々がいい。一方で、スピナーズ“I'll Be Around”ネタの“TRU Homies”、バトルキャット作のビートでスヌープとかけ合う“Suppose To Be My Friend”、アル・B・シュア“Nite And Day”ネタの“The Ghetto Is A Struggle”など、彼らのソウル／R&B趣味が全開になったメロウ曲も楽しい。大充実作だ。

No Limit 2000

504 Boyz
Wobble Wobble
Goodfellas

ノー・リミットの快進撃、その最後を飾った全米17位の大ヒット“Wobble Wobble”を始め、バウンス曲は今聴いてもかっこいいタイトなビートが絶品だ。マスター・P、シルク兄弟を軸に、クレイジーやマックらこの時点でレーベルに残っていた者たちが集った新ユニット、504（はニューオーリンズの市外局番）ボーイズの1stアルバム。ミッドナイト・スター“Curious”ネタの“Life Is Serious”や、メイズ“Happy Feelin's”ネタの甘いビートで女性Vo.と絡む“Moving Things”などメロウ曲も、スヌープとの“Souljas”なども実に秀曲。

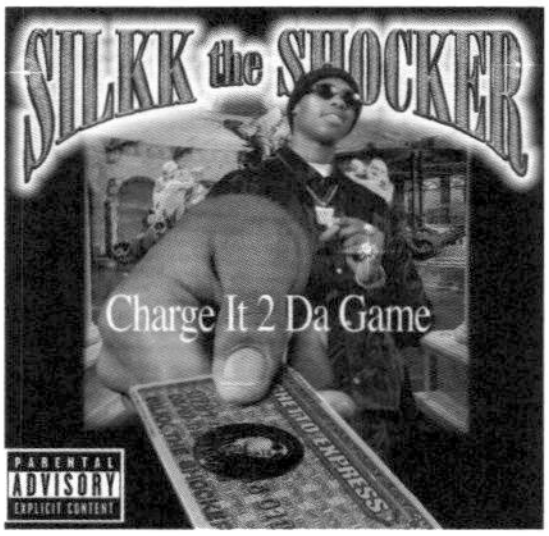

No Limit 1998

Silkk The Shocker

It Ain't My Fault

Charge It 2 Da Game

マスター・Pの末の弟、シルク・ザ・ショッカーの2ndアルバム。「オレのせいじゃないよ」というキメのフリーズがウケに受けたパーティ・チューン“It Ain't My Fault”は全米18位の大ヒットとなり、ノー・リミット・バウンスを代表する1曲に。SOS・バンドのヒット曲に乗ってデスティニーズ・チャイルドが歌う“Just Be Straight With Me”も全米ヒットした。スヌープとシリアスにせまる“Throw Yo Hood Up”や、ニュークリアス“Jam On It”のビートに乗り定番“Hey DJ”のフックを歌うオールドスクール愛全開の“All Night”などもいい。

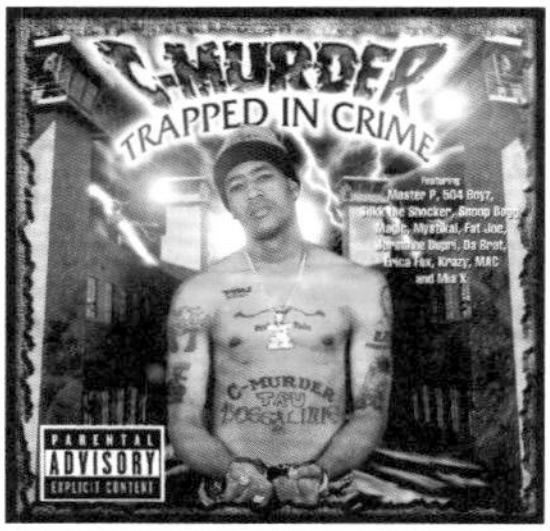

No Limit 2000

C-Murder

Down For My N's

Trapped In Crime

マスター・Pのすぐ下の弟、C・マーダーの3rdアルバム。先にスヌープの曲として発表された“Down For My N's”が彼の最大のヒットに。3兄弟で最も本格派なラップを聴かせる主役の魅力がよく出た、ドラマティックなつくりがいい。スヌープとは、イーストサイダズで参加した“Concrete Jungle”でも共演、これもメロウな好曲だ。ルーニーズ“I Got 5 On It”をリメイクした“Ride”、R&Bとバウンスを合わせた男性Vo.参加の“Where Do We Go”、スリリングな“Street Thugs”も聴きごたえあり。2002年の殺人事件に関与したとされ、現在も収監中。

No Limit 1997

Mr. Serv-On

My Best Friend

Life Insurance

マスター・Pの高校時代の友人、Mr.サーヴ・オン。ふたりで共演した“My Best Friend”は、マキャヴェリ（2パック）の人気曲“Me And My Girlfriend”がモチーフの、スパニッシュ・ギターを効かせたメロウな好曲でヒットした。この1stアルバムは「生命保険」とタイトルは重いが、ノー・リミットの最古参である主役のウマい語り口を、ニューオーリンズ産らしいファンキーなビート上で楽しめる。“Heaven Is So Close”や“Who Raised Me”などスムーズな曲や、エレクトロ・サウンドを用いた“You Know I Would”などでのラップは実に味わい深い。

No Limit 1998

Mia X

Whatcha Wanna Do

Mama Drama

ニューオーリンズで生まれ育ち、ノー・リミットの女帝となったミア・Xの、全米7位まで上がった3rdアルバム。ギャップ・バンドの人気曲“Yearning For Your Love”ネタでチャーリー・ウィルソン本人が歌う“Whatcha Wanna Do”は、メロウを極めたヒット曲。同じく彼女の愛するR&Bヒットを使った、キース・スウェット“Don't Stop Your Love”ネタのパーティ・バウンス“Imma Shine”も楽しい。パーカッションとベース、銃声だけの“I Think Somebody”など、先鋭的なビートを乗りこなす彼女のウマさにも唸る秀作。

No Limit 1998

Soulja Slim

You Got It

Give It 2 'Em Raw

マグノリア・プロジェクトで、同い年のジュヴィナイルとともに育ち、ラップの腕を磨いたソウルジャ・スリム。フロウのウマさはニューオーリンズでも随一で、マグノリア・スリム名義でのEP2作を経ての、この1stアルバムは全米でヒット。バウンス・ビートを乗りこなすラップは実に魅力的で、シングル曲“From What I Was Told”を始め、全編を通じてファンキーなフロウを聴かせてくれる。Gファンクな“You Got It”のかっこよさも特筆ものだ。2003年に射殺されるが、ジュヴィナイルがラップを加えた“Slow Motion”が全米1位に輝いた。

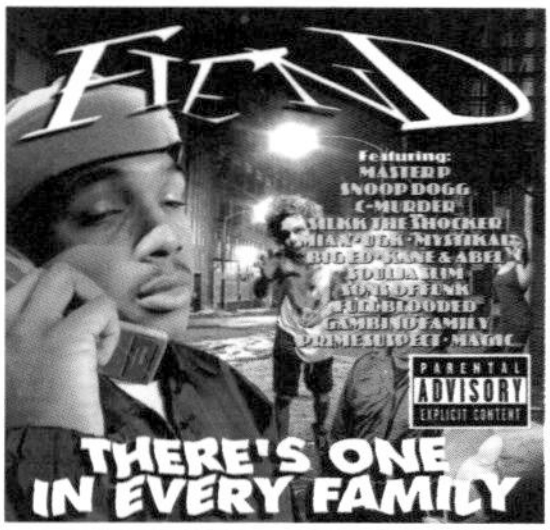

No Limit 1998

Fiend

Take My Pain

There's One In Every Family

ニューオーリンズ生まれで、生粋のギャングスタ・キャラを持つフィーンド。ノー・リミットに加入して出したこの2ndアルバムは、塩辛い、い〜い声のラップが映えるメロウな“Take My Pain”がヒット。この曲を始め、バウンス・ビートではない曲の方が今では味わい深く、LL・クール・J “I'm Bad”モチーフのバンギンな“The Baddest”や、サザン・ソウル味の“Only A Few”や“All In A Week”などに耳が行く。とはいえ、地元の定番名曲であるミーターズ“Hey Pocky A-Way”を歌う“For The N.O.”などの楽しいパーティ・チューンも外せない。

No Limit 1998

Skull Duggery

If It Don't Make $$$...

These Wicked Streets

ニューオーリンズのスカル・ダッガーリー。前作に続いてノー・リミットから出たこの2ndアルバムからは、“If It Don't Make $$$...”がヒット。デバージの定番“I Like It”ネタのメロウ・ビートで、マスター・Pも登場するキャッチーな一発だ。ルックスとは異なり、ガナるよりもクールな語りに惚れるキャラと声で、ファンキーでスリリングな“Shakin In The Streets”、TR-808サウンドも効いたブルージーな“If U Feel”、ドラマティックでバンギンな“What What”、Gなサウンドの“Ghetto Niggas”などが特にいい。

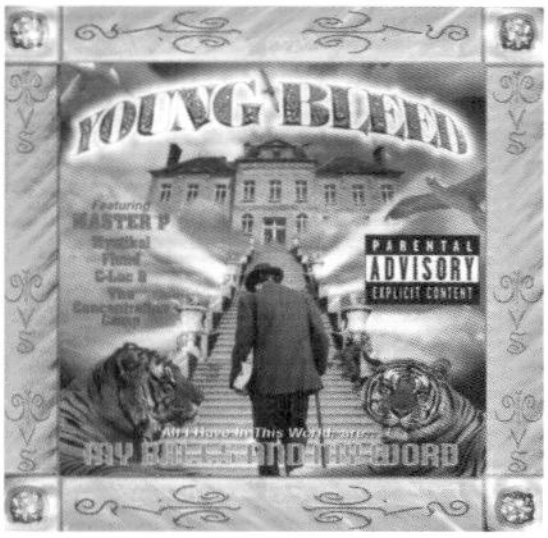

No Limit 1998

Young Bleed

How Ya Do Dat

All I Have In This World, Are... My Balls And My Word

ニューオーリンズの北西、バトンルージュ出身のヤング・ブリード。前年に発表された、ヒューストンで最も有名なチカーノのビート・メイカー、ハッピー・ペレスが手がけた、哀感の強いメロディ&サウンドの“How Ya Do Dat”がヒット。この1stアルバムも半数以上の曲はペレスが手がけた。“The Day They Made Me Boss”や“Pull It Off”に“Confedi”など、スモーキーなビートの数々にハマる、ノー・リミットでは異色作と言える1枚だ。そんな中で、モ・B・ディックが手がけたブルージーな“Times So Hard”が一際ソウルフルに響く。

No Limit 1998

Kane & Abel
Time After Time
Am I My Brothers Keeper

旧約聖書に由来するカインとアベルの名を持つ、NYはブロンクス生まれのアフリカ系&プルトリコ系の血を引く双子のユニット。移住したニューオーリンズでブレイクしたふたりの、最も売れた通算3枚目のアルバムだ。シンディ・ローパーの大ヒット“Time After Time”を用いた同名曲が人気に。フォース·MDズの定番“Tender Love”ネタの“Call Me When You Need Some”もメロウな好曲だ。クールなマフィオソ・ラップ主体のつくりで、NY的なスタイルの志向はマーリー・マール“The Symphony”のリメイク“No Limit Niggas”にも表れている。

No Limit 1998

Steady Mobb'n
Ghetto Life
Black Mafia

ベイエリアはオークランドの2MCズ、ステディ・モブン。415のDJ・ダリルが手がけた1stから一転、ビーツ・バイ・ザ・パウンドの面々が手がけた2ndアルバムは、ノー・リミット～サウスのページで紹介すべき仕上がり。マーヴィン・ゲイ“Mercy Mercy Me”をモチーフに、バンドで演奏し直したメロウ&スムーズ・グルーヴ上でスヌープとかけ合う“Ghetto Life”がとにかく絶品。これは完成度高い名曲中の名曲だ。スヌープは3曲に参加していて、フューリアス・ファイヴ“The Message”ネタのオールドスクールなファンク“Turn Me Up”もいい。

No Limit 1999

Mo B. Dick
Could It B?
Gangsta Harmony

マスター・Pのいとこで、ノー・リミットの主要プロデューサーとして、特にソウル・テイストな曲を多く生み出したモ・B・ディック。マルチ・ミュージシャンである彼の1stアルバムは、イナタい魅力に溢れたヒップホップ・ソウルなお宝盤。80年代末～90年代スタイルのメロウ&スムーズなR&B曲は味わい深く、ゴスペル・ベースの“Intercourse”などは他にはない好曲。女性Vo.と甘～く絡み合う“Could It B?”のエロさもすごい。軍団員を交えたラップ曲では自らもフロウ、ビズ・マーキー曲をリメイクした“Mo B's Theme”など楽しい。

Jive 2000

Mystikal
Shake Ya Ass
Let's Get Ready

帝王ジェイムズ・ブラウンを引き合いに出したくなる、ヒップホップ史上最高のシャウター、ミスティカル。最初からスタイルを確立していた、規格外の才能はともに地元のレーベル、ビッグ・ボーイとノー・リミットで人気を確かなものにした後に、ネプチューンズと組んだ“Shake Ya Ass”を全米で大ヒットさせた。続いてヒットした“Danger”とも、この時期のヒップホップの最高到達点と言える名曲だ。アウトキャストが手がけた曲も聴きもので、ふたりが客演もしている“Neck Uv Da Woods”のジャンルレスなかっこよさも特筆もの。

Juvenile

Back That Azz Up

400 Degreez

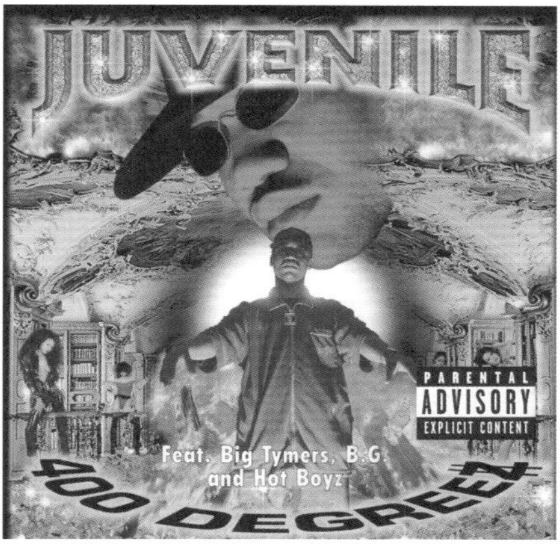

Cash Money 1998

ベース・ミュージックに、ご当地名物セカンドライン・ファンクのノリを加えるなどして生まれた、ヒップホップ史上最も先鋭的なリズムを誇るニューオーリンズ・バウンス。その火付け役のひとり、DJ・ジミの“Where They At”や“Bounce（For The Juvenile)”でラップし世に出たのが1992年、17歳の時。マグノリア・プロジェクト育ちの、ニューオーリンズ最強のMC、ジュヴィナイルは、圧倒的に豊かでファンキーなリズム感〜フロウを武器に、この時期世界の音楽シーンをアッと言わせる活躍を見せる。同郷のノー・リミット軍団がバウンスを全米に広めた1998年にリリースされたこの3rdアルバムは400万枚を売り、ジュヴィナイルとキャッシュ・マネー軍団は一気に全米シーンのトップに。レーベルお抱えのマニー・フレッシュが全曲のビートを制作。ノー・リミットのそれに比べ高度かつよりファンキーなビートの“Ha”や、誰もがノりやすい尻ふりダンス・アンセム“Back That Azz Up”、ラテンの古典“Oye Como Va”ネタの“Follow Me Now”が次々にヒットした。バウンスの時代を代表する傑作だ。

Cash Money 2003

Juvenile

Slow Motion

Juve The Great

キャッシュ・マネーでのラスト作となった6thアルバム。急逝したソウルジャ・スリムが残した曲にジュヴィナイルがヴァースを加えた、セックスを謳ったセクシーな“Slow Motion”が全米1位の大ヒットに。スライス・Tが手がけた、ワッコ、スキップとのUTPでの“Fuckin' With Me”など、人気のピークを過ぎたバウンスの次を聴かせる曲もいい。ただヒットしたのはマニー・フレッシュ作の、さらにタイトに仕上げたバウンス・ビートで盛り上げる“In My Life”と、やはりマニーが手がけたキャッチーでキュートな“Bounce Back”だった。

UTP 2004

UTP

Nolia Clap

The Beginning Of The End

ジュヴィナイルが地元のMCズと組んだUTP。もとはソウルジャ・スリムやヤング・バックも含む6人組で、2002年にはコンピ・アルバムも出したが、ワッコ、スキップとの3人組となってリリースしたのがこの1stアルバムだ。全米31位のヒット“Nolia Clap”がとにかく名曲で、ニューオーリンズのストリートのノリそのままなファンキーなリズムに思わず体が動く。バン・BやTIも加わったリミックスも最高だ。“Who The Fuck Is This”や“The Best Years”も同路線の好曲。TR-808使いのオールドスクールな“Juvie, Wacko, Skip”などもいい。

Cash Money 1996

U.N.L.V.

Drag 'Em "N" Tha River

Uptown 4 Life

ベイビー akaバードマンことブライアンと、その兄ロナルドは1991年にキャッシュ・マネーを設立。最初の看板アクトが、地元ニューオーリンズの3MCズ、UNLVだった。当初から全曲を超人マニー・フレッシュが手がけていて、1993年の1st、翌年の2ndアルバムは特にニューオーリンズ・バウンス誕生時の重要作とされる。キャッシュ・マネーでのラスト作となったこの4thでは、マニーのバウンス・ビートも完成間近に。ミスティカルをディスしたクールでファンキーな"Drag 'Em "N" Tha River"や、勢いあふれるタイトル曲は聴きものだ。

Cash Money 1999

B.G.

Bling Bling

Chopper City in the Ghetto

1996年、16歳で1stアルバムを出し、UNLVに代わりキャッシュ・マネーの顔となったベイビー・ギャングスタ。12歳で、父親を殺害されたのを機にドラッグ・ディーラーとなった彼の冷めたラップは、新時代のクールを感じさせるものですぐに人気沸騰。全米で大ヒットした成り上がりソングの決定版"Bling Bling"は、「ブリンブリン」のキメフレーズが日本でも広まった。この曲を含む4thアルバムは、ジュヴィナイルとの"Dogg Ass"など先進的なバウンス・チューンや、メロウで心地いい"Cash Money Roll"といった好曲が詰まった秀作だ。

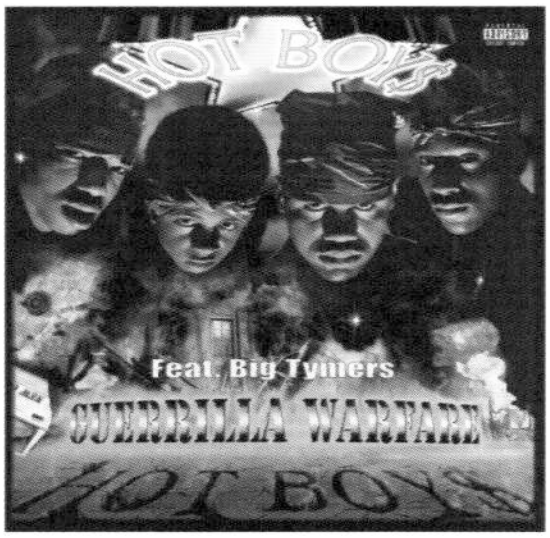

Cash Money 1999

Hot Boys

I Need A Hot Girl

Guerrilla Warfare

1997年、BGを看板にジュヴィナイル、リル・ウェイン、ターク（とブレットプルーフ）が集い結成されたホット・ボーイズ。最も売れたこの2ndアルバムからは、"I Need A Hot Girl"が全米でヒット。マイク・リレーも楽しいパーティ・バウンスで、同様のシングル"We On Fire"も人気に。よりクールにキメた"Ridin"、オールドスクールなサウンドの"Boys At War"と"You Dig"、ドラマティックに聴かせる"Bout Whatever"や、パパ・ルーの歌をフィーチャーした"Shoot 1st"などメロウ&メロディアスな曲もいい。

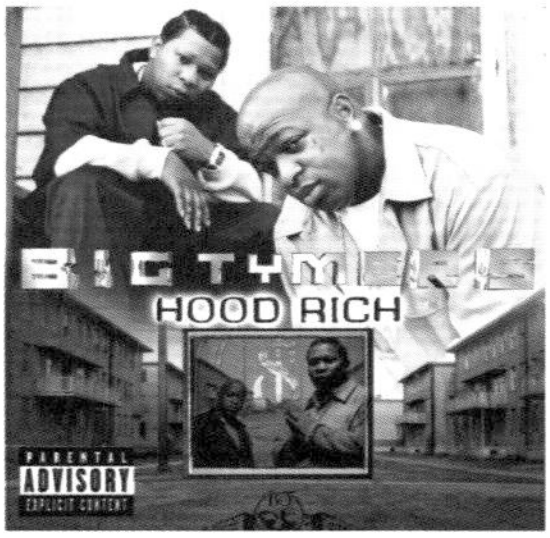

Cash Money 2002

Big Tymers

Still Fly

Hood Rich

ベイビーとマニー・フレッシュのユニット、ビッグ・タイマーズ。1997年の1stから5年、この4thアルバムからのシングル"Still Fly"が、全米11位となるようやくのビッグ・ヒットに。バウンスというよりも、この頃再び絶好調だったウェッサイ・ファンクのノリを持つ同曲。同じようにウェッサイな、スヌープ"Ain't No Fun"を思わせる"Gimme Some"もDJにも注目された名曲だ。この曲を含めTQは4曲で歌っていて、チルアウトな"Sunny Day"、楽しいパーティ・ビーツの"Da Man"もいい。マニーのビート・メイクが随所で光る秀作だ。

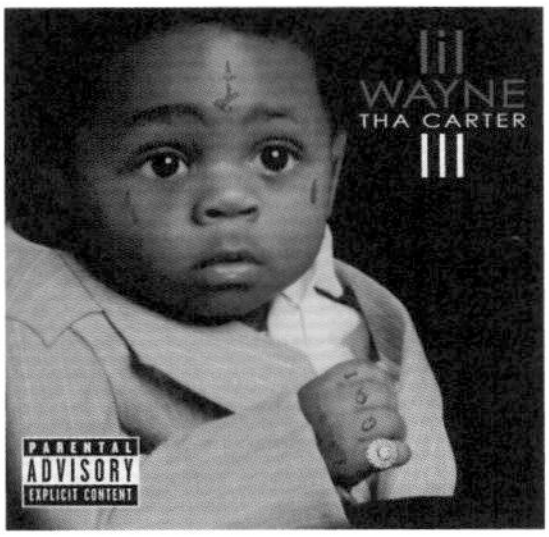

Cash Money 2008

Lil' Wayne
Lollipop

Tha Carter III

8歳でラップし始め、14歳でホット・ボーイズの最年少メンバーに。1999年には17歳で1stソロ・アルバムを出したリル・ウェイン。バウンス・ブームとともに先輩たちが去ったキャッシュ・マネーをひとり支えるうちに、生まれついてのラッパーにして「ロックスター」である彼は全米の注目を常に集める存在に。人気のピークで出したこの6thソロ・アルバムは、全米の売れっ子が終結したスペシャルな1枚で、"Lollipop"が全米1位に。言葉遊びが冴えまくる"A Milli"、ベイビーフェイスとのメロウな"Comfortable"など名曲だらけの傑作だ。

Young Money 2009

Young Money
Bedrock

We Are Young Money

リル・ウェインが、旧友のマック・メインと組み自ら立ち上げたレーベル、ヤング・マネー。所属するドレイクやニッキ・ミナージ、タイガを始め多数の次世代ラッパーとつくった、これは最初の軍団コンピ。サウスのリズムは残しつつもストリングスで新時代のサウンドを演出、その上でメンバーが若さ溢れるマイク・リレーで魅了する"Bedrock"が全米2位の大ヒットに。ウェイン、ニッキ、タイガがキレキレのラップを披露する"Roger That"も新時代感溢れる一発だった。アンビエントなサウンドを先駆けた"Pass The Dutch"などもいい。

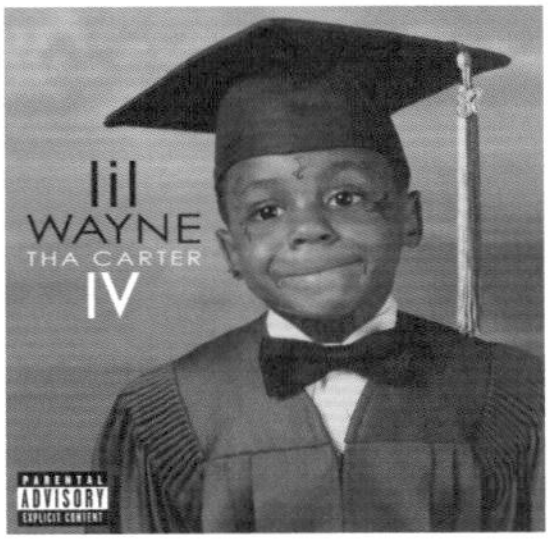

Young Money 2011

Lil' Wayne
6 Foot 7 Foot

Tha Carter IV

銃の不法所持での収監を経て、まだまだ人気絶頂という中で出した9thソロ・アルバム。この頃は全米No.1のスター・ミュージシャンといった立ち位置であり、カントリー・スタイルで歌ってみせる"How To Love"などジャンルを超越した曲もある。それでも、"A Milli"の続編となる"6 Foot 7 Foot"のような、圧倒的なラップのスキルを見せつけるヒット曲もあり、もはや無敵状態。優しい語りに引き込まれる"Nightmares Of The Bottom"や、ゲストのT・ペインの歌声も映える"How To Hate"などメロウでメロディアスな曲も聴きものだ。

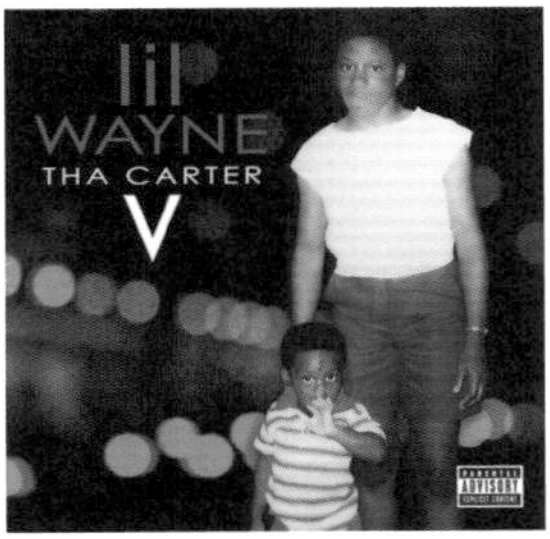

Young Money 2018

Lil' Wayne
Uproar

Tha Carter V

音楽業界での親と言えるバードマン＝キャッシュ・マネーとの確執・決別を経て、当初はラスト・アルバムとして計画され、リリースされた12thソロアルバム。"A Milli"の路線を継ぐ"Uproar"がヒット。Dr.ドレー"Xxplosive"をリメイクしたビートでスヌープとかけ合う"Dope Niggaz"、アシャンティとのヒップホップ・ソウルな"Start This Shit Off Right"などはすでにオールドスタイルで。トラヴィス・スコットとの"Let It Fly"や、K・ラマーとの"Mona Lisa"でトラップもやってみせ、清く引退するはずが…。

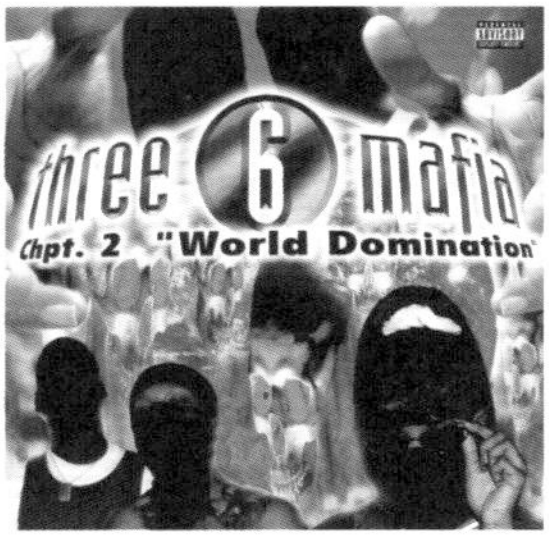

Hypnotize Minds 1997

Three 6 Mafia

Tear Da Club Up '97

Chpt. 2: World Domination

新たなレーベル、ヒプノタイズ・マインズを設立、全米配給も行い、80万枚を売ってみせた3rdアルバム。1st収録曲を改良したバウンス・パーティ・チューン“Tear Da Club Up '97”と、2nd収録曲を再録したホラー・テイストがハマる“Late Nite Tip”が改めて全米でヒット。ホラー・テイストは残しつつ、バウンス・ブームに乗った“Are You Ready 4 Us”のように、1stに比べグッとメジャー感のあるつくりに。それでも“Prophet Posse”など、彼らならではの不協和音的サウンドと、スリリングなマイク・リレーはやはり変わらない魅力。

Hypnotize Minds 1999

Tear Da Club Up Thugs

Slob On My Nob

CrazyNDaLazDayz

DJ・ポールとジューシー・Jは、セルフ・プロデュースできるのを強みに大量の軍団作品リリースを始める。これはふたりがロード・インファマスと組んだユニットの唯一のアルバム。“Slob On My Nob”は2分の短い曲ながら、クルーの代表曲のひとつ。アブストラクトでハマるビート上での3連符でのラップは、今のトラップにも影響を与えた重要曲だ。特にユニークなフロウで他のサウス勢とは一線を画していた彼らなので、トゥイスタを呼んだ“Smoked Out”も聴きもの。BG、ジュヴィナイルらと合体した“Hypnotize Cash Money”も強力。

Hypnotize Minds 2000

Three 6 Mafia

Sippin' On Some Syrup

When The Smoke Clears (Sixty 6, Sixty 1)

全米6位にまで上がった4thアルバムからは、UGKを招いてチョップド&スクリュードなビートで魅せる“Sippin' On Some Syrup”がヒット。これも彼らの代表曲のひとつになった。バンギンでオリジナルなサウンドがかっこいい“Just Like Us”や、クルーのメンバーが大量参加した地元賛歌“M.E.M.P.H.I.S.”、デルフォニクスの定番“Ready Or Not”をバウンス仕立てにした“Who Run It”など好曲が並ぶ秀作だ。1st以来の快進撃を締め括った本作を最後に、ギャングスタ・ブー、クープスタ・ニッカが脱退、グループの第1期が終わった。

Hypnotize Minds 2003

Three 6 Mafia

Ridin' Spinners

Da Unbreakables

Vシネマ『Choices』のサントラ盤を経て、ポール、J、インファマス、チャウンシー・ブラックの4人体制で出した5thアルバム。イージー・E“Eazy-Duz-It”の声ネタ使いもキャッチーなメンフィス・トラップ“Ridin' Spinners”がヒット。“Testin' My Gangsta”や“Shake Dat Jelly”もハマるビートが強力で、独特なフロウとマイク・リレーの魅力も変わらない。とはいえサウスの超大物となり、怪しいノリはかなり後退。アイズリー・ブラザーズ“Make Me Say It Again Girl”ネタのスウィートな“Ghetto Chick”もメロウにキメる。

Hypnotize Minds 2005

Three 6 Mafia

Stay Fly

Most Known Unknown

さらにインファマスが抜け3人体制で出した6thアルバムだが、彼ら最大のヒットとなった“Stay Fly”でついにシーンの頂点に。バウンス、トラップ、カニエ・ウェストが流行らせたサンプルねた早まわしを絶妙に融合させた、最高のパーティ・チューンだ。同じくオールド・ソウル曲をネタ使いした“Poppin' My Collar”も大ヒットした。また新装盤収録の“Hard Out Here For A Pimp”は、サウスのシーンを描いた映画『Hustle & Flow』でテーマ的な重要曲として用いられ、翌年のグラミーで最優秀オリジナル楽曲賞を獲った。

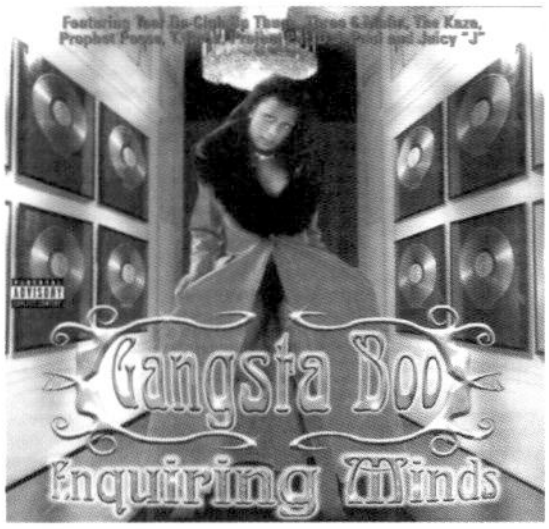

Hypnotize Minds 1998

Gangsta Boo

Where Dem Dollas At

Enquiring Minds

ギャングスタ・ブーは、スリー6マフィアのオリジナル・メンバーとして、サウスで最も活躍した女性ラッパーのひとり。ラ・チャットやトリーナら後輩が活躍できる場を用意した彼女の功績は計り知れない。この1stソロ・アルバムからは、同郷テラの人気曲“Sho Nuff”をリメイクした、サザン・ソウル味のバウンス“Where Dem Dollas At”がヒット。やはりポール＆Jが全曲をプロデュースした本作は、野郎どもとタフにかけ合う曲が大半だが、女性らしさを覗かせるメロウな“I'll Be The Other Woman”や“Money And The Powder”も聴きものだ。

Hypnotize Minds 1998

Indo G

Throw Them Thangs

Angel Dust

マリファナのスラング、インドを名乗るメンフィスのラッパー。リル・ブラントと組みレイドバックしたアルバム2枚を出した後、スリー6マフィアと組んだ唯一のアルバムとなったこの1stソロをリリース。「007のテーマ」ネタの“Throw Them Thangs”が人気を呼んだ。マフィア印のバウンス曲が並ぶ中、カーティス“Give Me Your Love”ネタの“Remember Me Ballin'”、フーディーニ“I'm A Ho”使いのエレクトロな“Big Boy Shit'”、マーリー・マール“The Symphony (Remix)”ネタのウェスタンな“Ghetto Party”がいいアクセントだ。

Prophet 1998

The Kaze

Pure Anna

Kamakazie Timez Up

1990年に、メンフィスのMCが集い結成されたキラ・クラン・ケイズ。プロジェクト・パットが加わった1998年に、スリー6マフィアの全面バックアップを得てリリースされた唯一のアルバムだ。ビリー・ジョエルのドラマティックな“Pressure”を用いた“Hard Not To Kill”など、マフィア印のバウンス・チューンが続く中、じっくりと聴かせる曲も多い。メロディアスなサウンドの人気曲“Pure Anna”を始め、オールドスクールなドラムスを用いた“Itchy Finger”や、メロウなサンプルねた使いの“Felt The Pain”などもいい。

Hypnotize Minds 2000

Project Pat

Chickenhead

Mista Don't Play Everythangs Workin

ジューシー・Jの兄ながら、強盗罪などで長く収監され活躍が遅れたプロジェクト・パット。ケイズ作に続いて1999年にようやく1stをリリース、筋金入りの犯罪語りで人気を得ると、この2ndアルバムは全米4位の大ヒットに。ヒット・シングル“Chickenhead”は、リズミカルなフロウにハマる絶品のスロウ・バウンス。同路線の“Gorilla Pimp”や、よりトラップに近い“If You Ain't from My Hood”、ラテン味を加えた“So Hi”、それにメロウなバラード“Life We Live”まで揃った秀作だ。ただしこの後またもムショ入りした。

Hypnotize Minds 2001

La Chat

Don't Sang It

Murder She Spoke

やはりメンフィス出身で、女性ラッパーでは最もギャングスタなリリックスをラップし続けたひとりであるラ・チャット。スリー6マフィア“2-Way Freak”、プロジェクト・パット“Chickenhead”への客演で全米に名を知られた後、この1stアルバムをリリース。DJ・ジミのバウンス古典“Bitches (Reply)”を用いた“Don't Sang It”がヒットした。マフィアのヒット曲をリメイク、3連符ラップが耳に残る“Slob On My Cat”や、ホラーなサウンドが強力な“Ain't No Ni**a”、姉貴分のギャングスタ・ブーと合体した“Wolf Pack”などもいい。

Hypnotize Minds 2003

Lil' Wyte

Oxy Cotton

Doubt Me Now

メンフィス育ちで、ハイスクールではフリースタイル・バトルのウマさで名を知られたというリル・ワイト。シェルビー・フォレスト・クリックの一員としてつくったデモテープがポール＆Jに気に入られマフィア軍団入りし、この1stアルバムをリリースした。すでにエミネムが人種の壁を破った後ということで、ギミックなし、ストレートにラップで勝負するつくりだ。代表曲のひとつとなった“Oxy Cotton”は、ドラッグの名前を連呼するインセインなリリックがウケてヒット。レゲエのリズムを用いた“Acid”など、ドラッグ語りがリアルな曲が並ぶ。

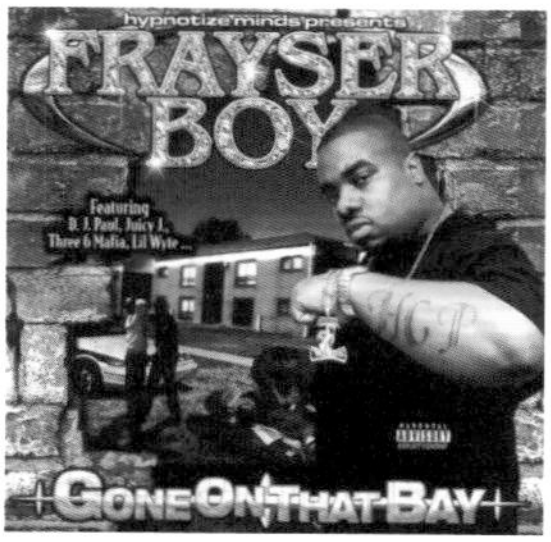

Hypnotize Minds 2003

Frayser Boy

Closed Mouth

Gone On That Bay

リル・ワイトと同じメンフィスの北、フレイザー地区出身で、マフィア軍団入りした後にリリースしたのがこの1stアルバムだ。バウンス、トラップのいいとこ取りなハマるビートが揃い、リズミカルなフロウも効いた“Closed Mouth”がヒット。オペラ調のドラマティックな“Watchin' Me”、マリファナねたの“I'll Bring Da Weed”や“Hydro Weed”、ミニマルなループが今に通じる“Everyday Thang”などがいい。2分台の短い曲が並ぶ点や、ぶつ切りのフロウをスピーディに続けるラップは、今のシーンを先取りしていた。

JCOR 2000

8Ball & MJG

Pimp Hard

Space Age 4 Eva

それぞれのソロ・アルバムも挟んだ後、4年ぶりに4thを出すも、流行りのバウンス・ビートに乗り切れず、ヒット曲を出せなかったメンフィスの重鎮。しかし大きく体制を変えて出したこの5thアルバムは、記録よりも記憶に残る秀作に。ジャジィ・フェイ作のサザン・ソウル味濃厚な“Thingz”や、DJ・クイック作のタイトなビートにハマる“Buck Bounce”など、バウンスをようやくモノにした好曲が並ぶ。するとMJG作の、独自のメンフィス・サウンドがいいタイトル曲や“Alwayz”も好調で、彼らにとって久々の快作になっている。

Bad Boy 2004

8Ball And MJG

You Don't Want Drama

Living Legends

さらなる一手を探した末にバッド・ボーイ・サウスから、多数の売れっ子プロデューサーとがっちり組んで出した6thアルバム。トラップ調のハマるビートに乗った“You Don't Want Drama”は見事全米でヒット。バン・BとのHタウン・ファンク調の“The Strets”、トゥイスタ＆TIとのゴリゴリな“Look At The Grillz”、変わらぬサザン・ソウル路線の“Memphis City Blues”、ビー・ジーズ“Reaching Out”ネタのメロウ＆ドラマティックな“Confessions”と、多彩な曲で飽きさせない本作は全米3位を記録、彼ら最大のヒット作に。

G-Unit 2004

Young Buck

Shorty Wanna Ride

Straight Outta Cashville

メンフィスの東、ナッシュヴィル出身のヤングバックは、飼い殺しにされたキャッシュ・マネーを出ると、ジュヴィナイルのUTPを経て、50セントのG・ユニット入り。この1stアルバムをいきなり全米3位の大ヒットとした。バウンス、トラップ以降のハマるビートに乗って、“Shorty Wanna Ride”と“Let Me In”がヒット。スリー6マフィア作の“Stomp”もハマる好曲だ。スヌープ＆ダズも参加した“DPG-Unit”も、ボートラながら胸おどる一発。“Look At Me Now”や“Bang Bang”などメロウな曲のつくりも、G・ユニットはウマかった。

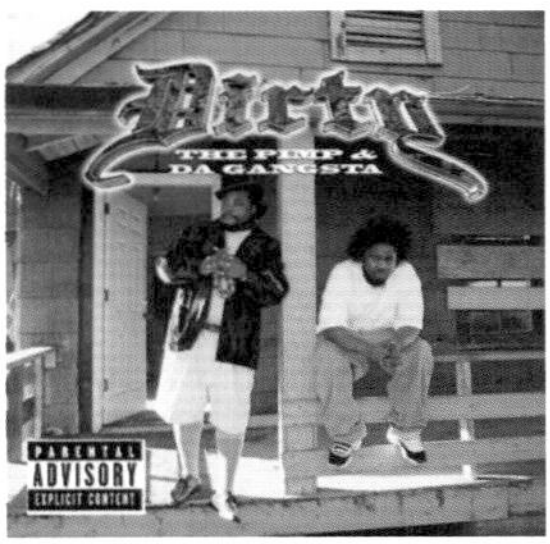

Universal 2001

Dirty

Rollin Vogues

The Pimp & Da Gangsta

いとこ同士のピンプとギャングスタの2MCズ、ダーティはモントゴメリー出身で、アラバマ州から初めて全米ブレイクを果たしたラップ・アクト。これは前年にインディで出した2ndアルバムのメジャー再リリース盤で、ヒットした“Rollin Vogues”などが新たに加えられた。近隣アトランタのダンジョン・ファミリーからの影響が色濃い、タイトなフロウのかけ合いを聴かせるふたり。“Hit Da Floe”のようなパーティ・チューンもいいが、“Candyman”のようなソウルフルなスロウでの語りが魅力的で、メロディアスな“6 Deep Creepin”もいい。

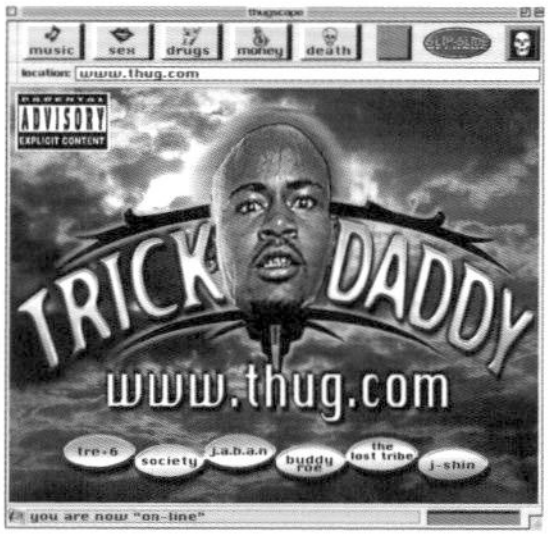

Slip-N-Slide 1998

Trick Daddy

Nann Nigga

www.thug.com

マイアミはリバティシティの有名なプロジェクトで育ち、ピンプの父との暮らしの中でドラッグ・ディーラーとなる。15歳からはムショ入りを繰り返すも、兄弟が殺されたのを機にラッパー稼業に本腰を入れたトリック・ダディ。パーティ、エロねたがメインだったマイアミのシーンで最もギャングスタなラッパーとして台頭すると、この2ndアルバムからの“Nann Nigga”を全米でヒットさせブレイクした。バウンス・ブームに乗ったパーティ・チューンと、“I'll Be Your Player (Remix)”などレイディーズ・キラーな曲の二刀流が特にウケた。

Slip-N-Slide 2001

Trick Daddy

I'm A Thug

Thugs Are Us

バウンス・ブームが去った後の4thアルバムからは、子供声コーラスが主役のダンナ・キャラを際立たせるファニーな“I'm A Thug”が全米17位の大ヒットに。地元のレジェンド、KC&ザ・サンシャイン・バンドのディスコ・ヒット“Boogie Shoes”ネタの“Take It To Da House”も人気を集めた。地元のライチャス・ファンク・ブギーがつくる生粋のパーティ・ビートはどれも強力で、ラテン味を強調した“Can't Fuck With The South”や“Bricks & Marijuana”も、マイアミ・ベースに戻ったような“For All My Ladies”も楽しい。

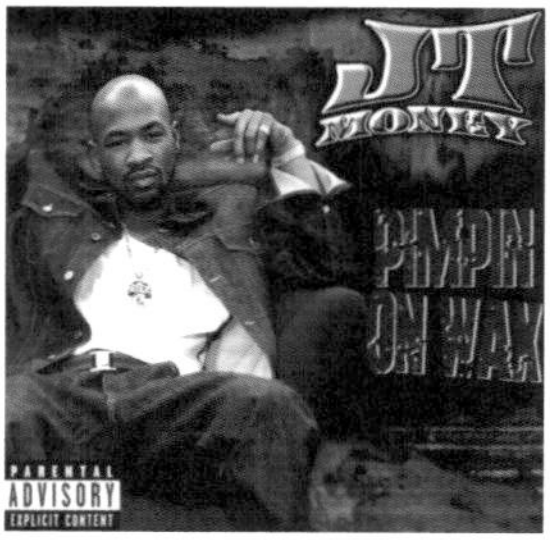

Freeworld 1999

JT Money

Who Dat

Pimpin On Wax

ポイズン・クランを率いてマイアミでサグなラップを広めたJT・マネーの1stソロ・アルバム。R&Bプロデューサーとして知られるトリッキー・スチュワートが手がけた“Who Dat”は、ベースを進化させたバウンス・ビートと、キャッチーなかけ声フックがウケて全米5位の大ヒットに。トリッキーの他にもダラス・オースティン、シェイクスピアとアトランタのR&B人脈が手がけた本作のビートはどれもハイクオリティ。ファンキー&グルーヴィな“Ho Problems”や“Something 'Bout Pimpin'”、メロウな“Kite 2 Da Boys”など多彩な曲が楽しめる。

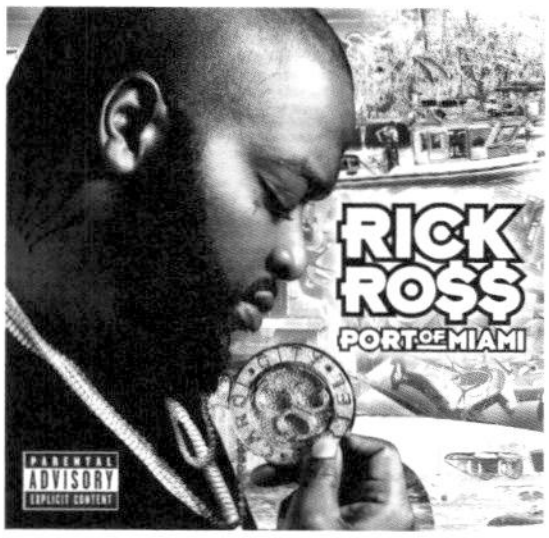

Slip-N-Slide 2006

Rick Ross

Hustlin'

Port Of Miami

ミシシッピ生まれながらマイアミ育ちで、実在の麻薬王の名をいただくリック・ロスの1stアルバム。絵に描いたようなダンナ声とキャラに合った、かけ声フックがキャッチーなハスラーズ・アンセム“Hustlin'”がいきなりの全米ヒット。ポップな“Boss”や“Street Life”も難なくこなして一躍トップ・ラッパーの仲間入りを果たす。後に、フットボールの奨学生として大学にまで行っていたこと、わずかな期間ながら刑務官であったことなどが暴露され、ギャングスタでもなんでもないことがバレるも、いじられキャラとして人気を博すユニークな人である。

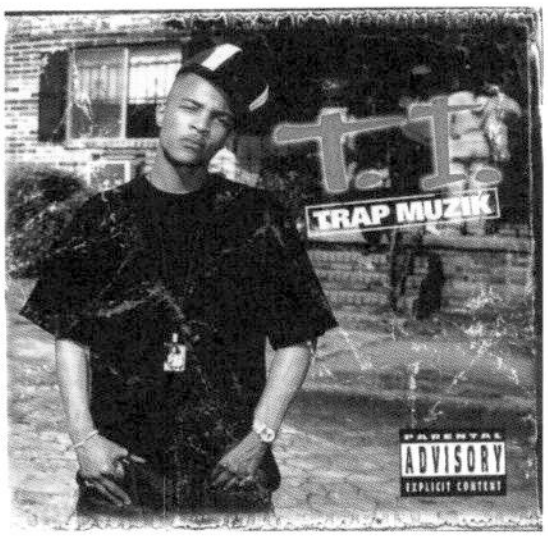

Grand Hustle 2003

T.I.

24's

Trap Muzik

この後はラップ・スターとなり俳優としても活躍するTIが、サグなトラップ・ラッパーとしてブレイクした2ndアルバム。DJ・トゥーンプが手がけたヒット“24's”と“Be Easy”、それに“Bezzle”は、小刻みなハイハットが特徴的なハマるビートが魅力大で、アトランタ発のスタイル＝トラップとして後のシーンの主流となり、今に至るまで発展し続けることに。バウンスをクールに洗練させたビートは、初めて聴いた時から圧倒的にかっこよかった。キャッチーなパーティ・ビートの“Rubber Band Man”もヒット、TIは曲づくりがうまい。

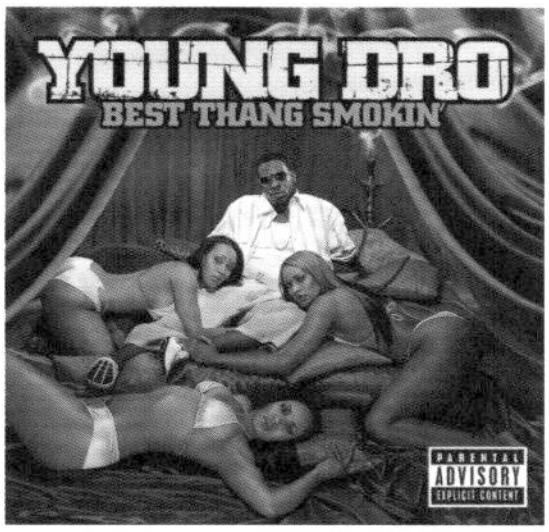

Grand Hustle 2006

Young Dro

Shoulder Lean

Best Thang Smokin'

親友がクリス・クロスとなり成功するのを見て、自身もラッパーを志すようになったヤング・ドロー。同郷のTIが立ち上げたグランド・ハッスルからリリースした2ndアルバムからは、“Shoulder Lean”が全米10位の大ヒットに。初期のトラップ・ビートが強力な、ハマるパーティ・チューンで、“Rubberband Banks”や“Gangsta”も同様の好曲だ。メロディアスな“We Lied”や、これもTIとの“My Girl”、サンプリング早まわしがキャッチーな“Hear Me Cry”などでは、ジャケットのイメージ通りのレイディース・キラーな語りが聴ける。

Corporate Thugz 2005

Young Jeezy

Soul Survivor

Let's Get It: Thug Motivation 101

アトランタ近郊で育ったクリップスのメンバー、ジージィ。P・ディディが、サウスの新世代NWAにと仕立てたボーイズン・ダ・フッドの一員として“Dem Boyz”をヒットさせた直後に出した、メジャーでの1stソロ・アルバムだ。初期のトラップ調ビートを用いた、エイコンとの共演曲“Soul Survivor”が全米4位の大ヒットに。ヒップホップ史上でも屈指の押しの強い声、旦那キャラは超強力で、“Gangsta Music”やバン・Bとの“Trap Or Die”といった曲でもトラップの申し子ぶりを見せつけた。“Talk To Em”のようなソウル曲ネタもよく似合う。

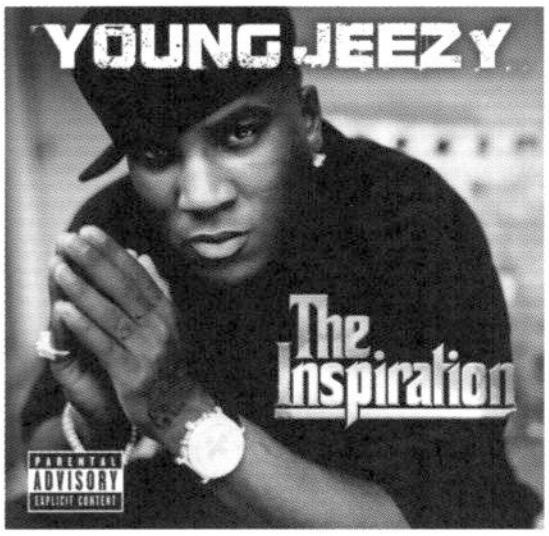

Corporate Thugz 2006

Young Jeezy

I Luv It

The Inspiration

勢いに乗りリリースしたメジャー2nd。DJ・トゥーンプが手がけた“I Luv It”は文句なしの熱いトラップ・チューンでヒット。R・ケリーが歌う“Go Getta”もハマるヒット曲だ。キーシャ・コールの情感溢れる歌声も耳に残るメロウ＆メロディアスな“Dreamin'”は、ストリート・ドリームを謳った、ジージィのキャラにドンピシャな名曲。この後は、自身のクルー、USDAで“White Girl”を、2008年の3rdアルバムからは“Put On”をヒットさせ順調にリリースを続けるも、急速に「クール」へと向かったシーンで、熱すぎるラップは居場所を失っていった。

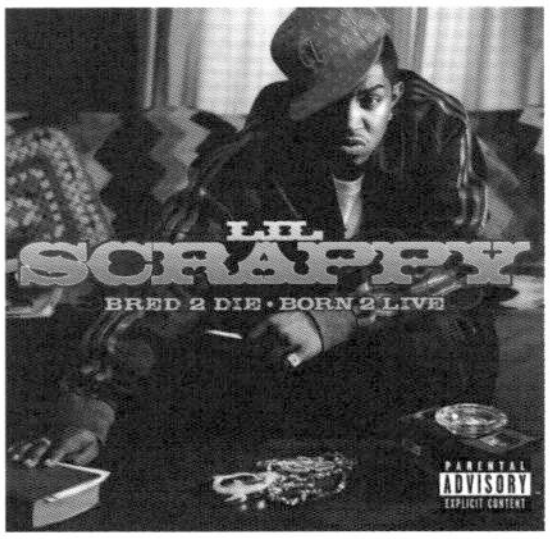

BME 2006

Lil Scrappy

Money In The Bank (Remix)

Bred 2 Die Born 2 Live

アトランタのリル・スクラッピーは、この時期クランクで一斉を風靡した同郷の名物男リル・ジョンに見出され、トリルヴィルとの合作でデビュー。その後50セントまでバックにつき、この1stアルバムをリリースした。ヒットした“Money In The Bank”は、クランクに次いで流行ったスナップのノリも持つハマる一発。リル・ジョンが手がけE-40も呼んだ“Oh Yeah”や、スリー6マフィアが制作&客演した“Posted In The Club”など、この時代のサウスの旨味が詰まった本作。2パックの声ネタを使ったメロウな“Livin' In The Projects”もいい。

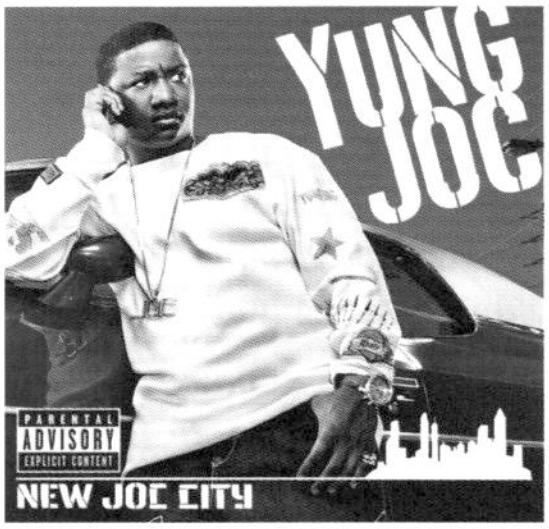

Bad Boy 2006

Yung Joc

It's Goin' Down

New Joc City

地元アトランタのヴェテラン・プロデューサー、ニッティと録音した“It's Goin' Down”を売り込んでバッド・ボーイとの契約を勝ち取ったヤング・ジョク。初期トラップのノリを持つこのパーティ・チューンは全米3位の大ヒットになる。ハイファイなシンセ・サウンドを先取りした、ポップでメロディアス、中毒性の高い“I Know You See It”や、マーカス・ヒューストンが歌うラヴソング“1st Time”などは、アイドル・ラッパー的。この時期からサウスでは、ギャングスタ・ラッパーの外見やヴィジュアル戦略も変わっていった。

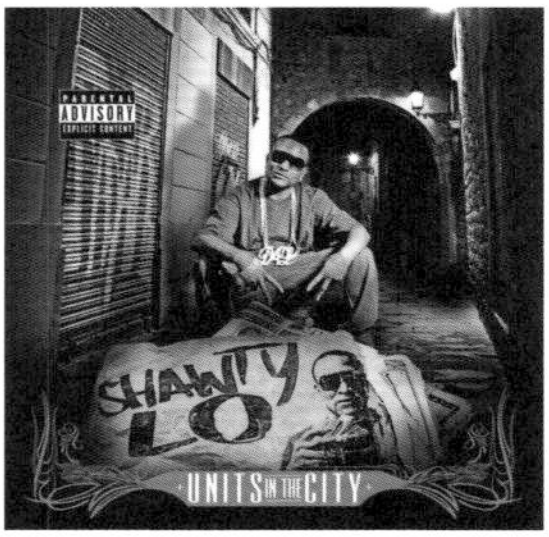

D4L 2007

Shawty Lo

Dey Know

Units In The City

後に「ストーナー」としてブレイクするフェイボーら、アトランタの仲間とD4Lを結成。2005年に全米1位となった“Laffy Taffy”でスナップを流行らせ、ヒップホップの新時代の到来を強く印象付けたショウティ・ロー。D4L時代とは一転、サグなキャラを前面に出したこのソロ・アルバムからは“Dey Know”が全米ヒット。スナップにダンスホール・レゲエの要素も混ぜたキャッチーなつくりがウマいパーティ・チューンだ。地元の次なるトレンドとなったトラップを取り入れた“Dunn Dunn”と“Foolish”もヒット。楽しめるビートばかりの秀作だ。

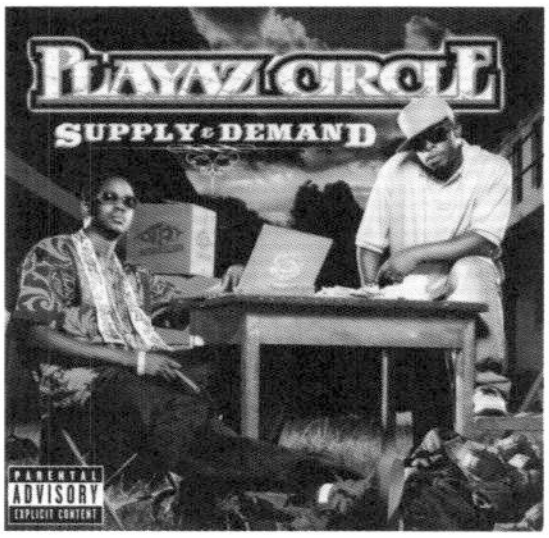

Disturbing Tha Peace 2007

Playaz Circle

Duffle Bag Boy

Supply & Demand

後に2チェインズと改名し、トラップを代表するリリシストのひとりとして人気を博すティティ・ボーイと、旧友のダラー・ボーイが組んだプレイヤズ・サークル。「カネでいっぱいのバッグを持つ俺」をラップした“Duffle Bag Boy”は、初期のトラップ・ビートを取り入れた全米15位の大ヒット。“#1 Trap Pick”や“We Workin”、“Paint Still Wet”もトラップ・ビートの、盛り上がらずにはいられない好曲だ。リトル・ブラザーのフォンテが歌う“Paper Chaser”や、リュダクリスとの“U Can Believe It”などソウルフルな曲もいい。

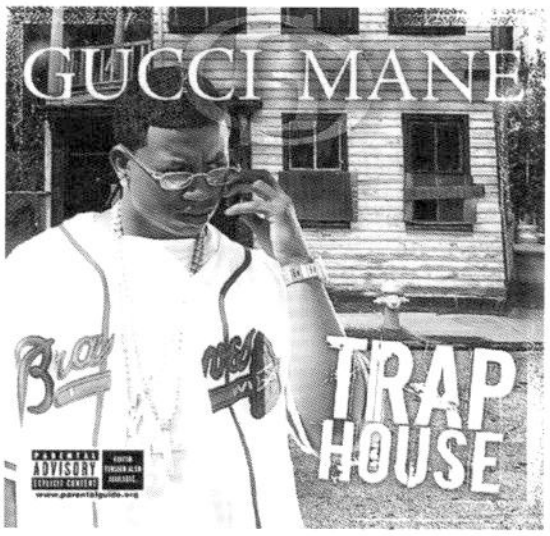

Big Cat　2005

Gucci Mane

Icey

Trap House

1980年生まれでアトランタに育ったグッチ・メインは、新時代のサグであり、ラップ･ビジネスマン。ドラッグ･ディーラー稼業の中、ムショ入りも経験した彼は、そこから抜け出そうとラッパーを志す。2001年の習作に次ぐこの正式なデビュー・アルバムからは、ジージィとかけ合う"Icy"がヒット。これで彼もトラップのパイオニアのひとりとなるが、ヒットを巡りジージィとはビーフを繰り広げることに。バン・Bやキラー・マイクも参加した"Black Tee"も強力な本作以降、超大量のミックステープ・リリースによりグッチは名を上げていく。

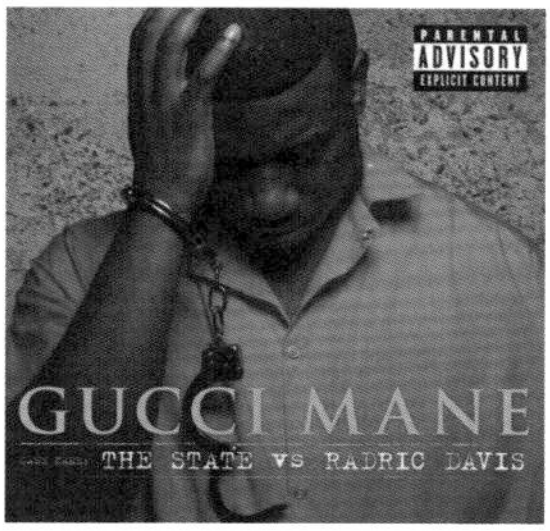

1017 Brick Squad　2009

Gucci Mane

Wasted

The State vs. Radric Davis

暴力沙汰～収監を繰り返し、その度にミックステープの人気はうなぎ登り、という中で出した本気のメジャー勝負作。トラップ・ビートの"Wasted"、当時のクロスオーヴァーなシーンを反映した、アッシャーとのポップな"Spotlight"がヒットし、見事全米10位に輝いたヒット作だ。流行りのEDMサウンドを取り入れた曲の多くはもはや古臭いが、キッズ声も入れたハマるつくりの"Lemonade"、キーシャ・コールが歌うドラマティックな"Bad Bad Bad"、ニッキ・ミナージ＆トリーナとのキュートな"Sex in Crazy Places"などは聴きもの。

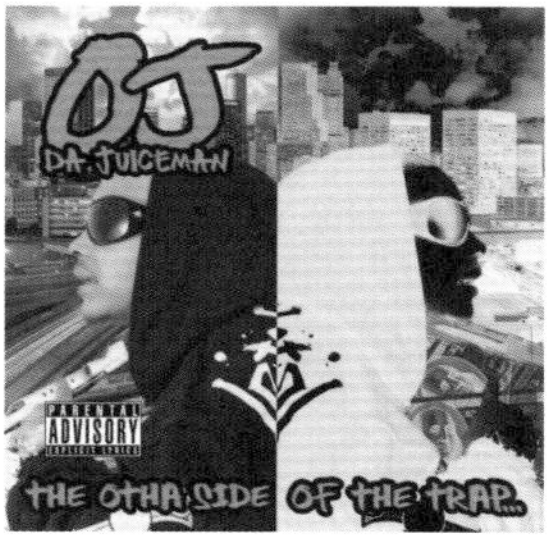

Asylum　2009

OJ Da Juiceman

Make Tha Trap Say Aye

The Otha Side Of The Trap

子供の頃、アトランタの同じアパートに住んでいた縁で、グッチ・メインにフックアップされデビューしたOJ・ダ・ジュースマン。こちらもミックステープで十分に名を上げた後に出したメジャー・デビュー・アルバムで、グッチ客演の"Make Tha Trap Say Aye"は全米8位の大ヒットに。この当時のトラップ人気を最も反映したつくりである本作は、グッチをブレイクさせたゼイトーヴェンが手がけたハマるビートが満載。"Hell Of A Life"や"Im Gettin Money"、"Know What I Mean?"、"Trap Work"など、様々なトラップ曲が楽しめる。

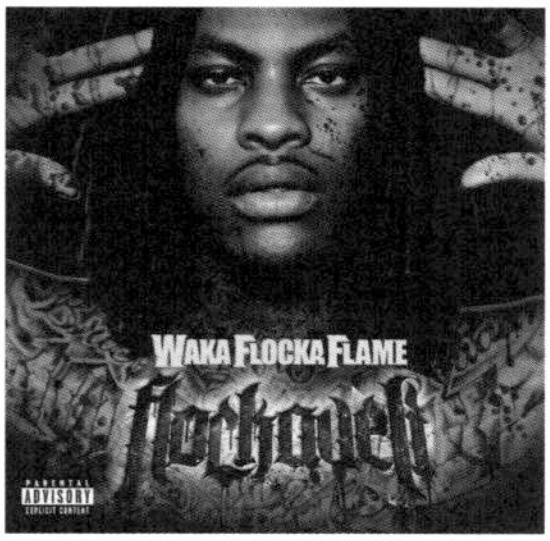

1017 Brick Squad　2010

Waka Flocka Flame

No Hands

Flockaveli

NYに生まれたワカ・フロッカ・フレイム。家族でアトランタ近郊に移住した後、母親がグッチ・メインのマネージャー務めたことがあり、その縁でグッチのレーベルと契約、この1stアルバムを出した。2パックに影響を受け、マキャヴェリとかけたタイトルを持つ本作は、やはりトラップ･ビート満載の1枚で"O Let's Do It"、"Hard In Da Paint"、"No Hands"、"Grove St. Party"が連続ヒット。オーケストラ調の重厚なサウンドがドラマティックに響き、主役のカリスマ感のあるラップが映える、これもこの時代を代表するトラップ作品だ。

Part 4
2004 - 2009

Hタウン・ファンクのブーム

サウスのラップ・シティの中では最もLA寄り。とはいえおよそ日本列島丸ごと、約2500kmも離れているが、ヒューストン＝Hタウンのシーンでは、おとなり（とはいえ400km東）ニューオーリンズのバウンスからの影響はわずかで、チョップド＆スクリュードをベースにした独自のファンク人気が続いた。2000年代になってサウスに全米、全世界の目が向くようになると、Hタウンのファンクも人気が沸騰。歴史的な盛り上がりを見せた。

UGK
Int'l Players Anthem (I Choose You)

Underground Kingz

Jive 2007

スカーフェイスと並ぶHタウンの顔役、UGKが、この時期の地元シーンの盛り上がりに乗って出したCDは2枚組の大作。キャリアの集大成的な作品を目指しつくったのは、グループの正式名を冠したタイトルにも現れている。スリー6マフィアが手がけアウトキャストが客演した、サウスの人々への愛に溢れたアンセム“Int'l Players Anthem”は、グラミーにもノミネートされた超人気曲。ウィリー・Dとかけ合い、チャーリー・ウィルソンが歌う“Quit Hatin' The South”に、“Heaven”、Z・ロウとの“Trill Niggas Don't Die”と続くサザン・ソウルな曲3連発にも感嘆。続くスカーフェイスとの“Still Ridin' Dirty”、EW&F“Can't Hide Love”ネタでラヒーム・ディヴォーンが歌う“Real Woman”と続いていく中盤以降の深みは唯一無二だ。トゥー・ショートの代表曲を本人とリメイクした“Life Is 2009”、“The Symphony (Video Ver.)“をビッグ・ダディ・ケイン＆クール・G・ラップ本人とリメイクした“Next Up”で東西のシーンもレペゼン。この時、UGKは全米シーンの頂点にいた。

Rap-A-Lot 2005

Bun B

Draped Up (H-Town Remix)

Trill

ピンプ・Cが銃の不法所持でムショ入りしたため、Hタウン・シーンの勢いも借りてバン・Bがリリースした1stソロ・アルバム。バンギンなビート上で、この時旬だった8人の地元MCとマイクをまわす“Draped Up (H-Town Remix)”は、当時のHタウン・ブームを象徴する最高のアンセム。ジェイ・Zやジージィも招いたメロウな“Get Throwed”、バリー・ホワイトの定番曲に乗りTIとかけ合う“I'm A "G"”、オールドスクールなベース・サウンドにイン・ヤン・トゥインズを招いた“Git It”などでも主役はあくまでバン・B。懐の深さは天下一品だ。

Rap-A-Lot 2006

Pimp C

Pourin' Up

Pimpalation (The Pimp Is Free!)

1stは服役中につくったもので、釈放後につくったこの2ndこそ、ピンプ・Cが真価を発揮したソロ・アルバムだ。ヒットした“Pourin' Up”にはバン・Bも参加、後ノリ感が病みつきになるHタウン・ファンクの名曲。この曲も含めソロ・アルバムこそ外部のプロデューサーに多くを任せているが、トレードマークのオルガン・サウンドを用いた“Gitcha Mind Right”や、定番“Summer Breeze”ネタの“Working The Wheel”、メロウにせまる“I Miss U”と主役に合わせたソウルフルなビートを揃えた。2007年末に急逝したのが残念。

Rap-A-Lot 2005

Geto Boys

G Code

The Foundation

スカーフェイス、ブッシュウィック・ビル、ウィリー・Dと最強の3人が集ったリユニオン・アルバム。バンギン&タイトなHタウン・ファンクの“G Code”や、オールドスクール色を出した“Yes, Yes, Y'all”がヒット。ウェッサイな味もあるファンク・ブギーの“We Boogie”や“1, 2, The 3”、ソウルねたサンプリングの“I Tried”や“Leanin' On You”に、ビルが情感たっぷりに語るブルース“Dirty Bitch”まで。当時のHタウン・シーン全体がそうだったが迷いのないつくり。サウス一番の名物グループの、有終の美を飾る秀作だ。

Rap-A-Lot 2007

Scarface

Big Dogg Status

Made

未発表曲集や『My Homies Pt 2』などのリリースを経て出した、5年ぶりのオリジナル・ソロ・アルバム。最新のHタウン・ファンクに乗ってみせた“Big Dogg Status”、サンプル早まわしを用いたソウルフルな“Girl You Know”、Z・ロウをフック・シンガーとして起用したブルージーな“Burn”、サンプリング技がユニークなポップ・ソウルの“Go”、太〜いベースが効いたスロウ・ファンク“Boy Meets Girl”と、粒ぞろいの秀曲が並ぶ本作は全米17位を記録。シーンの好調さをバックにいいビートが揃った、帝王によるもはや余裕の傑作だった。

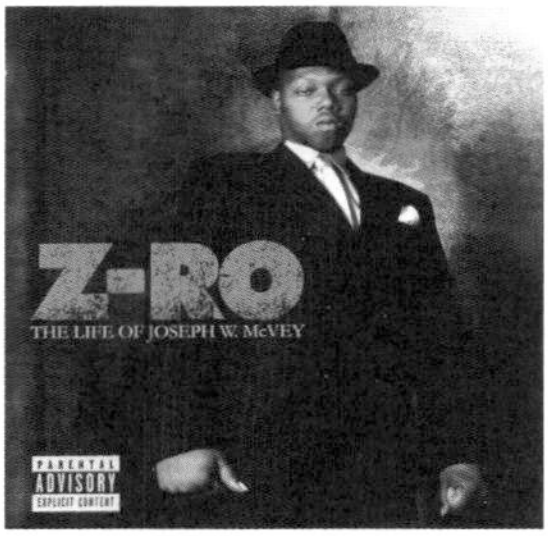

Rap-A-Lot 2004

Z-Ro

These Niggaz

The Life Of Joseph W. McVey

27歳になり、Hタウン次世代の星としてラップ・ア・ロット入り、そうしてついに出した全米進出作。王道のHタウン・ファンク・ビート上で、スカーフェイスとの新旧エース対決が聴ける“These Niggaz”、ボビー・コールドウェルの定番“What You Won't Do for Love”ネタで、2パックのメロウ曲を思い出す“So Much”、声の良さ、歌うフロウが堪能できるブルージーな“I Hate U Bitch”と決定的な名曲を連発。メロウな“"II Many Niggaz”や“Happy Feelingz”、メロディアスな“Everyday”など、他も好曲だらけの名盤だ。

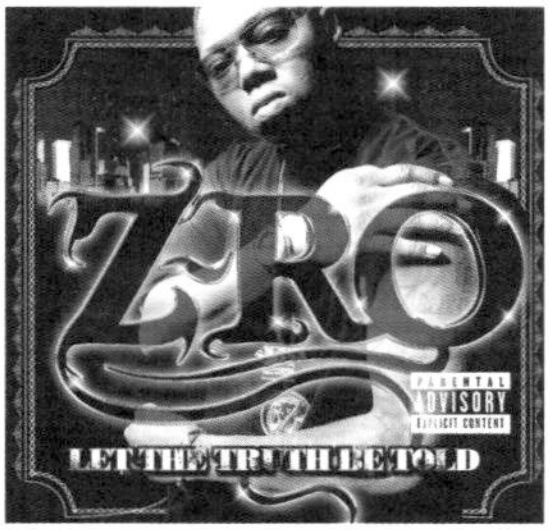

Rap-A-Lot 2005

Z-Ro

Platinum

Let The Truth Be Told

ラキム“Paid In Full”のビートをジャッキンした“Mo City Don”で始まるメジャー第2作。ブルージーな極上ビートでデヴィン&ジュヴィナイルとかけ合う世界一ファンキーな“The Mule”、メロウかつ弾むビートに心踊る“Platinum”、ファット・パット曲を用いた泣きのHタウン・ファンク“From The South”と、またも名曲連発。“I'm A Soldier”などバンギンなファンクも、シャーデー“Cherish The Day”を歌ってみせる“Respect My Mind”のようなメロウも、どちらもウマいZ・ロウに敵なし。最も過小評価されているMCのひとりに違いない。

Sucka Free 2004

Lil' Flip

Sunshine

U Gotta Feel Me

女性Vo.をフィーチャーしたメロウなサマー・アンセム“Sunshine”が2位、ゲームの古典パックマンのサウンドをループしたファンク“Game Over”が15位となり、このCDは2枚組だったメジャー第2弾アルバムも4位と全米で大ヒット。当時のブームに乗ってHタウンで最もハッスルしたリル・フリップが、最も成功したのは本作だ。バンギンな“Dem Boyz”、ブッチ・キャシディが歌う、ウェッサイ味のファンク・ソウル“U Nava Know”などもいい。メジャー第1弾中の初の全米ヒット“The Way We Ball”も、レイドバックした好曲だった。

Trill 2005

Lil' Boosie and Webbie

Give Me That

Gangsta Musik

ニューオーリンズの北西、バトンルージュ出身のリル・ブージーとウェビー。ピンプ・C率いるトリル・ファミリー入りして出したコンビ作の第2弾だ。ともに1980年代生まれで、ニューオーリンズとヒューストンのいいとこ取りなスタイルを聴かせたふたり。バン・B参加のHタウン・ファンク“Give Me That”は全米で大ヒットした。ブリブリと進む“Swerve”や“Hustlin'”、軽快なテンポの“Bad Bitch”や“Dance Wit' You”などもHタウン・スタイルだ。対してタイトル曲などではバウンス・ビートを用いて、ファンキーにキメている。

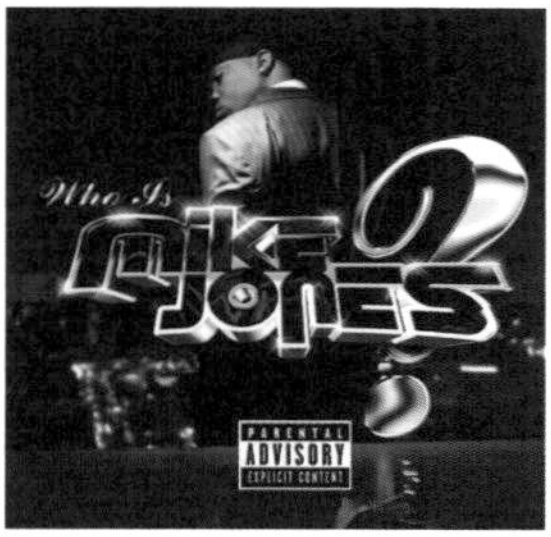

Swishahouse 2005

Mike Jones

Still Tippin

Who Is Mike Jones?

軽妙な声、語り口がユニークなプレイヤー、マイク・ジョーンズ。スウィシャハウス初の全米進出作でもある本作からは、スクリュード&チョップドのおもしろさがわかりやすく表されたビートで、ポール・ウォール&スリム・サグとHタウン第2世代の魅力を存分に聴かせた“Still Tippin”が大ヒット。この曲からHタウン・ブームは始まった。ヒット請負人となっていたサリウ・ウィリアムズが多くを手がけた本作には、“Back Then”や“Screw Dat”などHタウン・ファンクの好曲揃い。ビッグ・モーが歌う“Flossin'”などメロウ曲もいい、傑作だ。

Swishahouse 2005

Paul Wall

Sittin' Sidewayz

The Peoples Champ

カラー・チェンジン・クリックを組むカミリオネアとのタッグ作でブレイクしたポール・ウォール。このメジャー初作からは、やはりスクリュード&チョップドの魅力全開な“Sittin' Sidewayz”がヒット。アルバムは初登場全米1位を記録した。バンギンな“They Don't Know”や、グルーヴィな“Ridin' Dirty”、バン・B & BGとの“Trill”やリル・ウェインとの“March N Step”などゴリゴリなポッセ・カットも、硬派な主役に合うファンクがまずは魅力。が、オールディーズねたのキュートな“Girl”もヒットさせるなど、大充実の傑作だ。

Chamillitary 2005

Chamillionaire

Ridin

The Sound Of Revenge

敬虔な両親に育てられ、またリリシストとしての自信から、カースワード（放送禁止用語）を使わないギャングスタ・ラッパーとなったカミリオネア。ポール・ウォールは親友だが、弟を襲撃されたと仲違い。ひとりになって出したメジャー初作だが、“Ridin'”が全米1位に。劇的かつスムーズなビートもいいが、主役のダンナ声、HタウンNo.1の歌うフロウがとにかく魅力的な超名曲だ。ミニマルでハマる“Turn It Up”もそのラップの魅力を堪能できる好曲。UGKの人気曲“One Day”をバン・B本人とリメイクした“Picture Perfect”などもいい。

G-Maab 2006

Trae

Swang

Restless

1980年生まれで、Hタウン第2世代でも最も若いひとり、トレイ。スクリュード・アップ・クリックやゲリラ・マーブでのリリースを経て、満を持して出したメジャー進出作だ。ヒットした“Swang”は、マイケル・ジャクソン“The Lady In My Life”ネタのメロウ・ファンクで、ファット・パットの声をフックに用いた必殺のHタウン・アンセム。スーパー・クールなラップは、“In The Hood”やバン・Bとの“So Gangsta”などHタウン・ファンクにも、70年代の曲を用いたソウルフルなタイトル曲などにも最高にハマる。曲づくりのウマさに驚く傑作だ。

G-Maab 2008

ABN

Whoa

It Is What It Is

Z・ロウとトレイの、ゲリラ・マーブに次ぐユニット、ABN。2003年の前作は仲間の参加も多かったが、この2ndアルバムは、声質の違いも好相性となるふたりのかけ合いを堪能できる秀作だ。メロウでもリズミカルでファンキーな"Who's The Man"や"Picture Me"、ドラマティックな、ギャングスタ・ヴァイブス満載の"Whoa"、スロウ・バウンス・ビートが新鮮に響く"Turnin Heads"、オトナなキャラのふたりならではのバラード"Still Gets No Love"など、好曲続き。しかしこの後、共演作は出ておらず、本作はその点でも貴重な1枚に。

Boss Hogg Outlawz 2007

Boss Hogg Outlawz

Wood Wheel

Serve & Collect

スリム・サグが地元の仲間や舎弟と組んでいたボス・ホグ・アウトロウズ。これは2004年の『Boyz-N-Blue』に続く2ndスタジオ・アルバムにして全米進出作で、"Wood Wheel"がヒット。スリムの太〜い声、フロウがハマる、重量級のHタウン・ファンク名曲だ。これを手がけたMr.リーが多くの曲をプロデュース、チョップド&スクリュードが効いた"Back To Front"や、メロウ&スムーズな"Rollin'"、スヌープのフレーズを用いたGなサウンドの"This Is For My G's"などもいい。ブリブリな"Straight Outta Texas"も聴きものだ。

Koch 2009

Slim Thug

Thug

Boss of All Bosses

自他ともに認めるHタウン第2世代のボスながら、2005年の全米進出作『Already Platinum』はネプチューンズと組んだゆえ中途半端な出来で、決定的なヒット曲も出せなかったスリム・サグ。Mr.リーをメイン・プロデューサーとし、Hタウン・ファンクにフォーカスしたこのメジャー2作目でようやくファンは満足できた。イージー・E "Eazy-Duz-It"ネタのキャッチーな"Thug"を始め、ポール・ウォールとの"Top Drop"や、UGKとの"Leanin"、そしてまさにHタウン・オールスターズが大集結した8分に及ぶ"Welcome 2 Houston"に涙。傑作。

Big Chile 2007

Chingo Bling

Like This N Like That

They Can't Deport Us All

大卒ながらそのギャングスタ・ラップも人気で、後にはコメディアンとしての活動も始めた、クレヴァーでおもしろおかしいチカーノ、チンゴ・ブリン。これはHタウン・ブームに乗って出したメジャー進出アルバムだ。ヒットした"Like This N Like That"に、ファット・パットの声を用いた"Southside Thang"と"Still Goin' Down!"など、スクリュー味のHタウン・ファンクはどれもいい。ベイビー・バッシュとのメロウ&スムーズな"Head Honcho"、マヌ・ディバンゴ"Soul Makossa"使いの楽しい"Werk That"なども好曲だ。

Part 5
2012 -

サウス・シーンの新時代

2010年代からヒップホップの主流であり続けているトラップ。デジタル時代のつくり方・聴き方により選ばれたスタイルだけれど、2000年代のサウスのビート、バウンスからクランク、スナップ、そして初期のトラップを聴き続けてきた者なら、これらの連続性を、ヒップホップ・ビートの進化を実感できているだろう。ジェイムズ・ブラウンの時代から一貫して、ビートを進化させ続けてきたサウスのシーン。その進化に終わりはない。

Freebandz 2012

Future
Turn On The Lights

Pluto

1983年にアトランタに生まれたフューチャーは、いとこのリコを頼ってダンジョン・ファミリー入り。この1stアルバムではトラップのビートを、重低音とハイハットを強調しつつミニマルに進化させ、その上でオートチューンを用いたシンギング・ラップをエモーショナルに披露。巨漢からくるカリスマ性の高さもあり人気が沸騰すると、“Turn On The Lights”を始め6曲が連続ヒットし、アルバムも全米8位に。フューチャーはトラップの新たな象徴となり、本作のビート、ヴォーカル・スタイルがトラップの新たなフォーマットとなった。

Freebandz 2017

Future
Mask Off

Future

2015年の3rdアルバムからは6作連続全米1位を記録中と、シーンに君臨し続けるフューチャー。セルフ・タイトルの5thアルバムには、全米5位と自身最大級のヒットになった“Mask Off”を収録。哀感の強いループ上で「引き」のラップを聴かせた名曲で、ケンドリック・ラマーが加わったリミックスも味わい深い。YGとの“Extra Luv”ではウェッサイ・ファンク風味を、人気の“Draco”ではアナログなテクノ・サウンドを、終盤の“When I Was Broke”ではメロディアスにせまり、と要所で新たなテイストも聴かせる。充実、安定の傑作。

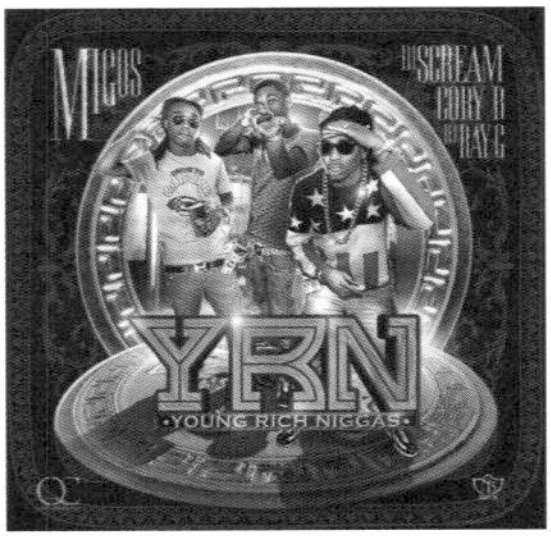

Quality Control 2013

Migos

Versace

Y.R.N. (Young Rich Niggas)

1991～94年生まれの、血縁関係にあり、アトランタ郊外で一緒に育った3人が組むミーゴス。アウトキャストのアンドレ3000にも勝るファッショニスタで、全てにおいて独特のセンスを見せる3人の、最初の全米ヒットが“Versace”。ハイブランド、ヴェルサーチの名を連呼するだけといった斬新な曲だ。ディズニー・チャンネルに登場するキャラクター、ハンナ・モンタナをネタにドラッグ語りを聴かせる“Hannah Montana”なども人気を呼んで、これらの曲を含む本作はミックステープながら大きな話題に。ミーゴスは一躍、時代の寵児となった。

Quality Control 2017

Migos

Bad And Boujee

Ciulture

2015年にメジャー・デビュー・アルバムを出したミーゴスは、ボーン・サグズン・ハーモニーやスリー6マフィアが聴かせた「3連譜ラップ」を進化させトレードマークとし、フューチャーと並ぶトラップの象徴に。そうして出したこの2ndアルバムからは“Bad And Boujee”が全米1位に。ヒップホップに新たなクールの基準をもたらしたこの曲で彼らはシーンの頂点に立った。血縁にある3人ならではのコンビネーション、間合いは独特な魅力に溢れていて、“T-Shirt”なども大ヒット。ストレートなファンクも聴かせた次作中の“Stir Fly”も外せない。

Island Def Jam 2012

2 Chainz

No Lie

Based On A T.R.U. Story

アトランタの2チェインズは、ティティ・ボーイとして親友とプレイヤズ・サークルを組み2枚のアルバムを残した後、改名しソロに転向。この1stアルバムをリリースした。ハイスクールでバスケットボール選手として活躍しつつも（大学でもプレイ）、ドラッグを売ってハッスルしていた彼ならではのリリックスはカニエ・ウェスト他に高く評価される。そのカニエ参加の“Birthday Song”や、ドレイクとかけ合う“No Lie”、ニッキー・ミナージとのダンス・アンセム“I Luv Dem Strippers”など、ゲストとの競演も楽しい全米No.1アルバムだ。

Def Jam 2017

2 Chainz

4 AM

Pretty Girls Like Trap Music

トップMCとして君臨してきた2チェインズが「トラップこそがポップ」という、自分たちの音楽と、自身のスキルに抱く絶対的な自信の下で出した4thアルバム。特にレイドバック感が求められたこの頃、流行りのアンビエント的なサウンドや、サウスのヒップホップの伝統でもあるホラーコアのエッセンスも随所に感じられる。トラヴィス・スコットとの“4 AM”や、ジェネイ・アイコらシンガーとかけ合う“It's A Vibe”がヒット。ミーゴスと合体した“Blue Cheese”や、シンガーのモニカと組んだバラード“Burglar Bars”まで、聴きどころ満載。

G.O.O.D. 2013

Pusha T

Pain

My Name Is My Name

ヴァージニアビーチ育ちのプシャ・Tは、兄とクリプスを組み、ネプチューンズの助力を得てアルバム3枚をヒットさせる。その後ソロに転向、カニエ・ウェストのレーベルからこの1stスタジオ・アルバムをリリースした。ドラッグ・ディーラーとしての体験を基にしたエモーショナルな語りが売りで、"Numbers On The Boards"を始め、本作の特に先進的なビートを乗りこなすフロウのおもしろさも人気だ。フューチャーとのバンギンな"Pain"、2チェインズらとのフロウ対決も聴きものの"Who I Am"など好曲揃いで、全米4位の大ヒットに。

Cash Money 2013

Rich Gang

Tapout

Rich Gang

バードマンをメインにリル・ウェインらヤング・マネー&キャッシュ・マネー軍団が集うリッチ・ギャングの、ゲストも多数参加した唯一のスタジオ・アルバム。フューチャー、ニッキ・ミナージも交えたマイク・リレーが豪華なシングル"Tapout"を始め、シンセ・サウンドもリッチでゴージャスなトラップが楽しめる本作。タイガも参加した"Bigger Than Life"も、ゆったりしたテンポがリッチ・ライフを演出するつくりで、"Dreams Come True"などもレイディーズ・キラーな曲だ。翌年の、ヤング・サグがメインの"Lifestyle"も大ヒットした。

Atlantic 2017

Gucci Mane

I Get The Bag

Mr. Davis

ジージィがシーンの第一線からは退いて行ったのとは対照的に、進化するトラップ・ビートに対応し続け、人気を上げ続けているグッチ・メイン。全米11位を記録し最大のヒットとなった、ミーゴスとのスーパー・クールな"I Get The Bag"を収録したこのアルバムも、彼の最大のヒット作となった。ニッキ・ミナージとのエロ〜いストリッパーズ・アンセム"Make Love"、鳴り響く低音にハマる"Stunting Ain't Nuthin"、スクールボーイ・Qとのクールなかけ合いにシビれる"Lil Story"など、曲づくりのうまさも光る好曲が並ぶ。

CMG 2017

Yo Gotti

Rake It Up

I Still Am

1996年にリル・ヨー名義でアルバム・デビューして以来、メンフィス次世代の顔役として活躍を続けるヨー・ゴッティ。2013年の『I Am』から今のトラップ・ビートを全面的に導入し、シーンのトップに名を連ねると、この9thアルバム中の"Rake It Up"を全米8位の大ヒットとした。グッチ・メインに学んだようなクールを極めたハスラー・ラップは、エレクトロなサウンドを用いた"Juice"、クリス・ブラウンの歌と好対照な"Save It For Me"、21サヴェイジとのアンビエント・サウンドも耳に残る"Yellow Tape"などでも魅力的に響く。

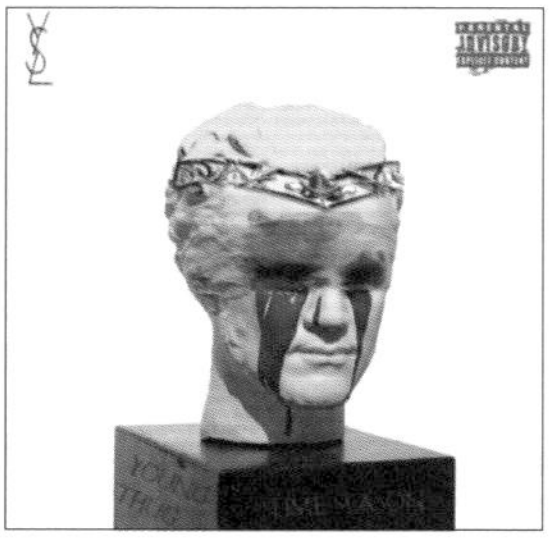

YSL 2015

Young Thug
Best Friend
Slime Season

1991年にアトランタで生まれたヤング・サグ。彼のアイドルであるリル・ウェインのそれをベースに、エモーショナルなシンギング・ラップを進化させると、2010年代で最も影響力を持つラッパーのひとりに。ドレスも着るジェンダーレスなファッション・センスも、そのカリスマ性を高めている。これは2011年から出し続けるミックステープのブレイク作で、スライムは彼ら世代のスタイルを表す言葉として流行する。叙情的なサウンドも印象的な"Best Friends"は全米45位のヒットに。憧れのウェインと組んだ"Take Kare"もエモーショナルだ。

300 2019

Young Thug
The London
So Much Fun

全米1位に輝いた、ようやくの1stスタジオ・アルバムで、さまざまな2019年のベスト・アルバム・チャートにランクインした。代表的ヒット曲となった"The London"や"Hot"を始め、サウスの第3世代のクールなセンスが詰まったつくり。ダンスホール・レゲエやドラムン・ベースといったダンス・ミュージックに限りなく近づいた"Light It Up"、アンビエント〜テクノトロニカ的なサウンドが心地いい"What's The Move"、インディ・ロック調のギター的サウンドが効いた"Boy Back"など、刺激的で享楽的なビートに酔う傑作だ。

YSL 2018

Lil Baby & Gunna
Drip Too Hard
Drip Harder

1993年生まれのガンナと、その親友で94年生まれのリル・ベイビーはともにアトランタ近郊育ち。ミックステープでの活躍を通してヤング・サグの盟友となったふたりが、彼のレーベル、YSLから出したタッグ作で、両者にとってブレイク作となった1枚だ。特にクールなトラップ・ビートの"Drip Too Hard"は全米4位の大ヒットに。ヤング・サグを迎えたエモーショナルな"My Jeans"、リル・ベイビーのフリーキーなフロウがいい"Deep End"、ドラマティックな"Underdog"など、彼らの勢いが伝わるアルバムもまた全米4位にまで上がった。

Def Jam 2012

Big K.R.I.T.
Money On The Floor
Live From The Underground

メンフィス、ニューオーリンズ、そしてアトランタの真ん中あたりに位置するメリディアン出身のビッグ・KRIT。ストーナー・シーンで名を上げた後に出したこのメジャー・デビュー・アルバムは、ヒットした"Money On The Floor"に客演する8ボール&MJGや、アウトキャストからの影響も大なスペース感漂う、クレヴァーなストリート・ハスラー作。全て彼自身が手がけたビートは多彩かつ高品質で、ジャジーなタイトル曲からハマるエレクトロ・トラップの"What U Mean"まで飽きることがない。よりコンシャスに進化した次作以降もいい。

Grand Hustle 2016

Travis Scott

Goosebumps

Birds In The Trap Sing McKnight

同志と言えるヤング・サグとともに、今のサウス・シーンをリードしてきたトラヴィス・スコット。1991年、ヒューストンに生まれゲットー・ライフを体験した後に、移住先でもミュージシャンである父親にならいビート・メイクの腕を磨き続けた彼。2008年からミックステープ・シーンで頭角を表すと、2015年にメジャー・デビュー。この2ndアルバムは全米初登場1位を記録した。鳥肌を意味する“Goosebumps”は、ケンドリック・ラマーとのかけ合いもすごい名曲。ヤング・サグらとの“Pick Up The Phone”も耳に心地いいハマる好曲だ。

Cactus Jack 2018

Travis Scott

Sicko Mode

Astroworld

この年のベスト・アルバムとあらゆるメディアを賑わせた3rdアルバム。ドレイクが歌うトラップ・パートから、Hタウン・ファンクに、再びトラップにとスウィッチするつくりもスリリングな、近年のヒップホップ最大のヒット曲“Sicko Mode”は、リリックス同様に彼の自由な精神世界を表した名曲だ。メロディアスなつくりで「トラップの次」を聴かせてくれる“Yosemite”に“Wake Up”や、スリー6マフィア曲も用いた“No Bystanders”など、随所に過去と未来を、異なるジャンルをつなぐ仕掛けがあるのも魅力大。2010年代を代表する大傑作。

Cactus Jack 2019

JackBoys

Highest In The Room

JackBoys

トラヴィス・スコットが、自身のレーベル、カクタス・ジャックと契約しているシェック・ウェス、ドン・トリヴァー、ラグジュアリー・タックスらと組むジャックボーイズの1stアルバム。女性Vo.のロザリアによるスペイン語の歌もキャッチーな“Highest In The Room”がヒット。一部で流行りを見せるメロウ&チルアウトな、ウェッサイのテイストもあるクルージング・ビートを思わせる曲が多く、“Gang Gang”や、ミーゴスのふたりも参加した“Had Enough”、ヤング・サグも加わった“Out West”なども耳に心地いいビート、ラップが聴ける好曲だ。

SxS 2017

LE$

Top Down

Midnight Club

ヒューストン出身で、メキシコ系の血も引くチコaka LE$。メロウ志向に、チョップド&スクリュードを合わせたスムーズなクルージング・チューン路線を2013年には確立。同名のカー・ゲームをネタに、長年の相棒Mr.ロジャーズと狙ってつくった、この真夜中のドライヴ用ミックステープは特に大きな話題を呼んだ。定番“Summer Madness”ネタの“Top Down”を始め、メロウでアンビエントなサウンドはトラップ時代にもピタリと合うもの。ESG “Swangin & Bangin”も溶け込んだ“Bimmers x Jeeps”など、新旧のファンが楽しめる名盤だ。

Slaughter Gang 2016

21 Savage
No Heart

Savage Mode

今のアトランタ・シーンを代表するひとり、21サヴェイジ。ドミニカ系とハイチ系の両親の下、ロンドンで生まれ、移住したアトランタでギャングスタ・ライフにどっぷりとつかる。親友が射殺されたのを機にラッパーとしての成功を志すと、トラップの代表的なビート・メイカーのひとり、メトロ・ブーミンと組んだ本作で全米ブレイクを果たす。これまでのハードな生活を赤裸々な言葉で淡々とつづる、これぞギャングスタ・ラップなリリックの"No Heart"、フューチャーと組んだこれも冷淡なヴァイブスがみなぎる"X"がヒットした。

Slaughter Gang 2018

21 Savage
A Lot

I Am > I Was

前年のメジャー・デビュー作『Issa Album』の成功をも超えたメジャー2ndアルバム。70年代スウィート・ソウルの甘酸っぱいビートに乗せて、どれだけ多くを得てきたか、経験してきたか、やはり自身のギャングスタ・ライフを振り返ってみせた大ヒット"A Lot"はグラミーも獲得。子供声のコーラスも用いた、これもキャッチーでノスタルジックな"Monster"もウケて、トラップの時代に普遍的なギャングスタ・ラップの魅力を改めて示した。サンタナ曲をネタ使いした"Out For The Night"、叙情的な"Letter 2 My Momma"なども好曲だ。

Empire 2018

Young Dolph
Major

Role Model

故ジュース・ワールドのいとこであるヤング・ドルフは、1985年にシカゴで生まれ、2歳でメンフィスに移住。そこでギャングスタ・ライフに染まるも、2008年に撃たれて以降、ラップに集中する。そうして2017年、100発撃ち込まれた事件をネタにした"100 Shots"で全米の注目を集めると、この5thスタジオ・アルバム中の"Major"をヒットさせブレイクした。「メジャー」を自身の言葉で定義してみせたこの曲や、スヌープを招いた"I Think I Can Fly"など、自信たっぷりなギャングスタ・トークが18番。クール&チルアウトなトラップ集だ。

Bloc Nation 2018

BlocBoy JB
Shoot

Simi

1996年にメンフィスで生まれたブロックボーイ・JB。クリップスの支部に属し、ムショ入りも経験した後でミックステープのリリースを開始。すると2017年、独特な振り付け（日本ではDA PUMPの「U.S.A.」で用いられ、いいねダンスとしておなじみに）のあるダンス込みで"Shoot"がヒット。この曲を再収録した本ミックステープも全米ヒットした。エレクトロなサウンドの、ベース・ミュージック直系のトラップ・ビートは、ドレイクが客演し全米5位にまで上がった"Look Alive"や、21サヴェイジ参加の"Rover2.0"などでも聴ける。

300 2018

YNW Melly

Murder On My Mind

I Am You

まだ14か15歳だった母親のもと1999年に、マイアミの北、ギフォードに生まれたメリー。ブラッズ入りした後､2016年には仲間とYNWクルーを組み､ラップに注力する。そうしてリリースしたこの1stミックステープから、"Murder On My Mind"が全米17位の大ヒットに。自らの殺人衝動を泣きのメロディに乗せて淡々と聴かせたこの曲の他も、ハードなゲットー・ライフを赤裸々に、トラップ・ビートに乗せて聴かせた本作で一躍、注目の人となる。ところが2019年2月、YMWの仲間ふたりの殺害に関与したとの罪でムショ入り。今は裁判を待つ身だ。

2018

City Girls

Act Up

Girl Code

1992年生まれのJT（詐欺罪で収監中）と、1994年生まれのヤング・マイアミのふたり組シティ・ガールズは、マイアミ女性MCの最新形となる、とことんタフな、そしてエロいラップでいきなりブレイク。マイアミ・ベースの最新形となるビートも心地いい"Act Up"に、現在の女帝カーディ・Bが参加した尻振りダンス・アンセム"Twerk"と、この1stアルバムからは全米ヒットが2曲生まれた。30数年前に流行ったヒップ・ハウスのビートを隠し味に使った"Broke Boy"、男性Vo.もセクシーなラヴソング"Give It A Try"なども聴きものだ。

Loma Vista 2019

Denzel Curry

Ricky

Zuu

1995年にマイアミ近郊のキャロルシティに生まれたデンゼル・カリーは、2011年からミックステープで、2013年からはスタジオ・アルバムで名を上げる。同居していたXXXテンタシオンが射殺されたこともありLAに移住すると、この4thアルバムをリリース。タイトルは生まれた街の愛称だが、LAスタイルのビートを取り入れたつくりも人気を呼ぶ。"Boyz-N-The-Hood"の現代版のようなヒット"Ricky"や"Carolmart"、80年代R&B曲ネタのメロウ味クルージング・チューン"Wish"などは、ジャケットにピンと来た人にもおすすめ。

South Coast Music Group 2019

DaBaby

Suge

Baby On Baby

1991年にクリーヴランドで生まれ、後にノースキャロライナに移住したダベイビー。2015年からミックステープで活躍した後、この1stアルバムをリリース。「オレはシュグのような若きCEO」と、デス・ロウの共同創設者ながら、今では困った人であるシュグ・ナイトをおちょくったような、自らのおもしろおかしいキャラを全開にした"Suge"を大ヒットさせる。ギャングスタ・トークにユーモアを混ぜ込んだラップは魅力たっぷりで、多彩なトラップ・ビートを乗りこなすフロウもウマい。2020年には"Rockstar"で全米1位に輝いた。

OUNG JEEZY
SOUL SURVIVOR
FEAT. AKON

GHETTO COWBOY
KRAYZIE BONE
LAYZIE BONE
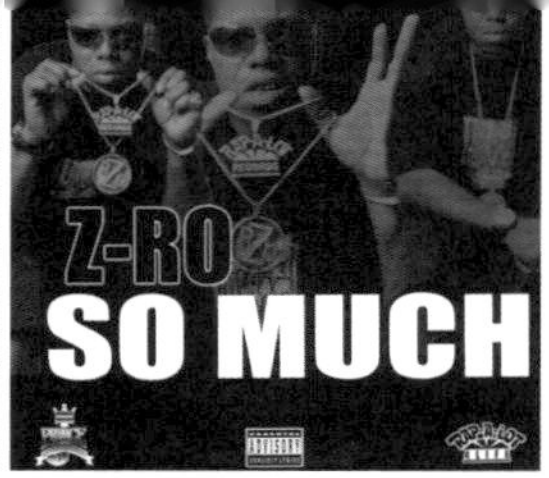
Z-RO
SO MUCH

CRUCIAL CONFLICT
Hay

the Almighty RSO
"you could be my boo"
featuring Faith Evans

GOOSEBUMPS
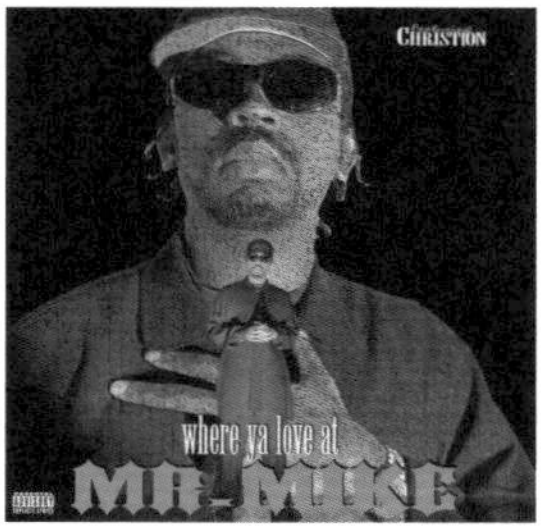
where ya love at
MR-MIKE
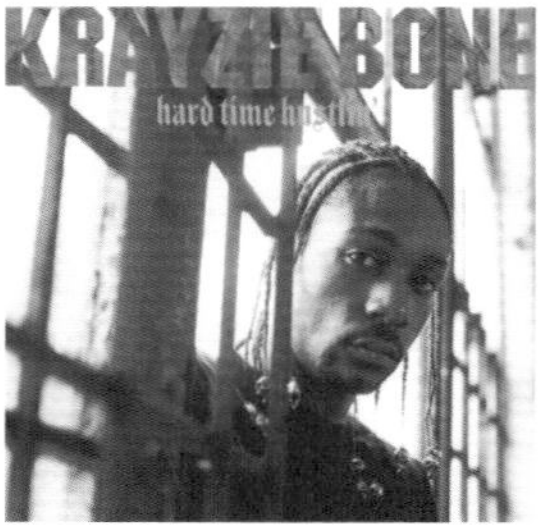
KRAYZIE BONE
hard time hustlin'

South Circle
new day
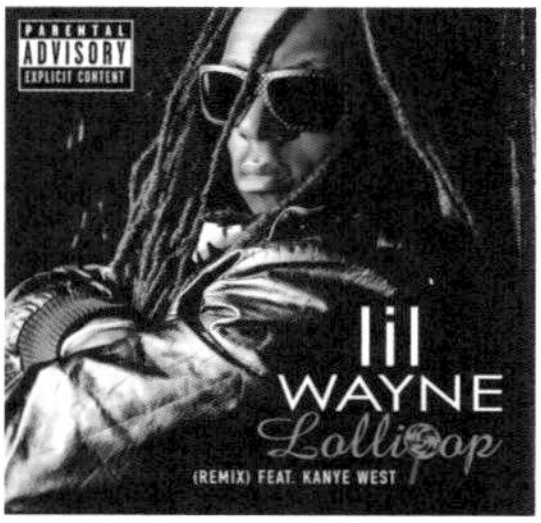
PARENTAL ADVISORY EXPLICIT CONTENT
lil WAYNE
Lollipop
(REMIX) FEAT. KANYE WEST

GUCCI MANE
F/ YOUNG JEEZY

DFC
THINGS IN tha Hood
CDS MAXI SINGLE

E HARD
UCTIONS
YIN' THE GAME

CHAMILLITARY
PARENTAL ADVISORY EXPLICIT CONTENT
CHAMILLIONAIRE
RIDIN' ft. KRAYZIE BONE

INDO G
THROW THEM THANGS
REMEMBER ME BALLIN

Bone
thugs-n-harmony
thuggish-ruggish-Bone

HREE 6 MAFIA
"DJ PAUL & JUICY J"
PARENTAL ADVISORY EXPLICIT LYRICS
IVE BY YO REP

The Hit Single from the Debut Album
PIECE OF MIND

SUNSHINE
LIL' FLIP

GETO BOYS

ROLLING IN MY '64

Gangsta Boo
Loud's 1st Lady
Both Worlds ★69
ALBUM IN STORES
JUNE 26

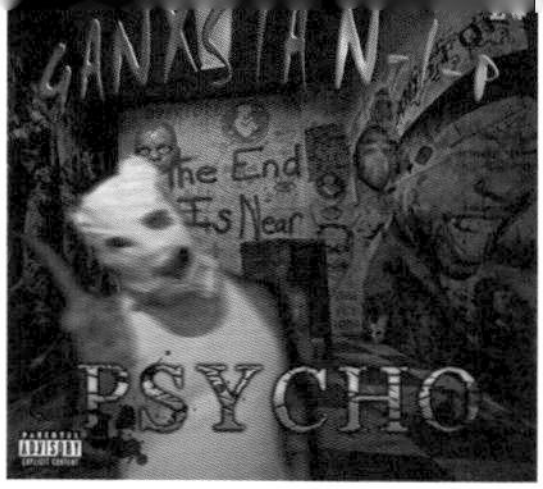
The End Is Near
PSYCHO

NOBODY CAN STOP

CHIEF KEEF x LIL DURK
decline
PRODUCED BY YOUNG CHOP

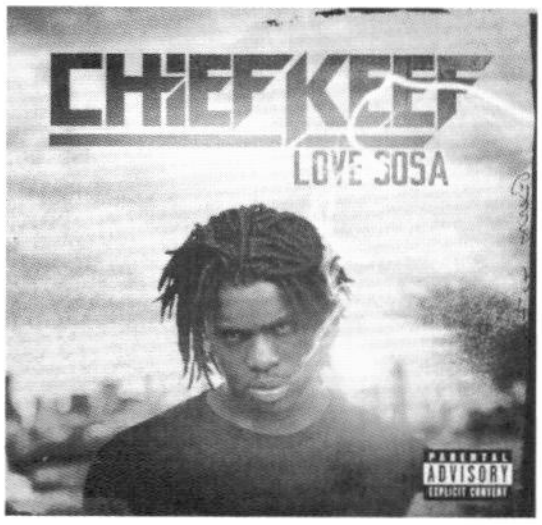
CHIEF KEEF
LOVE SOSA
PARENTAL ADVISORY EXPLICIT CONTENT

R.I.P.
TO ALL THE FALLEN SOLDIERS
PARENTAL ADVISORY EXPLICIT CONTENT
GOODBYE TO MY HOMIES
Featuring:
Silkk the Shocker, Sons of Funk and Mo B. Dick
MASTER P

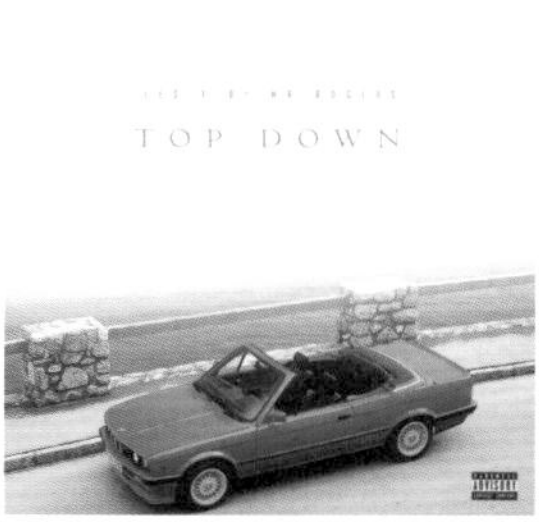
TOP DOWN

Future Mask Off

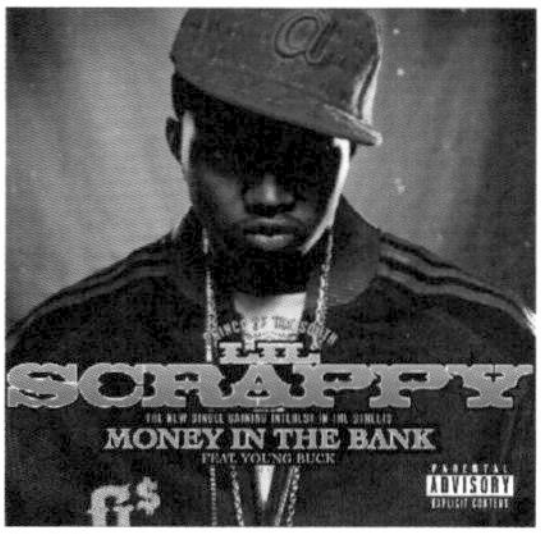
LIL SCRAPPY
MONEY IN THE BANK
FEAT. YOUNG BUCK

PARENTAL ADVISORY EXPLICIT CONTENT
2 CHAINZ NO LIE
FEAT. DRAKE

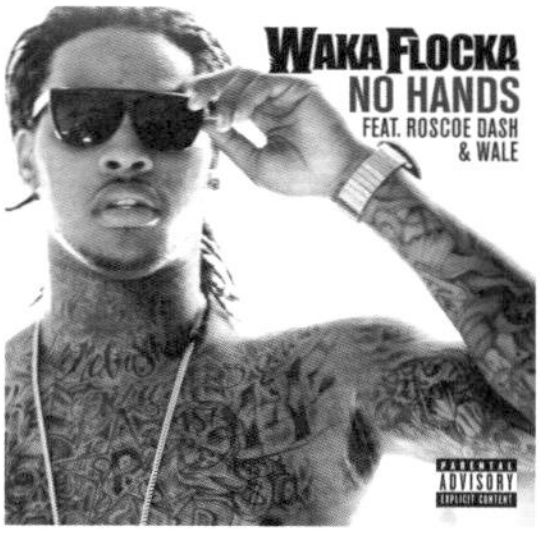
WAKA FLOCKA
NO HANDS
FEAT. ROSCOE DASH & WALE

I MUST BE HIGH

Nastyboy Klick
FEATURING ROGER TROUTMAN
Down for Yours

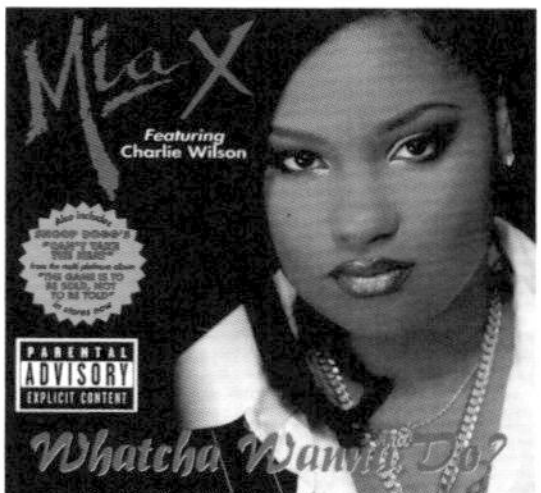
Mia X
Featuring Charlie Wilson
PARENTAL ADVISORY EXPLICIT CONTENT

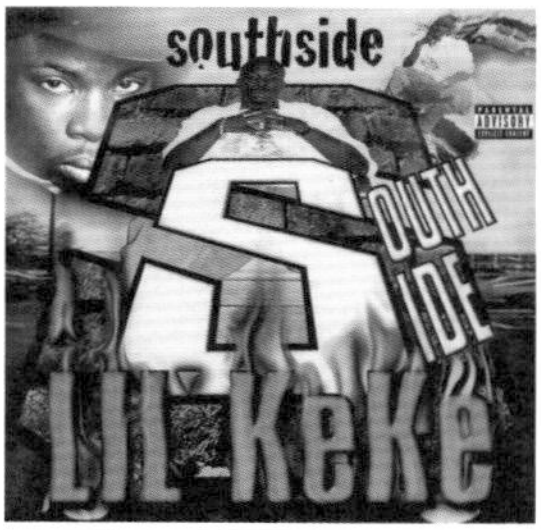
southside
SOUTH SIDE
LIL KEKE

PO PIMP

the DAYTON FAMILY GHETTO

JUVENILE
FOLLOW ME NOW

MASS 187

Chapter 4

MIDWEST

アメリカ中西部のギャングスタ・ラップ

モータウンの拠点だったデトロイト。カーティス・メイフィールドを始め多くのレジェンドを育んだウィンディ・シティ、シカゴ。カナダとの国境に横たわる五大湖周辺の地は、工業地帯、クルマの街として1950～60年代に発展。するとアフリカ系の労働者も南部から大量に流入し、ソウルの、オハイオ州などはファンクの一大拠点となった。それが、工業の衰退により一変。80年代には貧困が広まり、今や全米でも最悪のゲットーが広がる地域と化した。そのような状況の中、中西部でもギャングスタ・ラップが生まれる。シカゴはハウス、デトロイトはテクノの誕生地であり、才能ある演じ手が二分されてしまうこと。そして、あまりに過酷な環境ゆえ音楽を楽しむ余裕さえない地では、シーンは小さい。けれど、トレードマークのタントゥイスティン～シンギング・ラップは、それこそが全米の主流となった今の方が理解されやすだろう。あらためて中西部のシーンに注目したい。

Part 1
1991 - 2011

ミッドウェスト・シーンのはじまりと発展

西海岸や南部と同じかそれ以上に、ソウル／ファンクが街に溶け込み、愛された中西部。後年にはファンク・プレイヤーとしての姿をより打ち出したMC・ブリードや、20年早くデビューしていたらスウィート・ソウルを歌っていただろう、ボーン・サグズン・ハーモニーやドゥー・オア・ダイ。ソウル／ファンクとの連続性も明らかなスタイルで登場した彼らは、特に新旧の音楽を繋ぐ役割も果たし、ヒップホップの広がりに貢献した。

S.D.E.G. 1991

MC Breed & DFC
Ain't No Future In Yo' Frontin'

MC Breed & DFC

デトロイトのすぐ上、フリントで1971年に生まれたMC・ブリードは、中西部で最初に全米ヒットを出したラッパーとして永遠にその名を残す。その一発、"Ain't No Future In Yo' Frontin'"は、後にGファンクの定番サウンドとなるオハイオ・プレイヤーズ"Funky Worm"のループをザップ"More Bounce To The Ounce"のビートに乗せた、ギャングスタ・ファンクの雛形となった決定的な名曲だ。この曲を含むブリードの1stアルバムは、同郷の2MCズ、DFCとのタッグ作。J・G・ワトソン"Superman Lover"ネタの"Job Corp"など好曲揃い。

S.D.E.G. 1993

MC Breed
Gotta Get Mine

The New Breed

通算3作目は、『The Chronic』でドレーの右腕を務めた後、アトランタに移住していたコリン・ウルフとザ・DOC、さらにはウォーレン・Gとつくった Gファンクな人気盤。ヒットした、2パック客演の"Gotta Get Mine"を始め、ファンキーでスムーズな好曲が並ぶ。心地いいグルーヴが絶品の"Tight"、ベーシストであるウルフならではのクールなバンド・サウンドにシビれる"Something 2 Smoke 2"、叙情的に、ドラマティックに聴かせる"Everyday Ho"、70年代ソウルなノリの"Ain't 2 Good"など聴きごたえ満点の秀作だ。

Wrap 1994

MC Breed

Late Night Creep (Booty Call)

Funkafied

アトランタで録音した4作目は、プロデュースも自ら行うブリードのファンク愛が全編で炸裂。ワン・ウェイの人気曲“Cutie Pie”ネタの“Late Night Creep”は、ブリブリのPファンクなヒット曲だ。スキットに参加しているPの総帥G・クリントンの“Atomic Dog”をテンポを落として用いた“One Time”、やはりPファンク曲ネタの“The Deal Is Da Funk”、ゲイリー・シャイダーが歌うニューオーリンズなノリの“Teach My Kids”もいい。ブリブリな“What You Want”、サザン・フレイヴァー漂う“Smokin'”と、どこを取ってもファンクな快作。

Assault 1994

DFC

Things In Tha Hood

Things In Tha Hood

MC・ブリードのいとこのアルと、T・ダブが組むDFCの1stアルバムもウェッサイなつくりの人気盤。ウォーレン・G作でネイト・ドッグが歌う“Things In Tha Hood”はスムーズな、この時期のウォーレン作品を代表する人気曲のひとつ。彼はバンギンなGファンク“Hand's On My Nine”なども提供している。やはりヒットしたDJ・スリップ作でMC・エイト客演の“Caps Get Peeled”は、夕暮れメロウなこれも絶品のクルージング。チューン。エイトは、プレイヤーのAOR有名曲“Baby Come Back”ネタのメロウ好曲“Mo' Love”にも参加している。

Po' Broke 1995

The Dayton Family

Flint Town

What's On My Mind?

ブートレグ、シューストリング、バックスタッバを中心とするフリントのMCズ、デイトン・ファミリーの1stアルバム。ラン・DMC “Rock Box”をGなシンセ使いでリメイクした人気曲“Flint Town”で聴ける、ゲットー・ライフにおけるストラグルを熱いマイク・リレーで聴かせるスタイルが魅力の彼ら。ハードボイルドな“I'm A Gee”、ベートーヴェンの有名な「エリーゼのために」を用いた“Oxydol”、ホラーコアなサウンドでせまる“Dope Dayton Ave.”、アート・オブ・ノイズの定番“Moments In Love”ネタのタイトル曲と飽きさせないつくりだ。

Russ Entertainment 1996

The Dayton Family

Ghetto

F.B.I.

メンバーの逮捕などありつつも出され、最大のヒット作となった2ndアルバム。ラティモアのブルージーな名曲“Let's Straighten It Out”に乗せて語るタイトル曲、フーディーニのヒット“Friends”ネタの“Real With This”、TVゲーム『スーパー・マリオ・ブラザーズ』のサウンドをホラーコアに落とし込んだ“Eyes Closed”、こちらもドラマティックなサウンド使いの“Stick & Move”などと飽きさせない。フローターズの定番“Float On”ネタのメロウなビートに乗せたゲットー語りにグッとくる“Ghetto”で締める展開もウマい。

Real Life 1994

Esham

24/7

Closed Casket

1973年生まれで、デトロイトに育ったイーシャム。生地であるNYも知る彼はヒップホップに早くから親しみ、1989年、16歳でデビューし、デトロイト・シーンの先駆者のひとりとなる。デスメタルにも似た、ホラーコアに悪魔的な要素も含むそのスタイルを、彼自身はアシッド・ラップと命名。今も現役だが、悪魔崇拝的なリリックスを前面に出すのはこの4thアルバムで最後としたため、本作は聴き返されることの多い1枚に。ボビー・コールドウェルの定番“What You Won't Do For Love”ネタの“24/7”など、自作のビートはキャッチーだ。

Real Life 1995

Natas

Natas

Doubelievengod

イーシャムが友人のマスタマインド、TNTと、1992年に組んだナタス。グループ名はSatan（悪魔）のつづりを逆さにしたもので、アシッド・ラップを3人でより掘り下げて聴かせる。この3rdアルバムは、ヒップホップらしいビートでの最高傑作と言えるもの（以降のアルバムではロック～インダストリアル的なビートが主に）。チョップド&スクリュード的な味わいもある“Natas”や、ギル・スコット・ヘロンの同名曲をリメイクしたメロウな“We Almost Lost Detroit”など音楽的なレヴェルは高い。エミネムら後輩への影響も大きかった。

Bryant 1992

Detroit's Most Wanted

The Money Is Made

Tricks Of The Trade Vol.II: The Money Is Made

2MCズ＋1DJで結成されたデトロイツ・モスト・ウォンテッドも、かの地のシーンのパイオニアとなった1組。1990年の1stに続くこの2ndアルバムは、R&Bチャートで58位となった最大のヒット作だ。代表曲であるシングル“The Money Is Made”は、ザップ“Heartbreaker”ネタのギャングスタ・ファンク。セルフ・プロデュースによる、Gファンク以前のファンキーなビートは、カーティス“Give Me Your Love”ネタの“Put The Suckers To Sleep”、ラムゼイ・ルイス“Sun Goddess”ネタの“All About Ya Yo”などでも楽しめる。

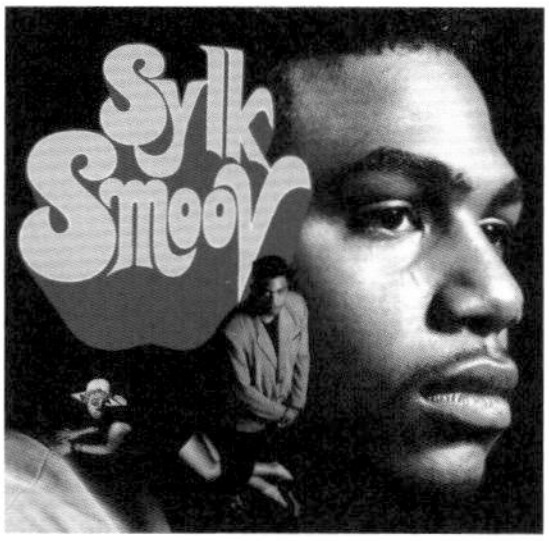

PWL America 1991

Sylk Smoov

Klientele

Sylk Smoov

シルク・スムーヴは、セントルイスで初めてメジャー・デビューしたハスラーMC。DJ・クイックの後見人コートニー&トレイシーが総監督を務めたこの1stアルバムは、カーティス『Super Fly』を模したジャケット通り、70年代ファンク、ソウルねた満載の好盤だ。主役のクールな語り口が、バリー・ホワイト“Playing Your Game, Baby”ネタのビートに合う“Klientele”がヒット。ドラマティックスの名曲“Whatcha See Is Whatcha Get”ネタの“Luv Letter”、オールドスクール・テイストが楽しい“Bitch Wit A Good Rap”などもいい。

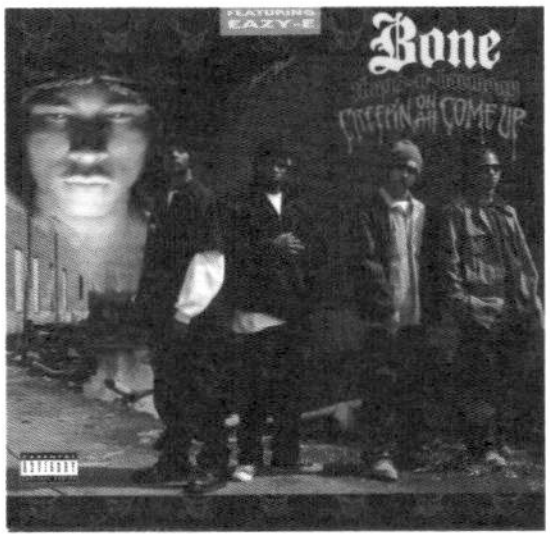

Ruthless 1994

Bone Thugs-N-Harmony

Thuggish Ruggish Bone

Creepin On Ah Come Up

レイジーといとこのウィッシュに、友人のクレイジーと、ビジーを加えた4人は、皆がボーン姓を名乗り、クリーヴランドでボーン・エンタプライズを結成。1993年にインディで1stアルバム『Faces Of Death』を出す。翌年にはイージー・Eに気に入られ、彼がつけたグループ名に改名し、このEPでメジャー・デビュー。Gなシンセに乗って、かつてない「歌うラップ」を聴かせた"Thuggish Ruggish Bone"はいきなり全米20位の大ヒットに。ヨモ&モウルキーの同名曲をリメイクした、メロウでキャッチーな"Foe Tha Love Of $"もヒットした。

Bone Thugs-N-Harmony

1st Of Tha Month

E.1999 Eternal

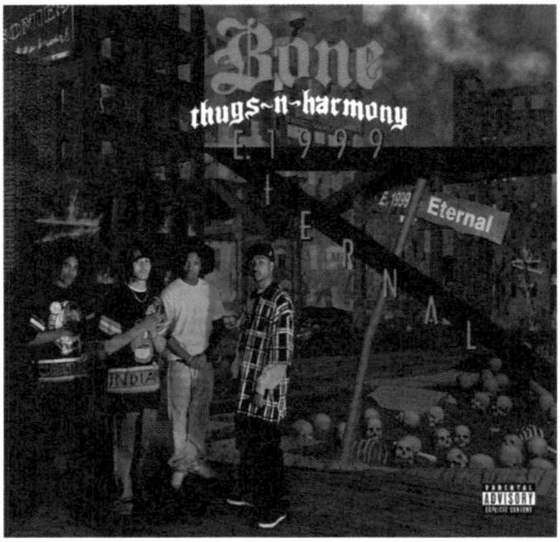

Ruthless 1995

前年のEPから、レイジーの兄フレッシュン・ボーンもラップするようになっていたボンサグ（契約上、ジャケット写真などでは4人のまま）。彼らが画期的だったのは、各人のタントゥイスティン・フロウの圧倒的なウマさ以上に、ソウル／R&Bグループのように高音〜低音のパート分けがなされていて、要所ではハモってラップし、歌うことだった。『Faces Of Death』の最初から、童謡や"Sukiyaki"などのメロディを用いてハモりコーラスを聴かせていた彼らは、ラップと歌の融合を確立して聴かせた最初のグループだ。今の音楽シーンを見渡せば、ボンサグのヴォーカル・スタイルがひとつの大きな柱になっていると言え、後の音楽に与えた影響がいかに絶大だったかがわかる。このメジャー1stアルバムは全米1位となり、600万枚以上を売った。例えばドレー『The Chronic』と同様の、誰もが知っていて当然の1枚であることは日本では理解されていない。メロディアスな大ヒット"1st Of Tha Month"や、Gなサウンドも不穏に魅せる"East 1999"など、聴く者の耳を釘付けにする傑作。

Ruthless 1996

Bone Thugs-N-Harmony

Tha Crossroads

イージー・Eの急逝から4ヵ月後に出た『E.1999 Eternal』。ただ、初期盤に収録されていた"Crossroad"は、彼らの地元の友人に捧げられたもので、ビートも全く異なる曲だった。それをイージーに捧げるためにリメイクし、翌年になってあらためてリリースしたのが"Tha Crossroads"。アイズリー・ブラザーズ"Make Me Say It Again Girl"ネタのとことんメロウなビート上で、情感たっぷりに歌フロウを聴かせる決定的な名曲だ。全米1位を獲り、世界中でヒットしたこの曲でボンサグは、この時代の最強の「ヴォーカル・グループ」となった。

Ruthless 1997

Bone Thugs-N-Harmony
If I Could Teach The World
The Art Of War

1996年にはサントラ提供曲“Days Of Our Livez”も大ヒットさせたボンサグの、やはり全米1位に輝き、400万枚を売った通算3作目。CDは2枚組。先行シングルの“Look Into My Eyes""と、爽やかな“If I Could Teach The World”が大ヒット。2パックを招いたホラー路線の“Thug Luv”も注目を集めた。“Thuggish Ruggish Bone”以来のパートナーとなる西海岸のDJ U・ニークが全曲を手がけ、イージー・Eの奥さんトミカの求めにも応じ、メロウ&ポップな曲が増えた本作。不満を抱いたビジーは、翌年には1stソロ・アルバムを出した。

Ruthless 2000

Bone Thugs-N-Harmony
Weed Song
BTNHResurrection

3年のブランクを経て、「復活」を謳いリリースした通算4作目。ハードボイルドなビート上でギャングスタ・リリックスをスピットする前半は初心に戻ったかのようなハードな仕上がり。タイトル曲や、プリンス“Little Red Corvette”ネタの“Change The World”などヒットしたのは後半に連なるポップな曲だ。聴き継がれている人気曲は“Weed Song”で、スウィート・ソウルのようなトラック、歌でマリファナを賛美した、彼らならではの美しい名曲。本作はフレッシュン・ボーンが多くでラップしたが、彼はこの後8年ムショ入りする。

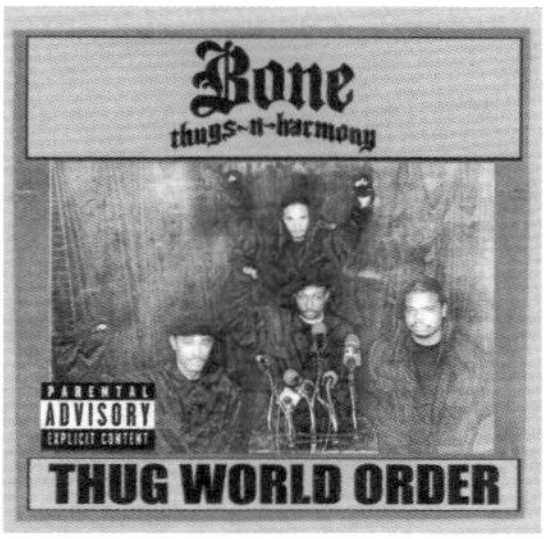

Ruthless 2002

Bone Thugs-N-Harmony
Get Up & Get It
Thug World Order

通算5作目からは、流行りとなっていたソウルねた早まわしによるビートも、女声コーラスもキャッチーないいテンポのパーティ・チューン“Get Up & Get It”と、フィル・コリンズの80年代ポップ・ヒット“Take Me Home”ネタの“Home”がヒット。前者は日本のクラブでもヒットした初のボンサグ曲に。ウェッサイなファンク“Bone, Bone, Bone”から、サウスのバウンス・ビートに余裕で乗ってみせた“Guess Who's Back”や“Pump Pump”、ラストのバラード“If I Fall”まで、安定の仕上がりもセールスは下降し、ビジーが一時脱退した。

Mo Thugs 2007

Bone Thugs-N-Harmony
I Tried
Strength & Loyalty

ボンサグ・チルドレンと言えるエイコンが参加した、泣きのメロディにハマる“I Tried”が全米6位と、およそ10年ぶりの大ヒットに。スウィズ・ビーツのレーベルから出した、売れっこ多数参加の大エンタメ作だ。ロックの大御所フリートウッド・マック曲ネタのカントリー・テイストな“Wind Blow”、マライア・キャリーとかけ合う“Lil Love”、トゥイスタとのタントゥイスティン・ラップ頂上対決が実現した“C-Town”、ブレンダ・ラッセルの同名曲ネタのハッピーな“So Good So Right ”など、彼らならではの好曲の数々は聴き応え満点だ。

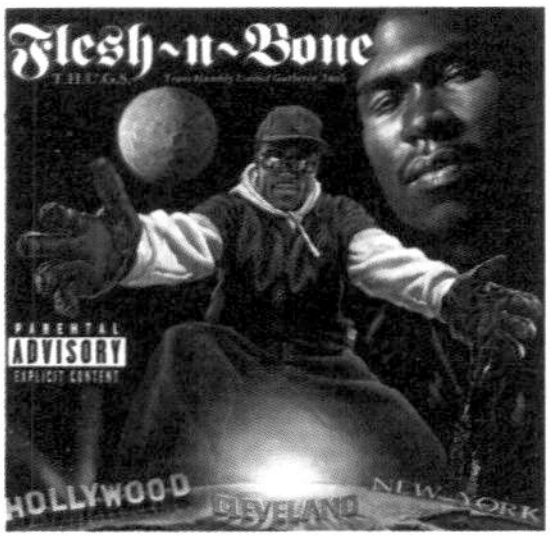

Mo Thugs 1996

Flesh-N-Bone
Playa Hater

T.H.U.G.S

ボンサグの一員としてルースレスと契約せず、結果的にファミリーで最初にソロ・アルバムを出すことになったフレッシュン・ボーンの1st。ラン・DMCのランが牧師として客演する“World So Cruel”は、“Tha Crossroads”の大ヒットでファミリーの定番となったメロウ&スムーズでスピリチュアルなシングル曲。同様のビートでクレイジー&レイジーが客演した“Playa Hater”は、ゲットーにおける妬み、憎悪について言及した秀曲だ。“Nothin But Da Bone In Me”や“Mystic Spirits”などホラーコアな曲も、ウェッサイな“Northcoast”などもいい。

Ruthless 1998

Bizzy Bone
Nobody Can Stop Me

Heaven'z Movie

4歳の時に誘拐され、1年ほど先住民居留地でカウボーイの側に暮らしたことがあるというビジー。それでもクリーヴランド移住後にボーンズと出会い、最年少メンバーに。独立心旺盛で、ソロ&リーダー作は最も多いが、これが1stソロ・アルバムだ。パティ・ラベルの定番“If Only You Knew”ネタの“Nobody Can Stop Me”は、ボンサグの象徴のような高音コーラスと圧巻のファスト・フロウという、ビジーの魅力が堪能できる名曲。“(The Roof Is) On Fire ”ではスタイルを盗んだとスリー6マフィアをディスするなど、攻撃的な性格の表れも。

Relativity 1998

Mo Thugs
Ghetto Cowboy

Chapter II: Family Reunion

1996年、全米を制したボンサグが、地元クリーヴランドや、LAの新進アクトと組んだ集合体、モ・サグズ。同年の1stは多くのメンバーがさまざまな組み合わせで登場するコンピレーション・アルバムで、この2ndも同様のつくり。カントリー・テイストの“Ghetto Cowboy”は、クレイジー&レイジーに女性Vo.が絡む大ヒット曲。女性Vo.のフェリシアが歌うベースR&B“All Good”、ポエティック・ハスラズのこれもスムーズな“Mo Thuggin'”、男性Vo.のケン・ドーグが歌うメロウな“Ride With A Playa”など、歌多めで好曲が並ぶ。

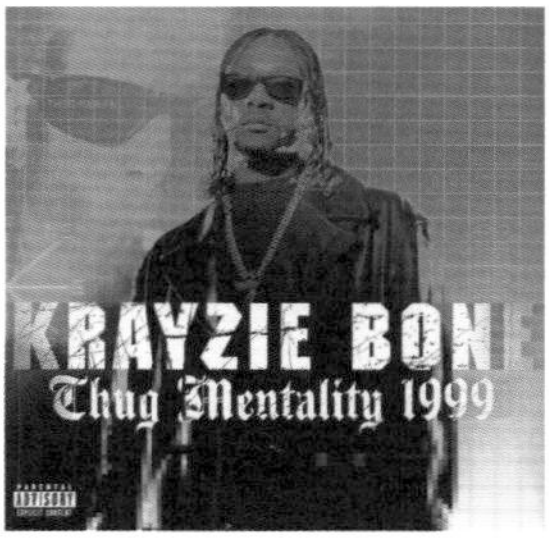

Ruthless 1999

Krayzie Bone
Thug Mentality

Thug Mentality 1999

ビジーに次いでソロ活動に積極的なクレイジーの1stソロ・アルバムは、いきなりのCD2枚組。サーフィス“You Are My Everything”ネタのシングル“Paper”や、“Thugline”、ホール&オーツ“Sara Smile”ネタの“Smokin' Budda”に、アート・オブ・ノイズ“Moments In Love”ネタの“Murda Mo”など、80年代サウンドを用いたメロウ曲は彼のクール&スムーズなラップを引き立て、普遍的な魅力に溢れる。全38曲、2分台の曲も多く、短く、聴かせたいパートだけを次々に並べるつくりは今のシーンを先取りしていた。

Rap-A-Lot 1996

Do Or Die
Po Pimp
Picture This

AKとNARD兄弟と、友人のベロが組むドゥー・オア・ダイは、シカゴのギャングスタ・ラップ代表。ボンサグが嫉妬しディスするほどの、シンギング・ラップ〜ハモりコーラスの魅力は、シカゴ・ソウルの伝統を継ぐものだ。ボンサグが全米でブレイクした1995年、EPを発表し話題を呼ぶとラップ・ア・ロットと契約。この1stアルバムは全米26位のヒットに。大ヒットした"Po Pimp"は、ハードボイルド&ソウルフルなスロウ・ビートで、盟友ジョニー・Pの歌も効いた名曲。"Playa Like Me And You"も、ジョニーも歌うメロウな人気曲だ。

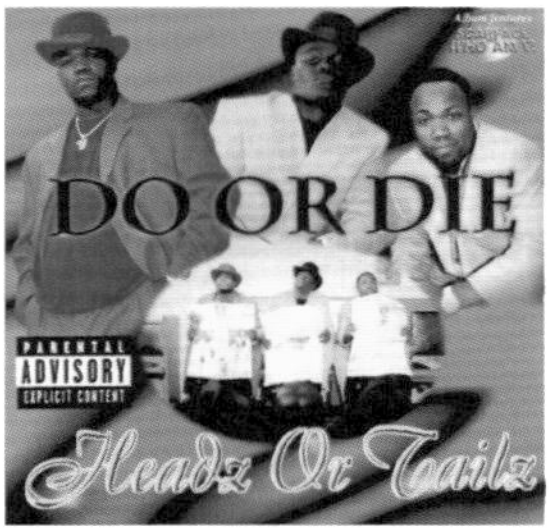

Rap-A-Lot 1998

Do Or Die
Nobody's Home
Headz Or Tailz

2ndアルバムは、名曲の続編"Still Po Pimpin"のような、いかにもシカゴ・ギャングスタなハードボイルド路線もいい。が、前作から大半の曲を手がける、ともに名を上げた地元のビート・メイカー、レジェンダリー・トラックスターのつくるエモーショナルなソウルフル・ビートは絶品で、唯一無二の味わいが。その路線の名曲"Nobody's Home"はアイズリーズ"Make Me Say It Again Girl"ネタの、甘酸っぱさ全開の悶絶曲だ。ヴァル・ヤングが歌う"Choppin Up That Paper"も素晴らしい。ソウル好きのGラップ好きにはたまらない1枚。

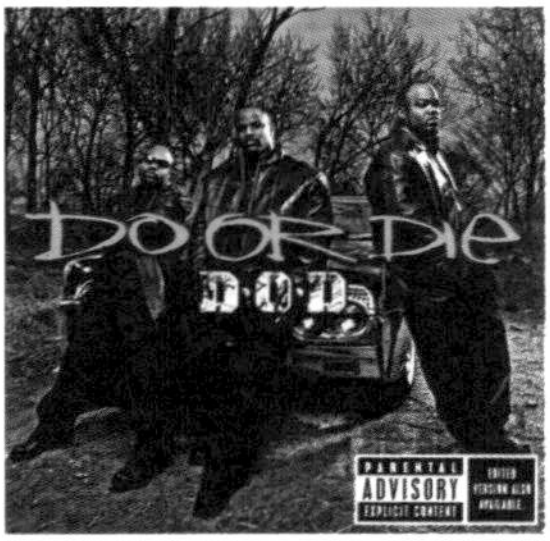

The Legion 2005

Do Or Die
Higher
D.O.D

"Do U?"を始めこれもソウルフルな曲が詰まった『Pimpin' Ain't Dead』に続く6thアルバムでは、当時売れっことなっていた地元の後輩カニエ・ウェストと2曲で合体。ゴスペルを爽快なグルーヴで表した超名曲"Higher"が生まれた。同路線のトラックでジョニー・Pと渾身のかけ合いを聴かせる"Be Alright"、地元の歌姫シリーナ・ジョンソンと盟友トゥイスタが客演したメロウでセクシーな"If Only You Knew"と、シカゴ・ソウルな名曲が連発される本作。DJ・クイック作の"Church"などもいい、地元愛とソウル愛に溢れた傑作だ。

Rap-A-Lot 1998

Johnny P
Not 4 The Radio
The Next

ドゥー・オア・ダイ作品に欠かせないシカゴのシンガー、ジョニー・P。甘い鼻声が魅力で、10代半ばだった1989年、マイケル・ジャクソン・フォロワーとしてデビュー・アルバム『Connect The Dots』をリリース。が、花は咲かず、1996年、"Po Pimp"への客演でようやく注目を集めた。そうして出した9年ぶりの2ndアルバム。DODとスカーフェイス客演の"Take It Like A Playa (Up Tempo)"以外は歌ものだが、"Not 4 The Radio"などGラップで学んだスタイルの好曲も。やや古い80年代を引きづるつくりがかえって味わい深い。

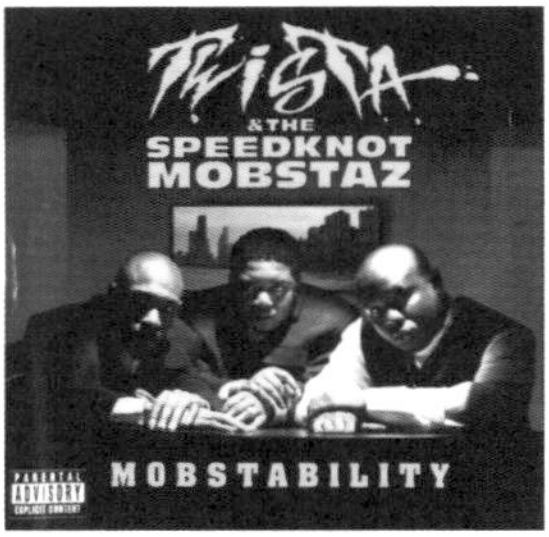

Big Beat 1998

Twista & The Speedknot Mobstaz

Mobstability

Mobstability

ギネスにも認定された世界一のファスト・ラップを売りにした1992年の1stと、2ndがコケたトゥイスタは、盟友ドゥー・オア・ダイの成功にならいレジェンダリー・トラックスターと組んで、ギャングスタ・ラップ路線を強化。そうして売れたのが3rd『Adrenaline Rush』と、舎弟ふたりと組んだ本作だった。NWA "Alwayz Into Somethin'" そのままなタイトル曲、シェリル・リン "Encole" ネタの "Party Hoes"、シカゴ・ソウル味のメロウな "Legit Ballers" と "Dreams" など、キャッチーな人気曲が並ぶ快作だ。

Rap-A-Lot 2001

Snypaz

Searchin'

Livin' In The Scope

シカゴのMC4人（5人の時も）が組むスナイパズは、1995年と翌96年にインディでEPをリリースした後、ラップ・ア・ロット入りしてこの1stアルバムを出した。シカゴ伝統のタントゥイスティンなファスト・フロウで、ハードにかけ合う熱量の高い4人のラップは、ハードボイルドな人気曲 "Searchin'" や、クールなバウンス "Tear Da Roof Off" で堪能できる。これも手がけたL.A.制作曲が特に聴きもの。ラテン・ビートの "Comin' Wit It" やバンギンな "Juke It" もいい。シカゴ・ソウル味の "Playa Like Me" などもあり、多彩なつくりで楽しませる。

Straight Jacket 1999

Triple Darkness

Cold Blooded

The Cold Blooded E.P.

作品リリースが出来たアクトは少ないシカゴで、トリプル・ダークネスはなんとか名を残した。1996年と翌97年に出したEP、シングルをもとにした10曲プラスアルファ入りの本作。レジェンダリー・トラックスターが手がけた、ソウルフルでハードボイルドなタイトル曲がさすがの仕上がりだ。さほどタントゥイストしない、オーソドックスなギャングスタ語りを聴かせる3人のラップは、チョップド&スクリュード調の "Chop Up That Paper"、Gなシンセの "Paper Chase"、ロイ・エアーズ "He's a Superstar" ネタの "Chicago" などでも引き立つ。

Pallas 1996

Crucial Conflict

Hay

The Final Tic

シカゴの4MCズ（後に入れ替わりあり）、クルーシャル・コンフリクトは、ドゥー・オア・ダイとともに、ボンサグと「シンギング・ラップのオリジナル」を巡ってディス合戦を繰り広げたことでも知られる。1993年のデビューEPに続くこのメジャー・デビュー・アルバムは、サイプレス・ヒル以上のマリファナ礼賛を、歌うラップで聴かせ大ヒット。全米18位にまで上がった、ロッカ・バラード調の "Hay"、カウボーイ・コスプレに合う "Ride The Rodeo"、ニュー・ジャック・スウィングな "Just Getting My Money" とポップな曲揃い。

Part 2
2012 -

ドリルと、90年代スタイルの継承

犯罪死者数が増加し続けるシカゴは近年、常に戦場であるイラクになぞらえてシャイラクとも呼ばれる。するとギャングスタ・ラップはかえって盛り上がり、トラップをよりダークに、ハードなサウンドにしたドリルと呼ばれるスタイルが生まれ、新しい才能が登場してきた。一方で、メッカであるLAから遠く離れた地だからこそ、90年代のGファンクへの憧憬をてらいなく、ストレートに表した作品も増えていて、一部マニアに受けている。

Glory Boyz 2012

Chief Keef
Love Sosa
Finally Rich

1995年、シカゴでも特に治安の悪いサウスサイドに生まれたチーフ・キーフ。16歳の時、発砲し自宅監禁となった彼は、YouTubeに自作のラップをアップすると人気を博し、17歳でこのデビュー・アルバムをリリース。ドリルを代表するビート・メイカー、ヤング・チョップのつくる、ダークながらエモーショナルなビート上で、クソみたいな環境と、それでもオレは成り上がるという思いを叩きつけた“Love Sosa”、“I Don't Like”が全米でヒット。重低音が響き渡る“Laughin' To The Bank”なども、重苦しい街の空気感を見事に表したエポック作だ。

Only The Family 2020

Lil Durk
Chiraq Demons
Just Cause Y'all Waited 2

1992年生まれで、やはりシカゴのサウスサイドで10代の頃からハードな日常を過ごしてきたリル・ダーク。チーフ・キーフらと活動し始めるも、すぐに自らのクルーでありレーベル、オンリー・ザ・ファミリーを立ち上げ、我が道を行く。これは全米2位を記録したメジャーでの5thアルバム。ヒットしたのはメロウ＆メロディアスな“All Love”だが、ドリル・サウンドを継いだダークな“Chiraq Demons”などに独自性が。“3 Headed Goat”や“Gucci Gucci”、“Triflin Hoes”なども、ハマるサウンドが強烈ないまのシカゴらしい曲だ。

no label 2016

Payroll Giovanni & Cardo Got Wings
Sucka Free
Big Bossin Volume 1

1988年生まれで、デトロイトに育ったペイロール・ジョヴァンニ。仲間と組んだドウボーイズ・キャッシュアウトの一員として2006年から活躍した後、ソロに転向。後にG・ウォーシーでも名を上げるビート・メイカー、カルドと組んだこのミックステープは、ジャケット通り1990年代のメロウなGファンクを今のサウンドで再構築したコンセプト作。ジューシー "Sugar Free" ネタの "Sucka Free" を始め、全18曲、同じノリのメロウ＆スムーズなクルージング・チューンが続く、好き者にはたまらない1枚。2018年にはVol.2も出た。

EI$G 2020

Cardo
Foreign Today
Game Related

ミネアポリスのすぐ東に位置するセントポール出身で、プエルトリコなどラテン系の血も引くカルド。チカーノ的なセンスも持つ彼は、一部で盛り上がるメロウGファンク＋80s R&Bサウンド・リヴァイヴァルの中心的ビート・メイカーであり、ペイロールやラリー・ジューンらをフィーチャーしたこのミックステープも好き者にはたまらない曲のオンパレード。TR-808サウンドも心地いい、レイドバ〜ックした "Foreign Today" や、R&Bサウンドをスリリングに再構築した "Best Behavior" など、ずっと聴いていたくなる好曲が続くお宝盤だ。

Madlib Invazion 2014

Freddie Gibbs & Madlib
Thuggin'
Pinata

1982年、あのジャクソン・ファミリーを育んだ、シカゴのすぐ南に位置するゲイリーで生まれ育ったフレディ・ギブス。硬派なギャングスタ、悪く言えば地味な彼がブレイクしたのはデビューから10年後。J・ディラの盟友だった西海岸の鬼才マッドリブと組んだ本作でだった。自主制作盤ゆえのサンプリングし放題なソウルフル／ファンキー・ビート上で、昔気質のギャングスタ・リリックを聴かせたコンセプト作は、本人曰く「70年代ギャング映画のレコード版」。これが、トラップ一色だったシーンで新鮮に受け取られ、全米39位のヒットとなった。

ESGN 2018

Freddie Gibbs
Death Row
Freddie

マッドリブとのタッグ作は第2弾もつくられ、やはり独自のサンプリング・ビートで今やカルト的な人気を誇るアルケミストとのタッグ作も制作。チャートに上がるのはそうしたコンセプト作ばかりだが、今のサウンドに80年代のエレクトロ・テイストも加えて、独自のサウンドで魅せた本作もいい。"Death Row" はイージー・E "The Boyz-N-The-Hood" を、重低音ベースを用いてリメイクした盛り上がる好曲。ベース・ミュージック調の重低音が本作のキモで、ラストのメロウな "Diamonds 2" までブンブンだ。テディペンまねのジャケットも最高。

MEEK MILL
YOUNG & GETTIN IT
FEAT. KIRKO BANGZ
A$AP ROCKY
GOLDIE
BIG PUN
STILL NOT A PLAYER
FAT JOE
DON CARTAGENA
FEATURING PUFF DADDY
A TEAM FROM OUT OF QUEENS WITH THE AMERICAN DREAM. "FAST LIFE" G RAP
THE NEW SINGLE FEATURING NAS ESCOBAR
KOOL G RAP
Fabolous
Can't Deny It
JUELZ SANTANA
AZ
SUGAR HILL
WU-TANG CLAN
C.R.E.A.M.
GHOSTFACE KILLAH
featuring RAEKWON & CAPPADONNA
Camay / Daytona 500
ICE CREAM
INCARCERATED SCARFACES
CAM'RON
OH BOY
(FEAT. JUELZ SANTANA)
KOOL G. RAP & D.J. POLO
ILL ST. BLUES
street dreams
NaS
ILL-WILL
50 CENT
IN DA CLUB
the notorious
JUICY
JAY-Z
DEAD PRESIDENTS
The Infamous...
MOBB DEEP
"SHOOK ONES"
PART II
BIG L MVP
NOREAG
PARENTAL ADVISORY

Chapter 5

EASTCOAST

アメリカ東海岸のギャングスタ・ラップ

ニューヨーク（NY）を始め、フィラデルフィア、ニュージャージー、ワシントンDC、ボストンといった街、区域のシーンがヒップホップでは主に知られる（北）東海岸。ただ、ラップとは「ボースト（俺自慢）と言葉遊び」だったNYでは、スプーニー・ジーや、ブギ・ダウン・プロダクションズ、ジャスト・アイスといった、ギャングスタ・ラップ的なトピックを曲によっては聴かせるラッパーはいても、それを主題とするアルバムはほとんどなかった。しかし、ギャングスタ・ラップが圧倒的な商業的成功を収めるようになると、クール・Gラップが広めたマフィオソ・ラップがこの地方でも主流となる。マフィアの世界を物語的に描き聴かせるこのスタイルは、西海岸で確立されたギャングスタ・ラップに対する、ヒップホップの誕生地としての誇りを抱くNY勢からのアンサーとも言えるもの。代表作は一般的なヒップホップ書でも推される名盤ばかりなので、ごく一部だけを駆け足で紹介したい。

Kool G. Rap & D.J. Polo

Ill Street Blues

Live And Let Die

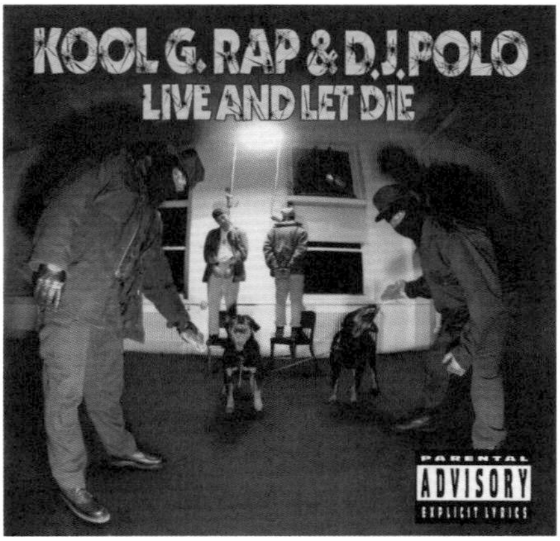

Cold Chillin 1992

デビュー時から、NYでは最もギャングスタ・ラップ的なリリックスを聴かせていたクール・Gラップ。この3rdアルバムはずばり、『ゴッドファーザー』や『アンタッチャブル』といったギャング／マフィア映画のラップ版がコンセプト。アイス・キューブの相棒サー・ジンクスとLAのスタジオで録音し、上記のような映画のBGMやセリフもサンプリングしまくり完成させた。が、そのサンプリング許諾と、ギャングスタすぎるリリックスを嫌って親会社のワーナー・ブラザーズが発売を拒否。1年近い作り直し期間を経て、インディ・リリースされたいわく付きの1枚だ。それでもこれは大傑作。名曲として知られるのは、地元NY向けに3つあるトラックマスターズ制作曲のひとつ“Ill Street Blues”。が、タイトル曲を始めバンギンなLAファンク・ビートに乗るG・ラップのかっこよさは鳥肌もので、アイス・キューブ、スカーフェイスらとの“Two To The Head”にも涙。この後NYを席巻するマフィオソ／サグ・ラップはこのアルバムから本格的に始まり、あまりのかっこよさに誰もが憧れ、一気に広まった。

Tuff Break 1993

Intelligent Hoodlum

Grand Groove (Bonus Mix)

Tragedy - Saga Of A Hoodlum

クイーンズブリッジ生まれのパーシー・チャップマンは、15歳でレコード・デビューすると、クール・G・ラップも属した地元の名門ジュース・クルーの一員に。後にムズリムとなってインテリジェント・フッドラム名義で出した、これは2ndアルバムだ。前作からのコンシャス路線に、よりギャングスタ・ラップ的な視点も加えた本作のリリックスは、地元の後輩モブ・ディープやナズ、カポーン・ノリエガに大きな影響を与えた。マーリー・マールの舎弟だったK・デフがつくるサンプリング・ビートも高品質で、“Grand Groove (Bonus Mix)”などがヒット。

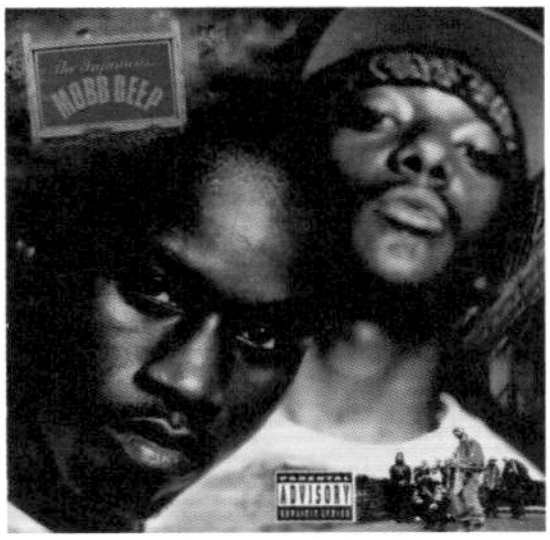

Loud 1995

Mobb Deep

Shook Ones (Part II)

The Infamous

サグ／マフィオソ・ラップの完成形のひとつを聴かせ50万枚を売り、クイーンズにようやく商業的な成功をもたらしたモブ・ディープの2ndアルバム。『Tragedy - Saga Of A Hoodlum』でビート・メイカーとしてデビューしたハヴォックのつくる、NYらしいミニマルながらも劇画的なサウンドの、叙情的なビートは全米で聴かれ、プロディジーとのコンビで魅せるサグを極めたリリックスも地元以外のリスナーにもアピールするものだった。代表曲“Shook Ones (Part II)”を始め、これ以前の作品とは比べものにならないほどクールなつくりが衝撃だった。

1996

Nas

If I Ruled The World (Imagine That)

It Was Written

史上最高のヒップホップ・アルバムともされる1st『Illmatic』はしかし、初週は6万3000枚しか売れず。一方で、地元が同じモブ・ディープが成功したのを見たナズは、サグ／マフィオソ・ラップを主としたこの2ndアルバムで起死回生を図る。トラックマスターズが主に手がける、“The Message”や“Street Dreams”を始めとしたメロディアスで、全米のリスナーにわかりやすいビート。その上で麻薬王の名を借りナス・エスコバーとなって、ストリートの物語を語り聴かせた。カーティス・ブロウ曲を下敷きにした“If I Ruled The World”などがヒット。

Aftermath 1997

The Firm

Phone Tap

The Album

『It Was Written』はナズの最も売れたアルバムとなった。そこで彼はチームを組み、Dr.ドレーをパートナーに迎えて、かつてクール・G・ラップも試みたギャング映画のラップ版をつくる。そうして生まれたファーム唯一のアルバムは、100万枚セールスには届かず、期待されたほどの盛り上がりは見せなかった。ナズにしてはギャングスタすぎたし、過渡期にあったドレーのビートが理解されなかったからだ。けど今なら、本作のドレーのビートも実に楽しめる。モーメンツ“Sexy Mama”ネタの“Firm Family”なども、別格のサウンドがたまらない。

Bad Boy 1994

The Notorious B.I.G.

Juicy

Ready To Die

クール・G・ラップのやり方をクイーンズ勢よりも先に実践、NYもギャングスタ・ラップの街にしたのはブルックリンのビギーだった。と言えるほど、通算で600万枚を全米で売ったビギーの1stアルバムはウケにウケた。12歳でハッスルし始め、ムショ暮らしも経験した彼のラップは、そのダンナ声や風貌込みで圧倒的な説得力がある。加えてユーモアや、レイディーズ・キラーな色気もあるとなれば無敵。ショーン・コムズによる、“Juicy”などシングルはわかりやすいほど売れ線で、アルバムはNYハードコアの最高峰というビート・メイクもうまかった。

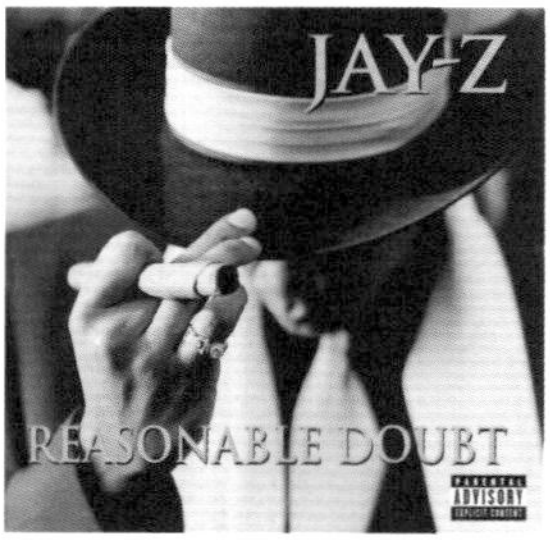

Roc-A-Fella 1996

Jay-Z

Dead Presidents II

Reasonable Doubt

ブルックリン生まれで、ビギーと同じ高校にも通ったジェイ・Z。1989年には客演でレコード・デビューするも、ハスリング体験を活かしたマフィオソ・ラップの時代が来るのを待って、この1stアルバムをリリース。ナズの声ネタ使いもうまい“Dead Presidents II”や、ビギーとかけ合う“Brooklyn's Finest”、“Ain't No Nigga”といったパーティ・チューンに、メアリー・Jが歌う“Can't Knock The Hustle”、ジャジーでメロウな“Feelin' It”など。曲づくりが誰よりもうまいジェイ・Zの良さが詰まった、結局はこれが代表作となる名盤だ。

Loud 1993

Wu-Tang Clan

C.R.E.A.M.

Enter The Wu-Tang (36 Chambers)

ビギーやモブ・ディープに先駆けて、スーパー・ハードコアなラップをNYで流行らせたのはこのアルバム。そう言えるほどに、司令塔RZAが率いたMC8人組ウータン・クランの1stアルバムには圧倒的なオリジナリティと、影響力があった。ギャングスタ・ラップ的なキモはレイクォンで、そのイキでイナセなマフィオソ・ラップが主となった"C.R.E.A.M."や"Can It Be All So Simple"は、全米でウケる劇画的で叙情的なビートも効いた、味わい深さがクセになる名曲だ。ホラーコアにも通じるサウンドの"Bring Da Ruckus"なども強力。

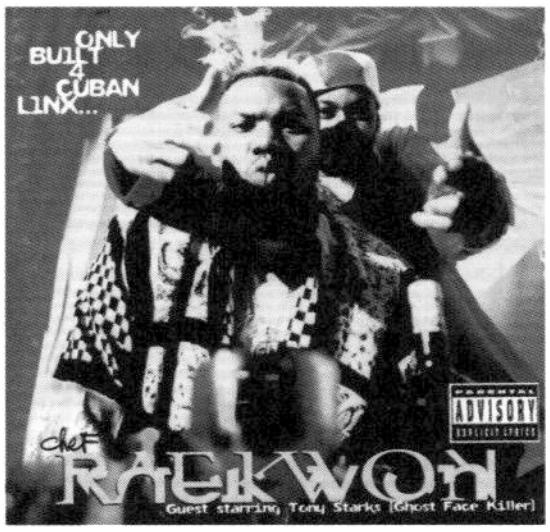

Loud 1995

Chef Raekwon

Ice Cream

Only Built 4 Cuban Linx...

レイクォンの1stアルバムは、NY発のマフィオソ・ラップの最高傑作のひとつとされ、今に至るまで熱狂的に賞賛されることの多い大人気盤。感性は似ていながら、キャラやラップは異なるスタイルで、ゆえに相性が最高のゴーストフェイス・キラーとの実質タッグ作で、これもギャング映画のラップ版を目指したつくり。トータル・プロデュースしたRZAにとっても、ウータン・クランの1stと並ぶ最高傑作となった。カンフー映画のサウンドも多用されているので、どこかアジア的、ヤクザ映画的なノリもあり、聴き終えた後は興奮冷めやらぬ1枚だ。

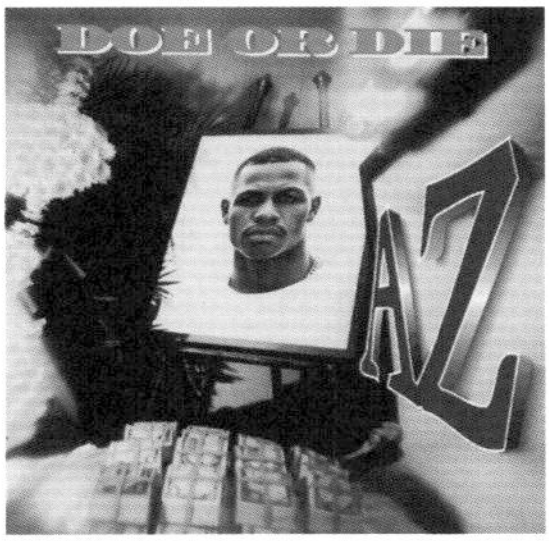

EMI 1995

AZ

Sugar Hill

Doe Or Die

ブルックリン出身のAZは、ナズの盟友でファームの一員でもあった、マフィオソ・ラップの第一人者のひとり。ナズ"Life's A Bitch"への客演で名を上げたように、ビートに合わせたラップの組み立て〜曲づくりのうまさも特筆ものだった。ジューシー"Sugar Free"ネタの大ヒット"Sugar Hill"を始め、ほんとうにいい曲ばかりの本作が全米15位を記録するヒットとなったのも納得だ。メロウ・グルーヴ曲は"Ho Happy Jackie"と"I Feel For You"も絶品で、NO・ジョーが手がけたサザン・ソウルなタイトル曲も全米にアピールする秀曲だった。

Columbia 1995

Big L

Street Struck

Lifestylez Ov Da Poor & Dangerous

ハーレムのビッグ・L、生前唯一のアルバム。硬派なクルー、DITCの一員として、バックワイルドとロード・フィネスのビートでラップしていたため日本では伝わりにくかったが、"Street Struck"や"Danger Zone"を始めとした数曲ではギャングスタ・ラップ、そしてホラーコア的なリリックスも聴かせていた。地元の仲間で一時はチームも組んでいたキャムロンやメイスらと同様、シャレていることを重要視するハーレム出身ラッパーならではの、濃すぎないスタイルは多くに愛される。が、やんちゃだった彼は1999年、地元で射殺されてしまう。

Big Beat 1996

Real Live

Real Live Shit

The Turnaround: The Long Awaited Drama

ニュージャージー出身で、マーリー・マールの下で腕を磨き、当時は人気のピークにあったビート・メイカー、K・デフが、いとこだというラリー・Oと組んだリアル・ライヴの唯一のアルバム。ドラッグ売買を主としたマフィア・ライフを、太い声ながらスムーズかつクールに語り聴かせるラリー・O。そのマフィオソ・ラップを活かすK・デフ作の、ストリングスを多用しドラマ仕立てに仕上げたビートの数々が絶品だ。最高にスリリングな“Real Live Shit”や、ジェイ・Zに先駆けてボビー・ブランド曲を用いていた“Ain't No Love”など、好曲、秀曲ぞろいの人気作。

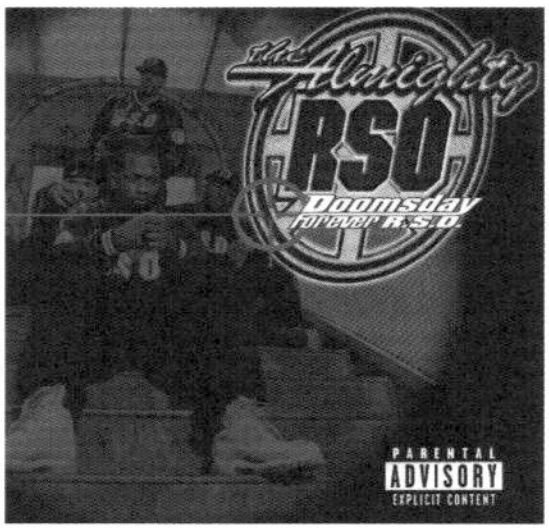

Surrender 1996

The Almighty RSO

Summer Knightz

Doomsday: Forever RSO

最も有力だったヒップホップ専門誌『The Source』の共同経営者で、後にお騒がせ男となるベンジーノもメンバーだった、ボストンのグループ、オールマイティ・RSO。1986年からレコード・リリースを続けていた彼らは、1993年のEP『Revenge Of Da Badd Boyz』からギャングスタ色を強め、この唯一のアルバムはラップ・ア・ロット配給でリリース。“Summer Knightz”や“You Could Be My Boo”、“Gotta Be A Better Way”を始め、メロウ&スムーズなクルージング・チューンづくりのうまさが際立つ秀作で、一部では今も人気の1枚だ。

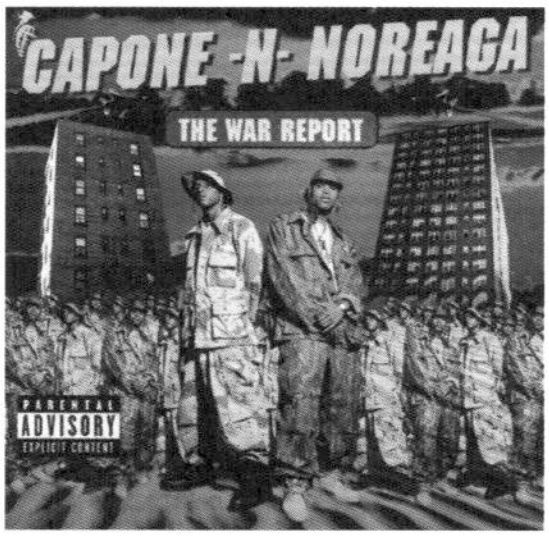

25 To Life 1997

Capone-N-Noreaga

L.A., L.A.

The War Report

ともにクイーンズ育ちでラテンの血も引くカポーンとノリエガ(NORE)が、兄貴分で半数以上の曲に登場するインテリジェント・フッドラム改めトラジディとつくりあげた1stアルバム。ドッグ・パウンドによるNYシーン・ディス曲“New York, New York”へのアンサーで、前年にはリリースされていた“L.A., L.A.”を始め、クイーンズのサグ・ラップの決定版といったラフでタフな曲が並ぶ。インテリやくざなカポーンと、憎めないチンピラのノリエガ。ふたりの愛称は最高だが、カポーンがムショ入り中にノリはソロで、パーティ・ラップでブレイク。

Big Beat 1998

Fat Joe

John Blaze

Don Cartagena

ナズと同様に硬派な1stが成功せず、2ndからはギャングスタ路線に進んだファット・ジョーが、マフィアのボスに扮してマフィオソ・ラップを聴かせた3rdアルバム。ストリングスも多用してギャング映画のBGM的なビートを用意。ナズやレイクォンらとマイクをまわす“John Blaze”や、ドラマティックなタイトル曲が人気となった。また、自ら率いたラティーノ軍団、テラー・スクワッドの面々が参加した“Bet Ya Man Can't”で、ラテン味パーティ・チューン人気に火をつける。この曲でも目立っていたビッグ・パンもラティーノ・サグの英雄だ。

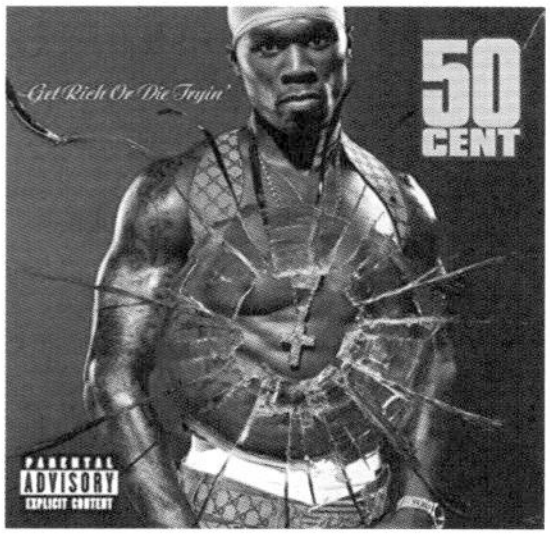

Shady 2002

50 Cent

In Da Club

Get Rich Or Die Tryin'

ドラッグ・ディーラーだった母を持つ生まれついてのサグで、9発弾丸を食らっても生き延びた不死身の男、50セント。Dr.ドレーとエミネムがバックアップした、再デビュー作となった1stアルバムは、ドレー『2001』直系のビートがバンギンな“In Da Club”や、ネイト・ドッグが歌うメロウなレイディーズ・キラー曲“21 Questions”が大ヒットし、実に800万枚を売る。クイーンズ〜NYのギャングスタ・ラップの究極形を示したわけだが、ゆえにその先が見い出せなくなり、この数年後には50自身も、そしてNYのシーン自体も停滞することとなってしまう。

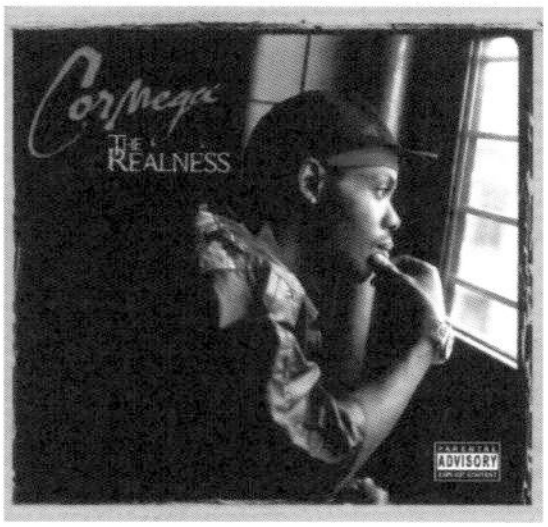

Legal Hustle 2001

Cormega

American Beauty

The Realness

コーメガはナズの旧友で、ファームのオリジナル・メンバーだったものの、ナズのマネージャーの暗躍などあり仲違い。この1stアルバムは、裏切りをテーマとしてつくられた。ハヴォックやアルケミスト、ゴッドファーザー・ドンといった面々が用意したタイトなビート上で、サグとコンシャスなリリックスを行き来する、クイーンズ伝統のラップをハイレヴェルに、ストイックに聴かせた本作。この頃から増えた、リリックス最重視のラップ・マニアに強く支持され、今のフレディ・ギブス人気に続く「インディ・ギャングスタ」とでも呼ぶべき作風が生まれる。

Family First 2004

The Marxmen

Nine & Two Clips

Marxmen Cinema

ブルックリンの最凶コンビ、MOPが、やはりギャング映画のラップ版を意識し制作、契約問題もあり変名で出したミックステープだ。1994年のデビュー作から曲中で撃ちまくってきたふたりが、NYもギャングスタ・ラップ一色となる中、好き放題に暴れまくる。ドラマティックス“Get Up And Get Down”そのまま使いで70年代ブラック・ムーヴィ風にせまる“Get Down”や、ゲトー・ボーイズ“Mind Playing Tricks On Me”のビートに乗る“Nine & Two Clips”、シャーデーと“By Your Side”そのままにかけ合う“Slade”と続く、豪快な快作。

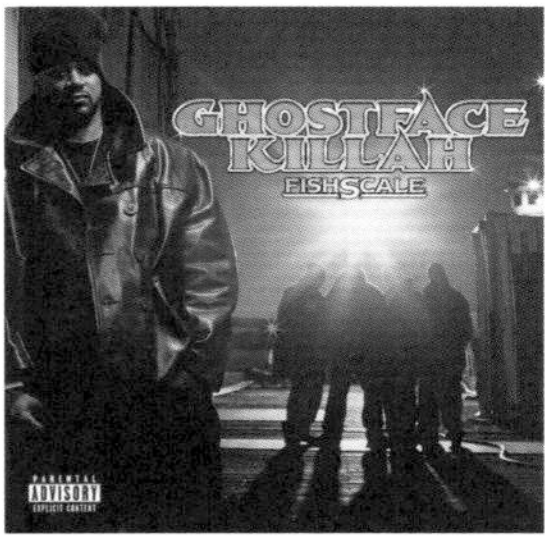

Def Jam 2006

Ghostface Killah

Be Easy

Fishscale

ウータン・クランで最もソロ活動を成功させているゴーストフェイス・キラー。この男ならではの比喩、言語感覚が病みつきになるサグ・ラップで「インディ・ギャングスタ」の代表格となり、独自のファン層に支えられ続けている。1stから10年目に出したこの5thソロ・アルバムは、コカイン売買などについてのあれこれをおもしろおかしく聴かせるもの。ジャスト・ブレイズやピート・ロックに加え、J・ディラにMF・ドゥームとインディのスター・プロデューサーも揃えた布陣で、やはり独自のソウルフルな世界を展開。特にインテリ層にバカウケした秀作だ。

Desert Storm 2001

Fabolous

Can't Deny It

Ghetto Fabolous

1977年、ビギーと同じブルックリンはベッドスタイで生まれ育ったファボラスは、ギャングスタ・ラップこそが普通という時代にラップし始める。すると、もはやギャングスタであることを強調することもなく、クールであることが最も重要といった、肩の力の抜けたラップで人気沸騰。今に続く次世代ラッパーたちの先駆けのひとりとなった。リック・ロック作で、ネイト・ドッグが2パック曲のフレーズを歌うヒット“Can't Deny It”を始め、もはやNYの伝統にこだわることもなく、誰もが流行りのビートを用いる時代の始まりでもあった。

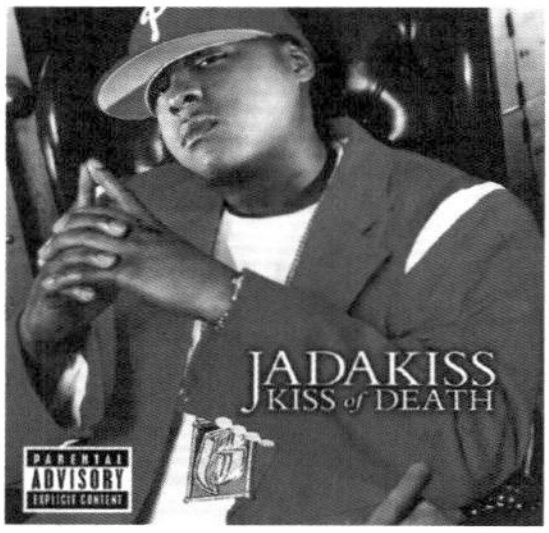

Ruff Ryders 2004

Jadakiss

Time's Up

Kiss Of Death

NYの北、ヨンカース生まれのジェイダキスは、2000年代になってようやく時代とマッチし、ブレイクできたひとり。ハーレム勢にも通じるクールさ、軽妙さが理解されず、ロックスの一員としてはずっとくすぶったままだった。それが、NYもギャングスタ一色となると、特にソウルフルで劇画的なビート上でのハスラー体験に基づくラップがようやくウケて、ヒットを連発。この全米1位を獲った2ndソロ・アルバムは、ネイト・ドッグが歌う“Time's Up”や、スヌープ＆DJ・クイックとかけ合う“Shine”などウェッサイ・ファンクも入った秀作だ。

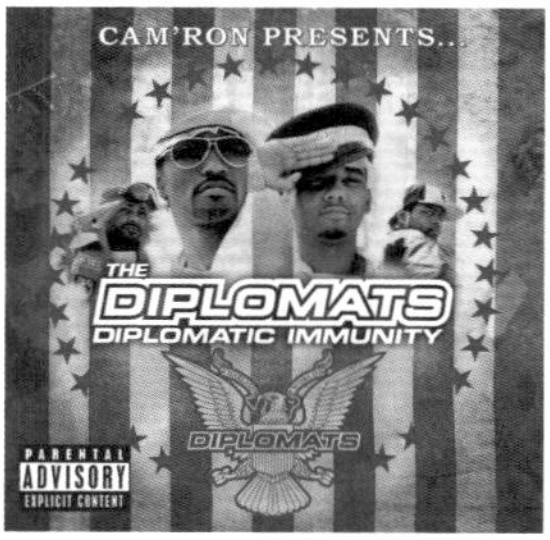

Roc-A-Fella 2003

The Diplomats

Dipset Anthem

Diplomatic Immunity

キャムロンと旧友のジム・ジョーンズが組み、ジュエルズ・サンタナらも加わり結成されたディプロマッツ aka ディップセット。NYはハーレムの彼らは特に流行りもの好き、よく言えば柔軟で、この軍団デビュー・アルバムではマスター・P本人を招いて“Bout It Bout It”をリメイクするなど、もはやNY云々ではなく全米を相手にした曲づくりで時代を切り開く。バウンス対応のバンギンなアンセム“Dipset Anthem”や“Gangsta”は特に10～20代のリスナーに熱狂的に受け入れられ、全く新しい時代のNYサグ・ラップの登場を実感させた。

Diplomat 2003

Juelz Santana

Dipset (Santana's Town)

From Me To U

ディップセットでは、この時期NYでNo.1のラップ・ビジネスマンとしてシーンを盛り上げたジム・ジョーンズの活躍も特筆もの。が、1982年生まれで、ファッションなども含めて今のラッパーたちに直結するセンス、スタイルを見せ、ヒップホップの新時代を呼び込んだひとり、ジュエルズ・サンタナの衝撃は忘れられない。真に新しかったゆえ、旧世代には無視され、新世代にはウケにウケた“Dipset”は、日本のクラブでも盛り上がった。ヒートメイカーズによる、新たな時代のギャングスタ・ミュージックは“Monster Music”などでも堪能できる。

No label 2012

A$AP Mob

Bath Salt

Lord$ Never Worry

スプーニー·G～ビッグ·L、メイス～ディップセットと続く、ハーレム·サグの今の顔となるエイサップ・モブ。デップセットのレーベルでインターンとして音楽ビジネスを学んだヤムズが、デザイナーらも引き入れ結成したクルーだ。これは初作となったミックステープで、ストーナー～クラウド・ラップや、トラップの流れをくむ、シビれる重低音とサイケデリックとも言えるシンセ・サウンドが特徴的なビートにハマる1枚。伝説のクリップス＆ブラッズ共演作からタイトルを頂いた"Bangin' On Waxx"や、ホラーコアなサウンドの"Bath Salt"も刺激的だ。

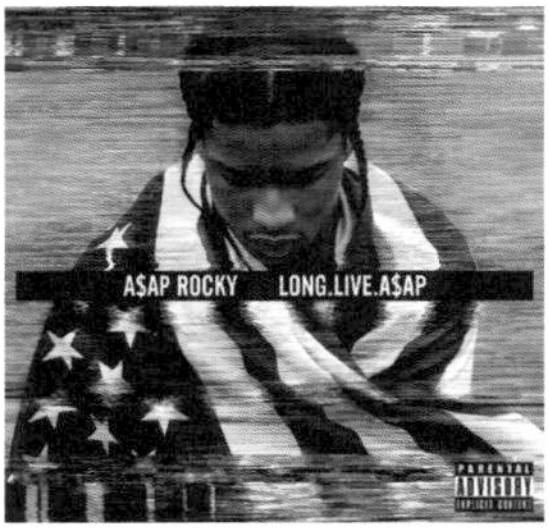

Polo Grounds 2013

A$AP Rocky

Goldie

Long.Live.A$AP

1988年生まれで、地元のディップセットに憧れ育ったロッキー。エイサップ・モブにおけるNo.1ラッパーだった彼は、ルックスやファッション・センスの良さもあって、デビュー曲"Peso"からヒットを連発。すでにスターとなった後に出したこの1stアルバムは全米1位に輝いた。ドラッグ・ディーラーだった自らの見識を活かしたような、ブッ飛びトークが18番。そのラップに合う、ヒューストン名物のチョップド＆スクリュードと、トラップを合わせたようなドラッギーなビートはとにかくハマる。ハーレム産らしいシャレ感が詰まった1枚だ。

Maybach Music 2012

Meek Mill

Dreams And Nightmares

Dreams And Nightmares

1987年、フィラデルフィア生まれで、DJだった叔父の影響もありラップを始めたミーク・ミル。貧しい暮らしを経験してきた彼のラップはとにかくハングリーで熱く、90年代のギャングスタ・ラップを思い出させるもの。この1stアルバムの1曲目に置かれた、曲が進むに連れて高鳴る感情を抑えきれないようにスピットしまくるタイトル曲に、この男のラップの魅力が詰まっているよう。メアリー・J・ブライジも熱唱するエモーショナルな"Who Your Around"や、ドレイクとゴスペル・サウンドのバウンス・ビートでかけ合う"Amen"もいい。

2017

Lil Uzi Vert

XO Tour Llif3

Luv Is Rage 2

1994年にフィラデルフィアで生まれたリル・ウージー・ヴァート。ラップと同時にロックも聴いていたという彼のラップはこれぞ新世代のサグ・ラップというもので、エモ・ラップ、パンク・ラップなどとも呼ばれるもの。この1stスタジオ・アルバムに収録された、全米7位を記録した大ヒット"XO Tour Llif3"は、自殺を含む死や、裏切り、人との関係性の終わりなどについて、情感たっぷりに聴かせる。これをギャングスタ・ラップと呼ぶ人は誰もいないだろうが、テーマも、ビートも、そしてラップの仕方も、この10年で本当に大きく変化した。

Featuring NATE DOGG

The Voice of Gangsta Rap
1969 - 2011 R.I.P.

・ネイト・ドッグをフィーチャーした曲の、彼の客演曲リストです。

・発表年→ 主演アーティスト名のABC順に並べています。

・全曲リストではありません。特にミックステープ収録曲は多数割愛しています。

1992

Dr. Dre / Deeez Nuuuts

1993

Mista Grimm / Indo Smoke
Snoop Doggy Dogg / Ain't No Fun

1994

DFC / Things In Tha Hood
Tha Dogg Pound Gangstas
/ Big Pimpin'
Thug Life
/ How Long Will They Mourn Me?
Warren G. / Regulate
Warren G. / Do You See

1995

Tha Dogg Pound
/ I Don't Like To Dream About Gettin
Paid
Tha Dogg Pound / Let's Play House

1996

2Pac / All About U
2Pac / Skandalouz
Snoop Doggy Dogg / Groupie
Warren G / Annie Mae

1998

Daz Dillinger / O.G.
DJ Quik / Medley For A "V"

1999

2Pac + Outlawz
/ Teardrops And Closed Caskets
C-Murder / Ghetto Millionaire
Dr. Dre / The Next Episode
Dr. Dre / Xxplosive
Kurupt / Girls All Pause
Kurupt / Neva Gonna Give It Up
Snoop Dogg / Bitch Please
Snoop Dogg / Don't Tell
Warren G / Game Don't Wait
Warren G / Gangsta Love
Warren G / Havin' Things

2000

Da 5 Footaz / Dip
Doggy's Angels / Curious
Dove Shack / Sorry We Keep Ya

E-40 / Nah, Nah...
E-40 / Sinister Mob
Tha Eastsidaz / Ghetto
Kurupt / Behind The Walls
Mos Def & Pharoahe Monch / Oh No
Shade Sheist / Where I Wanna Be
Snoop Dogg / Lay Low
Snoop Dogg / Set It Off
Xzibit / Been A Long Time
Eminem / Bitch Please II

2001

Chico & Coolwadda
/ High Come Down
D-Shot The Shot Calla
/ Money, Sex Thugs
Damizza / What Would You Do
Daz Dillinger / We Come
Tha Dogg Pound / Just Doggin'
Tha Eastsidaz / Cool
Tha Eastsidaz / Eastside Ridaz
Tha Eastsidaz
/ Welcome 2 Tha House
Fabolous / Can't Deny It
Jadakiss / Kiss Is Spittin'
Jermaine Dupri
/ Ballin Out Of Control
Jermaine Dupri / Whatever
Knoc-Turn'Al / Str8 Westcoast
Kurupt / The Hardest Mutha Fuckas
Kurupt / Lay It On Back
Kurupt / Space Boogie
Ludacris / Area Codes
Mariah Carey / If We
Ras Kass / 4 Much
Shade Sheist / Cali Diseaz
Shaquille O'Neal / Connected
Steady Mobb'n / Lets Get It Crackin
Warren G / Here Comes Another Hit
Warren G / Yo' Sassy Ways
Yukmouth / So Ignorant

2002

50 Cent / 21 Questions
Eminem / 'Till I Collapse
Eve / Hey Y'all
Ms. Jade / Dead Wrong
Rock / Walk Like A G
Shade Sheist / Wake Up
Shade Sheist / Walk A Mile
Snoop Dogg
/ From Long Beach 2 Brick City
Snoop Dogg / Lollipop
WC / The Streets
Xzibit / Multiply
Xzibit / My Name

2003

The D.O.C. / Big D*ck ?hit
DJ Quik / What They Think
Freeway / All My Life
Kokane / So Ignorant
Hi-C / I Don't Wanna Know
Mark Ronson / Ooh Wee
Memphis Bleek
/ Need My In Your Life
Obie Trice / Look In My Eyes
Obie Trice / The Set Up
Rappin' 4 Tay / If It Wasent 4 U
Westside Connection
/ Gangsta Nation

2004

2Pac / Thugs Get Lonely Too
Chingy / All The Way To St. Lou
Daz / Boyz N Tha Hood
Eminem / Never Enough
Fabolous / Po Po
Guerilla Black / What We Gonna Do
Jadakiss / Time's Up
Knoc-Turn'al / Him Or Me
Knoc-Turn'al / What We Do
Lil Jon & The East Side Boyz
/ Bitches Ain't Shit
Lloyd Banks / Warrior Part 2
Ludacris / Child Of The Night
Messy Marv / Oh No, Pt.2
Mobb Deep / Dump
Mr. Capone-E / I Like It

2005

Baby Bash / That's My Lady (Money)
Daz Dillinger / Come Close
DJ Quik / Black Mercedes
DPGC / Real Soon
Eminem / Shake That
Hush / Hush Is Coming
Joe Budden / Gangsta Party
The Game / Special
The Game / Where I'm From
Lil' Flip / Take You There
Mack 10 / Like This
Mobb Deep / Have A Party
The Notorious B.I.G.
/ Running Your Mouth
Proof / Sammy Da Bull
Warren G / I Need A Light
Warren G / In The Mid-Nite Hour
Warren G / PYT

2006

Tha Dogg Pound / Hard On A Hoe
The Game / Too Much
Obie Trice / All Of My Life
Mr. Capone-E
/ Came 2 Me In A Dream
Snoop Dogg / Boss' Life
Snoop Dogg / Crazy

2007

Down aka Kilo
/ I'm Coming Home To You
Mr. Criminal / Mami Mira
Redman / Merry Jane
Soopafly / Number 1

2008

Big King
/ Keep Doin What They Hate
Nelly / LA
Young Dre / Can't Be Faded

2009

Mister D / Should've Been Mine
Sleepy Malo / All On My Balls
Warren G / 100 Miles And Runnin'

2011

Dr. Dre / Kush (Remix)

2013

Mister D / West Coast

2015

Warren G / Dead Wrong
Warren G / Keep On Hustlin'
Warren G / My House
Warren G / Saturday

2019

Anderson .Paak / What Can We Do?
Snoop Dogg / Wintertime In June

INDEX

おわりに

「ギャングスタ・ラップのディスクガイドをつくりませんか」、エレキング・ブックスの野田努さんにそうお声がけいただいたのは、もう3年も前のこと。すべてのヒップホップ作品を対象にしたディスクガイド『HIP HOP definitive 1974 – 2017』をつくり終えた頃でした。ただ3年前は、むずかしいかな、という思いが強かった。ギャングスタ・ラップはご存知のようにものすごいマニアがいる世界。レア盤に興味があるわけではないぼくに、マニアのみなさんが納得するようなディスクガイド本をつくるのは…と思っていたわけです。

それが、つくろう！と思えたのは、ひとつはYGに心底惚れ込んだから。2014年の1stアルバム『My Krazy Life』は、好きではあったけれど、デジタル音源で聴いているだけでは夢中にまではなれなかった。けれど2019年、世界最大のフェス、コーチェラのステージに立つYGを配信で観ていたら、自分の中で「ギャングスタ・ラップ」が10数年ぶりに盛り上がってきました。配信でも音が良かったこともあり、DJ・マスタードのつくるブリッブリな最新型ウェッサイ・ファンクがとにかく心地いい。そして、超満員のお客さんをアゲまくるYGにシビれました。さらに、その1ヵ月後に出たYGの新作『4Real 4Real』は、この10年でベストなヒップホップ・アルバムと感じるほどぼく好みのつくり。そうしてファンになって、ようやく出た『My Krazy Life』のアナログ盤を聴いたら、これはもうDr.ドレーの『2001』に匹敵するような、音楽シーンを動かすエポック作だと、とんでもなく聴こえのいいレコードだと、ようやく気づいたのです。もっと多くの人に聴いて欲しい。YGは、久々にそう思える逸材。NWAから、ギャングスタ・ラップがどういった歩みを経てYGに至ったのかを、わかりやすく本にして表したいとも思いました。

すると、Dr.ドレーやスヌープ、2パックやビギーばかりが一般的には取りざたされるけれど、ヒット曲、定番アルバムだけでも、ギャングスタ・ラップには山のように、もっと多くの人に聴かれてほしい作品があるわけで。それらを一冊の本にまとめておきたいと、ようやく思えるようになったのです。

ギャングスタ・ラップ専門のディスクガイド本としては、これまで唯一、『GONZO PRESENTS GANGSTA LUV VOL.1』（2001年）がありました。これは、「甘茶ソウル百科事典」を継ぐ形で、音楽誌『bmr』で連載された「WEST COAST MOST WANTED」（1996～1998年）と「69SOLJAZ」（1998年～2000年）が元になったムック。Gonzosta（湯村輝彦さん）が率い、NoMoney（永井博さん）、Takakosta（中島貴子さん）を主要メンバーとして始まった名物連載は、後にShorren G & Mastur BG兄弟ら第2世代も加わりヒートアップ。ぼくも一時期は担当編集を務めさせていただき、Gonzostaの城、フラミンゴ・スタジオに版下（あのページはすべておまかせでした）を受け取りに通ったものです。ただ、1時間、2時間待っても仕上がらない。書き手も兼務されていたB.Blackmonさんの粘り腰たるや…。マニア道を極めたようなあのページをつくるには、とにかく時間がかかります。でも、ぼくが途方に暮れているとGonzostaが現れ、ギャングスタ・ラップ愛を語り聞かせてくださったものです。実は、毎回毎回仕上がるまでが本当にたいへんな連載でしたが、今になってみればあの連載に関われた時間は宝物です。

それで『GANGSTA LUV』ですが、あの本は編著者のみなさんの嗜好を前面に出したもので、基礎的、網羅的なものではありませんでした。なので、流行りもの好き、ヒット曲にこそ興味の強いぼくは、徹底して入門編となるディスクガイドをつくることで、『GANGSTA LUV』への入り口になる本がつくれたらいいと、そんな想いもこの本には込めています。

ギャングスタ・ラップがこの国では音楽雑誌に軽視される一方で、『カスタムローライディング』『ローライダーマガジン日本版』といった一部のクルマ誌やファッション誌では、関連記事を熱心に掲載するところもありました。また、専門レーベル、レコード店やファッション店で、アーティスト来日ライヴを主催していたところも多々あって。『bmr』在籍時に取材などでお世話になったみなさんには、あらためて御礼申し上げます。

そして、この国の音楽雑誌で唯一、ギャングスタ・ラップを熱心に紹介し続けたと自負する『bmr』ですが、それを可能としたのはライターのみなさんの協力があってこそでした。特に、書き手の少ないギャングスタ・ラップにも精通していた小林雅明さん、中島貴子さん、出嶌孝次さん、Masso187umさん、そして編集者でありつつ無二の書き手でもあった丸屋九兵衛さんには感謝しています。彼らに学ばなければ、ぼくがこの本を書くことはありませんでした。なお、この本のデザインは、月刊誌『bmr』の最後のデザイナーだった森田一洋さんによるものです。

書き終えてみれば、これこそが今、ぼくのつくりたいヒップホップの本でした。ギャングスタ・ラップは、街の暮らしにおいて、ちょっと背伸びして、見栄を張って生きる者たちの音楽。流行に敏感で、シャレを重んじる者たちによるシティ・ミュージックだと、そう捉えています。ぼくは今、「シティ・ソウル」と名打って、ヒップホップ以降の耳で聴いて心地いいソウル、AOR＆ブルー・アイド・ソウルを紹介する本もつくっていますが、『ギャングスタ・ラップ ディスクガイド』と『シティ・ソウル ディスクガイド』、この2冊で紹介している曲には、並べて一緒に楽しみたい曲も多々あります。そして今、ぼくと同じような音楽の聴き方をしているリスナーが世界中に本当に多くいることが、なんだかとても嬉しいのです。

2020年8月吉日　小渕晃

ギャングスタ・ラップ ディスクガイド

ヒット・定番600曲・600枚

初版発行　2020年10月7日

編著者　小渕晃
ブックデザイン　森田一洋
制作　野田努（ele-king）

発行者　水谷聡男
発行所　株式会社Pヴァイン
〒150-0031 東京都渋谷区桜丘町21-2 池田ビル2F
［編集部］TEL 03-5784-1256
［営業部（レコード店）］TEL 03-5784-1250　FAX 03-5784-1251
http://p-vine.jp

発売元　日販アイ・ピー・エス株式会社
〒113-0034 東京都文京区湯島1-3-4
TEL 03-5802-1859　FAX 03-5802-1891

印刷・製本　シナノ印刷株式会社

ISBN 978-4-909483-70-6